建築新人戦

KENCHIKU-SHINJINSEN OFFICIAL BOOK 011 CONTEST OF THE ARCHITECTURAL ROOKIES' AWARD 2019

建築新人戦題字：岸 隆司

——新人たちへ

巨匠と呼ばれる先人たちは、常識的でないことや他人とは違うことができる人たちでした。学校でつけられた成績だけが、ものごとの優劣を決めるわけではありません。自分の可能性を広げてください。そのきっかけのひとつに建築新人戦がなることを望んでいます。

建築新人戦とは　光嶋 裕介（建築新人戦2019実行委員長）Yusuke Koshima

建築新人戦は、梅田スカイビルを舞台に、所属する教育機関で取り組んだ設計課題作品を対象に実施するコンテストです。昨年の10回大会を節目に、今年から新たな挑戦となる11回大会は、34の都道府県、99の教育機関から、889の応募登録、そして552の応募作品が集まりました。その中から一次審査を突破した100作品が展示され、二次審査、公開審査会において最優秀新人が決定されました。これは今後活躍が期待されるゴールデンルーキーの発掘とともに、他校の学生との交流を通じて自らの構想や技量、そして自身の所属する教育環境を問い直す場でもあります。二次審査会で選出された8名による公開審査会での、ステージ上のプレゼンテーションは、審査員の方々との白熱した議論を生み、社会と深く関わる建築の多様な豊かさが発見されました。また大会期間中は、多くの学生実行委員たちがそれぞれの役割ごとに配色された共通のTシャツを身にまとい、会場を彩りました。新人戦の運営にとってかけがえのない彼ら、彼女たちの活躍にも注目してください。

最後になりますが、建築新人戦の立ち上げメンバーであり、10年にわたってご尽力いただいた最大の功労者である建築家の中村勇大さんが昨年亡くなられましたことに、心よりお悔やみ申し上げます。昨年、中村先生より実行委員長という大きなバトンをいただき、建築家教育の可能性を広げるためにも、しっかりと思いを継承し、最大限努力していく所存です。若者たちが建築への熱き思いを宿し、高い志を持って躍動する姿を大いに楽しまれることを心より願っております。

SHINJINSEN2019
3
SHINJINSEN2019

目次 *CONTENTS*

ID.0443
こころのすみか
長橋 佳穂
関東学院大学 3回生 p10

ID.0023
「境」·芸術の海
國弘 朝葉
立命館大学 3回生 p20

ID.0092
個性をひきだす居場所
― 性格特性にあわせたアトリエのある学生寮 ―
中野 紗希
立命館大学 3回生 p26

ID.0191
Simple presence
濱口 悠
関西大学 3回生 p32

ID.0271
Residence
山戸 善伸
日本大学 3回生 p38

ID.0294
虚実の群景
野中 郁弥
東京工業大学 3回生 p40

ID.0690
はざま劇場
米澤 実紗
早稲田大学 3回生 p42

ID.0704
ゴミの再編
長妻 昂佑
名古屋工業大学 3回生 p44

ID.0264
気まぐれ散歩のその先に
井上 愛理
神戸芸術工科大学 3回生 p46

ID.0338
編楠—ふみな—
古荘 衣理
立命館大学 2回生 p47

ID.0395
都市の根幹
沢田 雄基
名古屋工業大学 3回生 p48

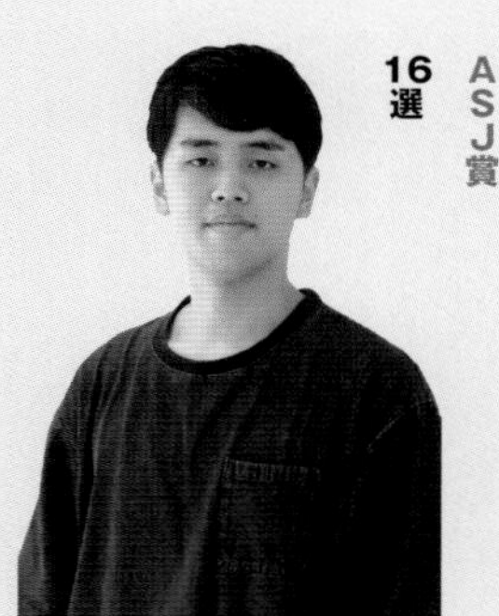

ID.0448
孔と穴
萩原 良太
東京都市大学 3回生 p49

ID.0470
まじわりつなぐ家
田中 大也
近畿大学 2回生 p50

ID.0616
引いて足して
飯島 あゆみ
武蔵野美術大学 2回生 p51

ID.0629
Orbital
—3 sequences and music as a gravity—
岩崎 伸治
京都大学 3回生 p52

ID.0630
委曲に食い入る美術館
久保 雪乃
近畿大学 3回生 p53

審査総評　平田 晃久（建築新人戦2019審査委員長） *Akihisa Hirata*

不安の向こう側

最初に、新人戦を長年にわたって導き、突然この世を去られた中村勇大さんのご冥福をお祈りするとともに、これまでの支えに大きなお礼を申し上げたい。また、勇気を持って中村さんの後を引継ぎ、実行委員長を務める英断をされた光嶋さんにも敬意を表したい。彼らをはじめとする実行委員の献身的なサポートがあってこの大会は続いているが、それもひとえに、若い建築家の卵たちが、個として思考することの無限の可能性と、それと裏腹にある不安や孤独の間で揺れ動きながら、何かを生み出し続けることを応援したいからではないか。とても彼らのようにはいかないが、僕も同じ思いを共有しているつもりだ。規格外のことを本気で追求する人間は、柔軟な社会のために一定比率で必要である。しかし、そういう傾向を持った人が行き場のなさを感じてしまう時代である。学生時代の「夢のある」設計と、社会における現実的な設計を、当然のように分けて考える人もいる。しかし僕たちが伝えたいのはたぶん全く逆だ。学生の頃の悩みと、現実を切り開く設計は繋がっている。本当の夢のフィールドは、若き設計者の不安の向こう側に、地続きに拡がっている。

そのような意味で、最優秀賞に輝いた**「こころのすみか」**は、新人戦を支える精神の原点を思わせるところがあり、印象深く感じられた。一人ぼっちになってしまうことへの不安と、多数にさらされて傷つくことへの不安。作者は、そのあいだで揺れ動く人間のすみかに求められる微妙な均衡を、極めて個人的な感覚を動員して何とか見つけ出そうとする。そのひたむきさが、この案の魅力である。自分の価値観を賭して何かを設計することの大きな喜びと不安。そういう感覚が凝縮されているような作品と本人によるプレゼンテーションが、共感を誘った。

「『境』芸術の海」は、審査の流れによっては最優秀賞を取ってもおかしくない魅力的な案である。幼児と老人の共存という考え方自体は、別段新しいものではないが、それが、この提案のような現代的で大らかな空間と結びつくところに新鮮さがある。それが人間を動物に近づける効果を持つ水と結び付けられているのも興味深い。

「個性をひきだす居場所」は錐体状の空間形態の反復によって、さまざまな心理状態と響き合うような空間のバリエーションをつくろうとする。この案の魅力は、丁寧な手つきによって、単なるアイデアにとどまらない空間のクオリティが感じられるところにある。

「Simple presence」は、大胆な形態を持つ空間を、大阪城に面する敷地に提案している。荒削りだが、敷地との相性はなかなかよさそうである。惜しむらくは、その形態が示唆するさまざまな具体的展開の可能性がきちんと探求されていなかったことだろう。その意味では伸びしろが大きい案だとも言える。

平田 晃久　*Akihisa Hirata*

（平田晃久建築設計事務所·京都大学教授）
1971年大阪府に生まれる。1997年京都大学大学院工学研究科修了。伊東豊雄建築設計事務所勤務の後、2005年平田晃久建築設計事務所を設立。現在、京都大学教授。
主な作品に「桝屋本店」（2006）、「sarugaku」（2008）、「BloombergPavilion」（2011）、「kotoriku」(2014)、「太田市美術館·図書館」「Tree-ness House」（2017）等。第19回JIA新人賞（2008）、第13回ベネチアビエンナーレ国際建築展金獅子賞（2012、伊東豊雄·畠山直哉·他2名との共働受賞）、LANXESSカラーコンクリートアワード（2015）、村野藤吾賞（2018）、BCS賞（2018）等多数受賞。著書に『Discovering New』（TOTO出版）、『JA108 Akihisa HIRATA 平田晃久2017→2003』（新建築社）等。

「はざま劇場」は二地域を分断する江戸川公園のがけに目をつけ、二つの領域を完全に混ぜるのでも分断するのでもないインターフェースとしての建築を提案する。領域のはざまに、まだらなブレンドをつくり出す視点はなかなかシャープだ。ただ、劇場部分が少しだけ強くつくられ過ぎていて、もうひと工夫欲しかった。

「ゴミの再編」はテーマがおもしろく、ドローイングも丁寧である。しかし都市の中のゴミというものが持つ圧倒的なスケール感に対応した空間がないのが残念だった。

「Residence」のアイデアはおもしろい。コンテナを水没させ、「魚／人」の「見る／見られる」の関係が反転しているのは興味深いが、一見して分かりやす過ぎるのかもしれない。さらに踏み込んで見えてくる空間の魅力をもっと追求して欲しかった。

「虚実の群景」は都市の中の劇場を生成変化する仮設的なものとしてとらえ、あたかも工事現場のような建築を構想している。構想そのものは共感できる。作品として表現された建築に、もっと工事現場のような仕組みが入り込んでいたらさらによかった。

その他惜しくも8選には選ばれなかったものの、興味深い作品が多くあった。たとえば**「気まぐれ散歩その先に」**は独特の魅力を持った散漫な空間に新鮮さを感じたし、**「Orbital」**は劇場を無批判に開くのでも閉じるのでもない高い造形的想像力を感じさせた。**「孔と穴」**はボイド空間のつくり方が適切かつ魅力的で、作者の確かな力を感じさせた。

「こんなこともあり得るかもしれない」という何気ない、それでいて、その人に深く根付いた感覚から生まれてくる思いつき。それをさまざまな工夫を通して形にしていくのが設計だ、と僕は思っている。この新人戦には、この意味における設計行為の萌芽が溢れていた。建築設計を始めたばかりの学生たちの作品だからこそ漂う、キラキラとした魅力がそこにはある。まずは、そんなイベントが盛況で開かれ続けていることを喜びたい。

しかし、ここでの「設計」はまだはじまりに過ぎない。「こんなこともあり得る」という強い思いを、実現するまでの長い時間保ち続け、育て上げ、何らかの魅力で協力者を巻き込み、現実のものにする力が、建築家には求められる。大変と言えば大変だ。でも、そんな試みを他の人々と共有し、実現していく喜びと興奮は、何ものにも変えがたい。学生たちをときめかせるような作品をつくる建築家なら、誰でもそれを知っている。この新人戦からも、そんな仲間たちがきっと生まれるだろう。

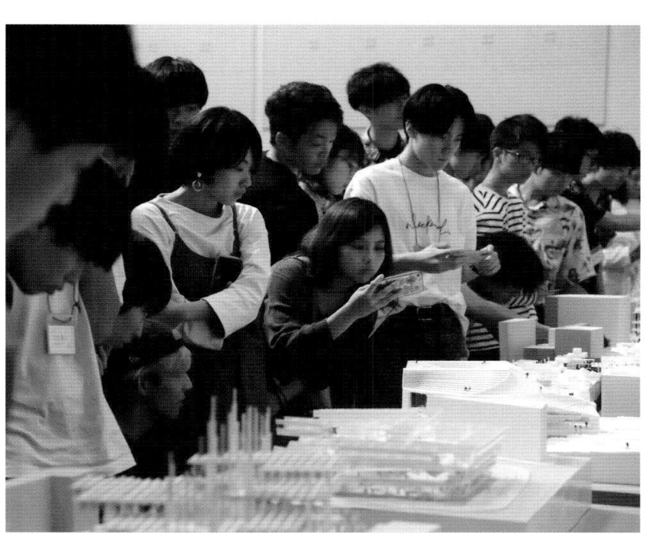

公開審査会 審査委員紹介

“新人というのは何かというと、それは大学を出た瞬間に建築家になれる人なのかなと思います。大学にいる間に、社会に出れるように育つことを目指して欲しいです。それは賞をもらうだけでなく、自分はできるぞと確信して社会に出ていくためにいろいろなことをしていかないといけない。自分で自分を応援するということをやめないでほしいです。”

藤原 徹平　*Teppei Fujiwara*

（フジワラテッペイアーキテクツラボ・横浜国立大学大学院Y-GSA准教授）
1975年横浜生まれ、横浜国立大学大学院修士課程修了2001年〜隈研吾建築都市設計事務所勤務、設計室長・パートナーを経て2012年退社。2012年より現職。一般社団法人ドリフターズインターナショナル理事、宇部ビエンナーレ審査員・展示委員・運営委員。主な作品に「等々力の二重円環」、「代々木テラス」、「稲村の森の家」、「2017横浜トリエンナーレ会場デザイン」、「那須塩原市まちなか交流センター」など。著書に『7inch Project〈#01〉Teppei Fujiwara』（ニューハウス出版、2012年）、共著に『アジアの日常から』（TOTO出版、2015年）、『応答 漂うモダニズム』（左右社、2015年）など。

“審査は一種のゲーム。勝ち負けは大いに一喜一憂してよいが、新人戦の意義は完成度ではない。ここからたくさんのヒントや、わからなさを持って帰って楽しむことができる人がゴールデンルーキーです。比較できない世界で、クリエイションしてほしいし、それを信じるきっかけにこの場がなってくれたらいいなと思います。”

光嶋 裕介　*Yusuke Koshima*

（光嶋裕介建築設計事務所・神戸大学客員准教授）
1979年米国ニュージャージー州生まれ。2002年早稲田大学理工学部建築学科卒業。2004年同大学院修了。2004-08年ザウアブルッフ・ハットン・アーキテクツ勤務。2008年光嶋裕介建築設計事務所主宰。代表作品としては《凱風館》（神戸・2011）、《旅人庵》（京都・2015）、《森の生活》（長野・2018）など多数。著作も『みんなの家。』（アルテスパブリッシング）、『これからの建築』（ミシマ社）、『建築という対話』（筑摩書房）、『ぼくらの家。』（世界文化社）など多数。

“課題という前提が正しく解くことに向かわせているのかもしれないですが、これを機にまだ気づいていない魅力や想像を発展できる部分を見つけ、作品を大事にしてほしいと思いました。自分でいかに問いを立てるかが求められる時代。信じられるものを失わないように楽しんでください。”

金野 千恵 *Chie Konno*

（teco）
1981年神奈川県生まれ。2011年東京工業大学大学院博士課程修了、博士（工学）。同年、設計事務所KONNOを設立ののち、2015年よりtecoをアリソン理恵と共同主宰。2011-12年神戸芸術工科大学助手、2013-16年日本工業大学助教。現在、東京大学、東京藝術大学他にて非常勤講師。主な作品に住宅『向陽ロッジアハウス』（2011）、福祉複合施設『幼・老・食の堂』など。

“人間的なスケールを超えたものに侵されているのが現在だとすると、空間性や身体性ということがこれまで通りの意味では考えられなくなっています。審査では、その人間的なスケールとそれを超えるスケールの対峙がリアルに現れたのではないか。普段、数学について考えていることと同じ感覚を共有したように思います。”

森田 真生 *Masao Morita*

（独立研究者）
1985年、東京都生まれ。独立研究者。東京大学理学部数学科を卒業後、独立。現在は京都に拠点を構え、在野で執筆・研究活動を続ける傍ら、国内外で「数学の演奏会」や「大人のための数学講座」「数学ブックトーク」など、数学に関するライブ活動を行っている。デビュー作『数学する身体』（新潮社）で第15回小林秀雄賞を受賞。そのほか著書に『アリになった数学者』（福音館書店）、『数学の贈り物』（ミシマ社）、編著に『数学する人生』（新潮社）がある。

最優秀新人賞

こころのすみか

ID.0443
長橋 佳穂
関東学院大学
建築・環境学部 建築・環境学科
3回生

作品用途: 住宅
課題名: あり続ける住宅
取組期間: 2ヶ月

コンセプト

人は建築をつくり、まちによりどころをつくる。人は無情に建築を壊し、まちのよりどころを壊す。一つひとつの建築がありつづければ、よりどころもありつづける。人にありつづける心を包む建築は、人を愛し、人を愛す建築は、まちの人に愛される建築になれる。

■敷地

敷地のある横浜黄金町は戦後、無法地帯であり違法風俗店などが立ち並んでいた。夜、欲にあふれたひとびとが集まり光に吸い込まれるように欲望を満たしていた。
しかし、払拭された今では健全さを取り戻したもののあの時にあふれていた光もひとの欲や感情のこころのすみかもなくなってしまった。

もともと違法風俗店だった建物は今も残る

アーティストがNPOの契約をとおして住みついている

敷地前を流れる大岡川

閑散としている高架下の道

■敷地断面図

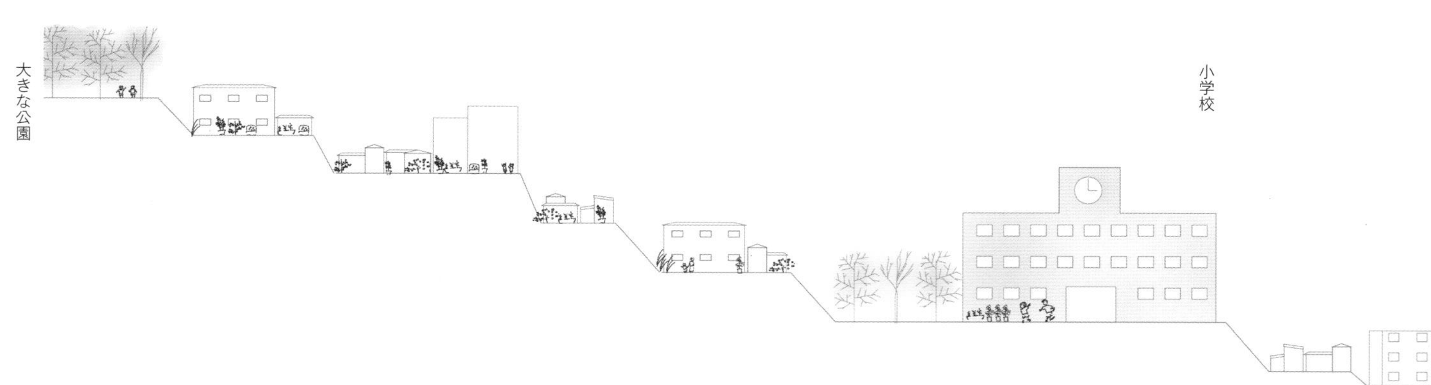

1
2
5 (m)
敷地のある黄金町
伊勢佐木町
商店街
風俗店やパチンコ店

■つくり方

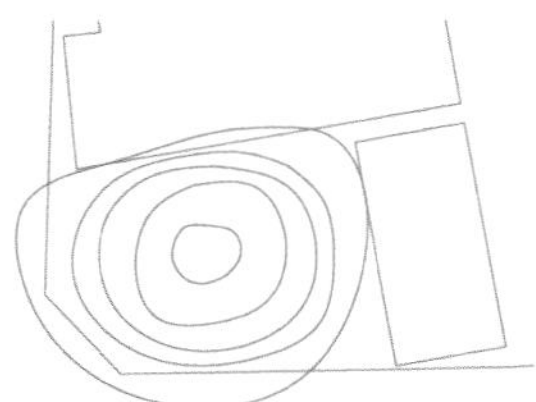

敷地の芯を包み、
敷地の外にも染み出していくような

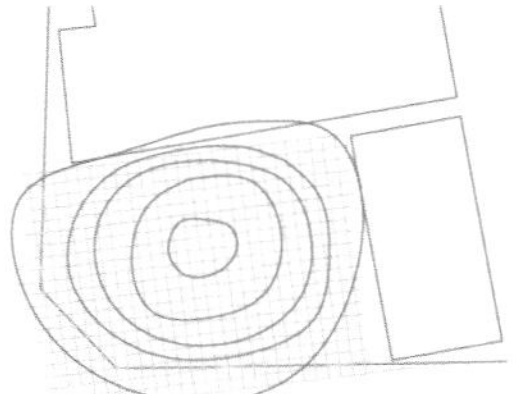

曲線に対してグリッドを引く

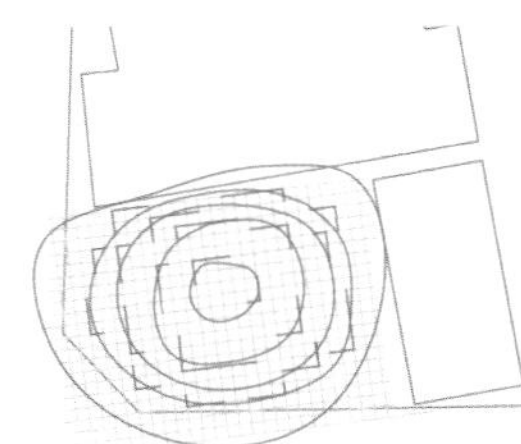

曲線とグリッドを重ね合わせ、
ひとが挟み包まれる、角をつくる

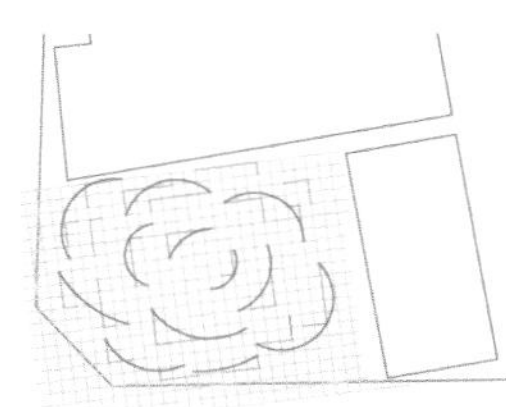

人間は垂直水平で構成されていない。もっと
自由な曲線の方が人間になじむのではないか

住む人が変わり、建築の形も変わっていく

■生き続ける建築

躯体が立ち上がる

住む人の好みで建具が入る

新たなスラブや家具が入る

夏は窓を開けて風を通す。
リビングやダイニングがまちの一部と重なる

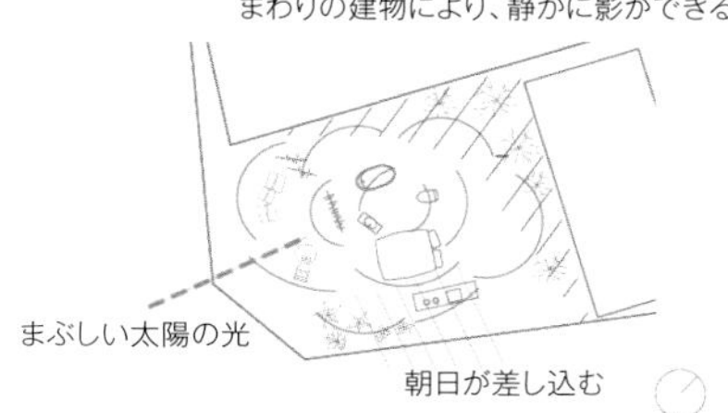

方位と周辺環境からゾーニングをする

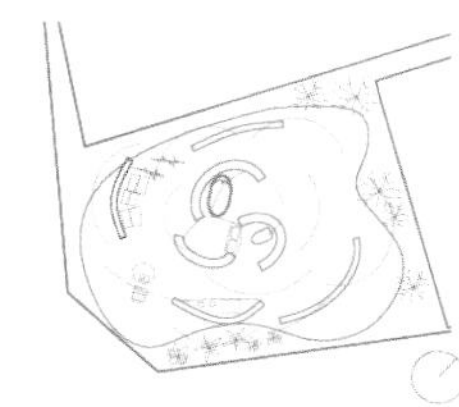

湾曲した壁でプライベートを包みこむ

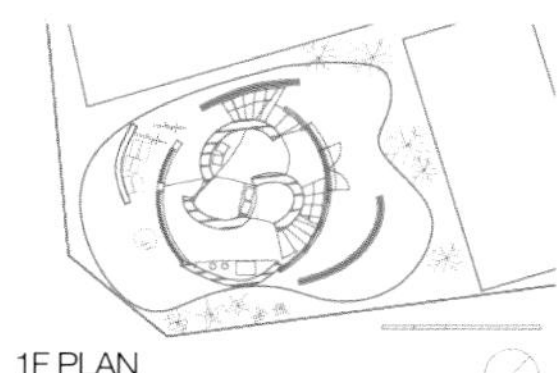

1F PLAN

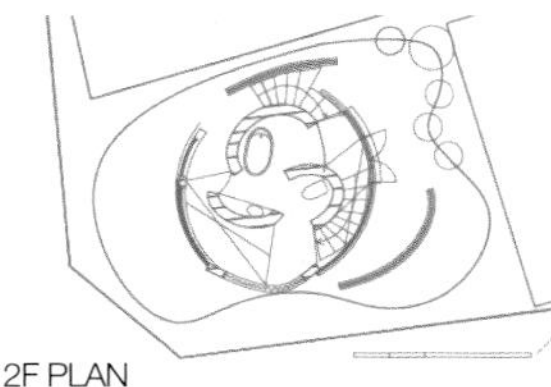

2F PLAN

住居を壁で外と閉ざすのではなく建具でさらにつつみ、
外にも暮らしの風景が染み出るように

涙をつつむ

発散を包む

建築は心をつつみ、欲望を満たしていく

曇っているとき、ぼやっとした光が入る

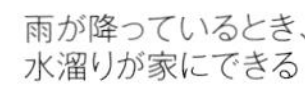

雨が降っているとき、
水溜りが家にできる

晴れているとき、
入ってくる光が変わる

時間の変化で見える景色が変わり、生活も変わる

寒い冬は、たいようの陽で温まった躯体に
寄り添い、家族でぎゅっとなって暮らす

住む人が変わった。
新たな建具や家具が入る

住む人がいなくなり、まちのものになった。まち
の人が躯体に寄り添い、立体公園のようになる

プロフェッショナルの視点

長橋 佳穂（建築新人戦2019最優秀新人賞）× 安東 陽子（テキスタイルデザイナー、コーディネーター）

自由な発想が生み出す建築としてのカーテン

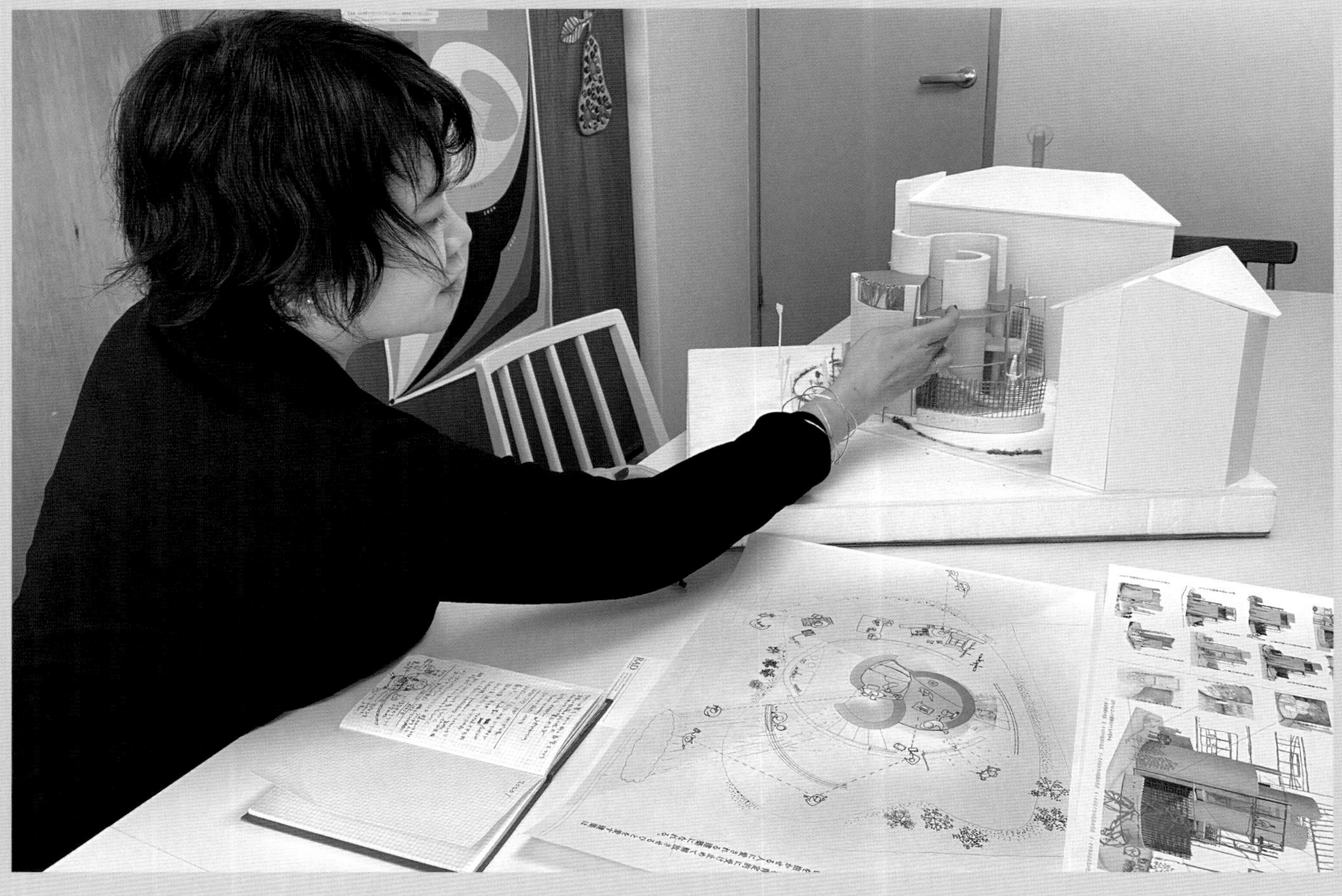

長橋｜敷地は横浜市中区の黄金町というかつて違法風俗店が立ち並んでいたまちの角地です。今は一帯がクリアランスされて綺麗になっています。「あり続ける住宅」という課題でしたが、わたしは設備や構造の強さで実現するのではなく、住む人が壊さないで守りたくなるような家にしたいと思いました。そこで、建築のつくり方を考えました。最初にRCの湾曲する壁を建て、そこに建具をつけます。寒いときはこの壁の中に入って家族みんなで温まって過ごします。建具はそのときに住んでいる人の好みで変えることができるので、新しい人が住めば新しい建具が入ります。住む人が変わることでいろいろ変わっていくような建築をつくろうとしました。最終的に、住む人がいなくなっても、この家を見ていた近所の人が井戸端会議をしたり、子どもが遊ぶ場としてあり続けたらいいなと思っています。

安東｜住宅の設計課題ですが、課題の枠を広げて、なんとでも使えるように設計しているということですよね。

長橋｜住宅の機能を持たせながらも、形としては何にでもなりえると思っています。

コンセプトと身体感覚

安東｜考え方のプロセスははっきりしていてよかったです。少し気になったのは真ん中の壁に囲まれた空間です。狭くて天井が高いので、螺旋階段を上っていく塔の中にいるような感じがしました。コンセプトからは温かさを感じますが、厚い壁が筒状に建っていることで、人によって窮屈な印象を受けるかもしれないと思いました。その空間に入ったときに説明しなくても感じること、佇まいや包まれている感じが空間や建築から滲み出てくるはずなのに、コンセプトが強すぎると、中に入った人にその考えを押し付けてしまうのではないでしょうか。たとえ壁がこれくらい厚くても、穴が空いて空気が流れているとか、上の方に窓があってそこから空が見えるとか、ひとつは低くして閉塞感を弱めるということができると思います。ここまでつくり込む手前で、人がどう感じるのかを客観的に考える余裕があればよかったのではないかと思います。

長橋｜設計しているときは、言葉が抽象的でどのように建築化されているのかわかりづらいと言われ苦労しました。

安東｜抽象的であるというのはすごく強いことですね。けれど、その先にそれぞれが違う「こころのすみか」を見てしまっている。価値観によってその具体的な形のイメージは変わるから、人は戸惑うんですね。それでもこの建築が強さを持っていることは大事だと思います。

長橋｜今からさらに案を変えていくなら、身体感覚としてコンクリートの仕上げの質感を土木的でないものにしていきたいです。

安東｜ある程度まで完成度が上がると、あとはどれだけ精度を高めるかですね。そのためにはいろいろな努力が必要ですが、必ず一度は客観的に見なおすことも大事です。建築というのはコンセプトをつくるわけではなく、ものをつくる、空間をつくる行為です。そして、そこに入りたくなるような仕掛けを用意しないとなかなか想定どおり使ってもらえない。だからこそ、そこに入ったときにもっと居たいと思わせる身体感覚を体で想像します。最後は依頼主に手渡すけど、つくっているときは自分もそれを使っているイメージを持つ、そうした臨場感があるといいなと思います。

レイヤーの重なりとして理解する

ーコンクリートの壁だけでなくガラス面が多用されています。実際にここで暮らすには適度にカーテンが必要になってくると思いますが、安東さんであれば、どのように建築との関係を意識し、カーテンをデザインされますか。

安東｜そうですね。普段はカーテンでどこをどう隠したいかを考えています。単純に天井から吊るすと開いているか閉じているかのどちらかになりますが、上だけ透けている素材にして、視線を遮りながら光だけを通すこともあります。この壁も厚い生地だと考えれば、カーテンが重なっているような建築ですよね。であればガラス面だけではなく、壁の裏側にもカーテンが回り込んで、もう一つの境界線をつくることもできます。素材にも金属を使って屋外の鉄筋でできたフェンスに合わせるとか、逆に綺麗な色を使って内部が少し軽く見えるようにするとか。そういうふうにカーテンを積極的に使えばいいんじゃないでしょうか。ここのガラス面はとてもきれいなので、カーテンをつけるとしたら、それを生かすようなアレンジをするとよいと思います。例えば、カーテンも壁の一部として考えて、外から見たときにレイヤー感を残します。ガラスとの間に隙間をつくると、外から見たときにシルエットがぼやけますし、重なっている感じもきれいだと思います。

長橋｜カーテン自体はすごくふわふわしているのに、カーテンを吊るためのレールは自由がきかない。そのギャップをどう操作すればいいのでしょうか。

安東｜カーテンレールは曲げることができますし、そもそもレールじゃなくてもいいわけですね。細長い棒状のものを利用して、それにカーテンを吊るすこともできます。窓と曲率を合わせなくてもいいし、スライドさせずに上に持ち上げるような方法もあります。まずは、どんな生地が、どこに、どんなふうに必要なのかを考え、そのためには既製品のレールでいいのかを検討します。無ければつくるでもいいですし、その仕組みから考えるといいですよね。

長橋｜毎日ちょっと引っかかるような感じだったり、垂れている姿もいいなと思いました。

建築の仕上げ材としてのカーテン

安東｜学生たちは建築のことは自由に考えているのに、なぜか家具やカーテンになると見たことのある範囲でしか考えられないことが多いですね。こんなものがあったらいいなとカーテンなども自由に考えたらいいと思います。布にはいろいろな厚みや素材感のものがあるし、例えば薄いものを二重にするだけで新しい機能を持つことができます。レールに対する布の幅をどうするかによっても表現が変わります。基本を押さえておけば柔軟にいろいろできますね。曇りの日でもレースの選び方で部屋がパッと明るく見えたりします。カーテンがない時の解放感もいいけど、カーテンが一枚あるだけで安心を感じます。服を着ているときのような感じでしょうか。これも身体感覚の一つなのかもしれません。

私がデザインするのはカーテンやテキスタイルであって、空間を一からつくるわけではありません。ただし建築家と一緒に仕事をするときは、躯体ができたタイミングで見にいきます。「どこから光が入ってくるのかな」「人はどういう風に動いていくのかな」ということを想像しながらデザインを決めていきます。自分の体と空間が出会って、そこから想像しますが、それは図面や話を聞くだけではわかりにくいことですね。

長橋｜これまで設計していく中で、カーテンなどのインテリア的要素を使うことに抵抗がありました。それは建築として応えていることなのかと。でも、ちゃんとカーテンの流れや素材や納まりを考えていったら、すごく身体的なものができるんですね。

安東｜最近は公共施設でも、竣工時にカーテンが設置されていることがめずらしくなくなりました。それはカーテンが空間を構成する一部だからです。インテリアとして後から取り付けるのではなく、建築をつくる時から一緒に考えた方が最終的な収まりもきれいに仕上がります。つまり、カーテンを装飾としてではなく、仕上げ材として考えるということです。ここには柔らかい素材を置きますと。コンクリートに比べれば耐久性は劣るけど、素材をポジティブに捉えて、あとは交換も含めて住む人にお任せするということでしょうか。

みんなの森 ぎふメディアコスモス／
伊東豊雄建築設計事務所設計　photo:阿野太一

東京ウェルズテクニカルセンター／山本理顕設計工場設計
photo:Mitsumasa Fujitsuka

想像のきっかけを用意する

長橋｜ここは寝室なので朝起きたときにどんな光が入ってくるのか考えて南側に置いたんですが、コンクリートの強い壁よりも柔らかいカーテンのレイヤーのほうがよさそうだなと思いました。

安東｜ここの寝室ですが、夜しか使わないから昼間はカーテンを開けて広く使うのもありえますよね。これだけ狭かったらずっとベッドでなくてもいいし。住む人が変わると使い方も変えられるように、移動式のものにするなどの仕組みは考えておく必要はありますね。もし次の人がベッドルームはいらないとなれば、そこを全部オフィスに使えるかもしれない。だから単にカーテンを吊り下げられるようなフレームだけを用意しておくとか。外部にも、大きな布をかけられるようなポールを立てたり、机のようなベンチを置いたりしておくことで、人が集まるきっかけにするとか。変わっていくことを提唱しているわけだから、もう一歩、いろいろな人が想像できるきっかけがあるとよいですね。

長橋｜家具については住む人まかせな感覚だったので、確かに少しきっかけをつくる意識が必要かもしれません。今は曲線だけでプランをつくっていますが、ここに点の要素を入れていくと、それがきっかけになって住む人まかせにならないように思いました。

安東｜そうですね。曲線に「こだわること」と「大事にすること」は違いますので。使ってもらうためにはオープンにしないといけないけど、それはスケスケにすることではなく、心地よい過ごし方ができることを外からも感じられることが大切ですね。そのことを実現する答えはいろいろあるけど、そこにこの案がもっとよくなる余地があると思います。

経験から見つける言葉

長橋｜最近の課題で身体スケールから考えるものがありました。それを経てもう一回この作品を見ると、心地よさを感じてもらうことが必要だと理解できます。そうした身体的な質感をプレゼンにおいて伝えるには、どうすればよいのでしょうか。

安東｜テキスタイルが持っている質感というのは、多かれ少なかれみんなも分かっていると思います。柔らかい素材を説明するには「今、あなたが着ているセーターのような」という言葉で説明できるかもしれない。生地を表現する時に「縁日で買ったふわっとした綿菓子が少ししんなりしてきたけどまだその繊維が残っている感じ」とか（笑）。相手が想像できるように表現する。柔らかさの中にある硬質さを表現するときの自分の感覚は、単に柔らかいと書いてもダメ。そのための言葉を探すことが必要ですね。人はいろいろな経験をして今に至っているわけだから、どこかに共有する感覚はあって、伝えるためにそれを考えないと。実は、建築家と仕事するうえで最初にぶち当たったのは、言葉の壁だったんですね。それまでは感覚的にものをつくっていましたが、伝えるための言葉を探さないといけなくなりました。同時に、言葉だけではいけないということも分かっているんですけど。

長橋｜わたしも自分の言葉と、まわりの受け取り方のちがいをすごく感じていました。

安東｜それは「伝えたい」という気持ちだけで、相手のことを考えていないからではないでしょうか。この人に伝える言葉と、あの人に伝える言葉は違うかもしれない。どうやって伝えるかは、相手の視点に立って考えないと。建築をつくるには、他者に対する思いやりを伝えることがすごく大事です。そうすれば、自分が思っているものがすんなりと人にも受け入れられると思いますよ。

プロフィール
安東 陽子
1968年東京生まれ。株式会社布（NUNO）でクリエイティブスタッフとして勤務を経て2011年に独立、安東陽子デザインを設立。テキスタイルデザイナー・コーディネーターとして、伊東豊雄、山本理顕など多くの建築家の空間にテキスタイルを提供している。早稲田大学創造理工学部建築学科非常勤講師（2011年～2014年）、グッドデザイン賞審査員（2016年～2018年）、現在名古屋造形大学客員教授。著書に「テキスタイル・空間・建築」（2015/Lixil出版）。近年の主な仕事として、みんなの森ぎふメディアコスモス（伊東豊雄建築設計事務所）、台中国家歌劇院（伊東豊雄建築設計事務所）、横浜市立子安小学校（山本理顕設計工場）、西武鉄道新型特急車両001系"Laview"（妹島和世建築設計事務所）などがある。

設計課題

「あり続ける住宅」

[関東学院大学建築環境学部建築環境学科「住宅設計スタジオ」| 3回生 | 2019年度]

担当：粕谷淳司、奥野公章、村山徹

□ 課題の内容

住み手が替わってもその場所にあり続けられる住宅を設計する。個人住宅は、ある特定の住み手のためにつくられるが、建築がその場所にあり続けることは、都市形成、コミュニティ形成、環境問題においてとても重要なことである。では、住み手が替わってもあり続けることができる住宅とはどのようなものだろうか?この課題で考えて欲しいことは、単に持続可能な環境設備を持ったものや新陳代謝して持続するシステムではない。建築の自立性のあり方に焦点を当てたものである。住宅がその場所にあり続けることで生まれる新しいすまい方を考えて欲しい。

□ クライアント

大人2人以上を各自で設定する。

□ 設計条件

1）敷地:横浜市中区黄金町1-5-2

2）敷地:敷地面積80㎡ / 建ぺい率80% / 容積率400% / 高さ制限31mまで

3）必要諸室（空間）と規模:各自が算定し決定する。

4）構造規模:構造·階数共に自由。

□ 最終提出物

0）分析

①リサーチシート（A1）

→本課題に関するリサーチを行い、写真やダイアグラムなどを用いたリサーチシートを作成する。

②事例コピー（2～3作品）

→事例となる作品を建築雑誌、建築本（ネット画像は不可、写真だけでなく必ず図面もコピーする）から2～3作品を収集する。

Ex. 新建築、新建築住宅特集、JA、GA、建築文化、SD、El Croquis、2Gなど

1）図面（設計図書）

①1階平面図兼配置図（1/50、周辺環境も表現）

②各階平面図（1/50）

③断面図2面以上（1/50）

④立面図2面以上（1/50）

⑤内外の空間を表現するパース、ドローイング。コンセプトや空間を表現するダイアグラム等。表現は自由。

2）模型

①敷地周辺を含む模型[450mm×450mm以上]（1/100）

②敷地全体を含む模型（1/30）

3）注意事項

·プレゼンテーションは原則としてA1サイズとし、美しくレイアウトする。ただし、コンセプトに合わせて規定外のサイズでプレゼンテーションを行っても良い。

·プレゼンテーションには氏名、学籍番号を記入し、各図面には図面名称、縮尺を記入すること。

·コンセプト、図面名称等の文字は原則としてタイプ文字を使用し、適切にレイアウトすること。

·CAD·手描き等の表現は自由

·線の強弱、寸法線の描き方など、製図の基本を守ること。

□ スケジュール（期間:4/9~6/4）

01: 科目のガイダンス、課題1説明、リサーチ方法レクチャー、
敷地見学

02: 教員紹介、リサーチシート·事例コピー提出、敷地模型作成方法、
エスキースチェック（1）

03: エスキースチェック（2）

04: 中間講評（平面図、断面図、立面図1:50、敷地模型及び計画案
スタディ模型1:100）

05: エスキースチェック（3）

06: エスキースチェック（4）

07: 1/30全体模型提出、エスキースチェック（5）

08: 課題1提出·採点·講評

□ 出題意図

学生の課題では、具体的なクライアント像を設定してもレスポンスが返ってこず、暖簾に腕押し状態で設計をしなければいけません。特に戸建住宅の課題においては、設計の中心となるクライアントの不在は、設計与件の不在と言っても過言ではありません。

そこで具体的なクライアントは設定せずに「あり続ける住宅」という抽象的な課題にし、その場所その街に住宅があり続けるにはどうすればいいかを問うことにしました。つまり「街」をクライアントに、その「街」にどういった住宅が必要なのかを考えることとしました。そうすることで、学生は敷地リサーチから具体的な「街」の声を聞き、独自の設計与件を得ることができます。そして、リサーチすればするほど与件は増え、設計に厚みが出ます。

またこの課題では、人間至上主義に陥らず、より広義に住宅を捉えることも問うています。これは昨今の住宅過多の状況のなかであって、新たに住宅をつくることに何の意味があるのか?という設計行為の根本を考えさせ、自身の設計の射程を意識させることを意図しています。（関東学院大学研究助手 村山徹）

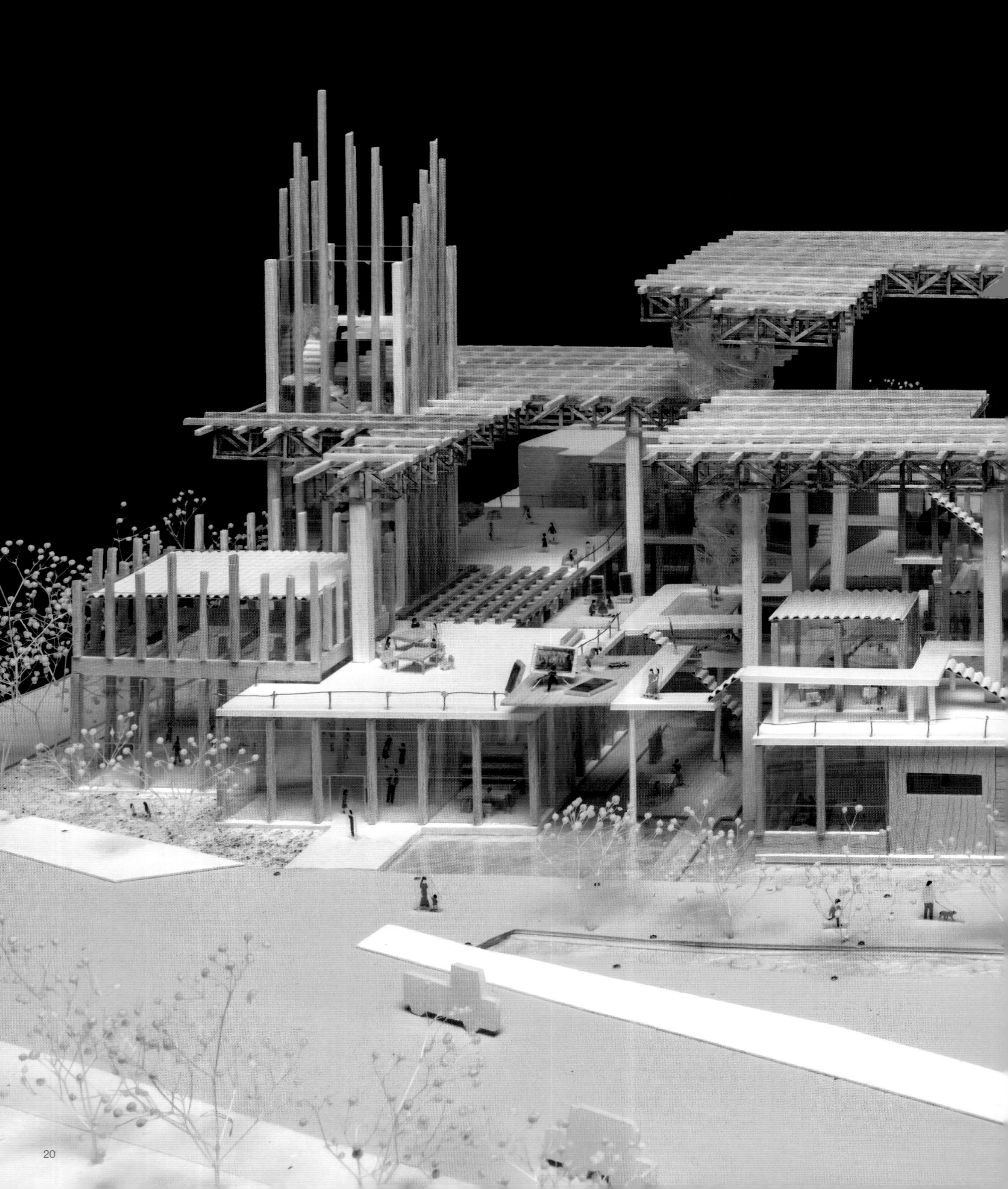

コンセプト

「今日は何をしようか?」からこの物語は始まる。異世代と地域の交流を生み出す幼老複合施設に遊環アトリエ&ギャラリーの海流をつくり、人、芸術、全てに絡み合い、水盤を境に入り混じる。想像と、表現と、交流の航海の日々。全てを芸術に包まれた、海の様な幼老複合施設。

「境」・芸術の海

ID.0023
國弘 朝葉
立命館大学
理工学部
環境都市デザイン学科
3回生

作品用途: 学校・乳幼児施設
課題名: 幼老複合施設
取組期間: 1.5ヶ月

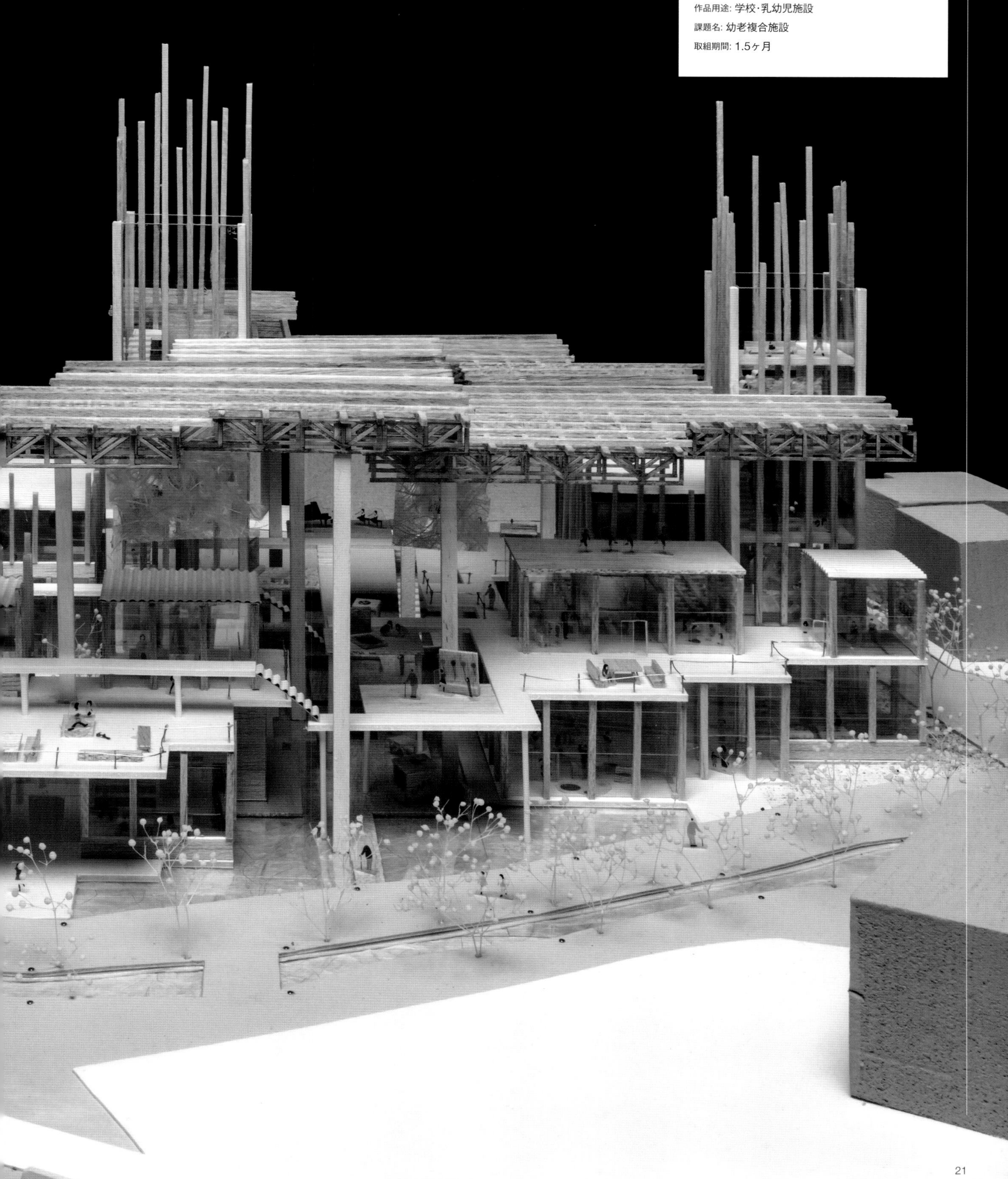

■世界の仕組み

私たちは、海を境界にした、陸に住んでいる。
海の向こう側には「何が待っているのだろう」と思った時、海に出て境界を越えようとする。自ら交流に飛び出したくなる好奇心をくすぐり、旅をすることに人と巡り会う。そして想像力が膨らむ世界の仕組みをコンセプトに。

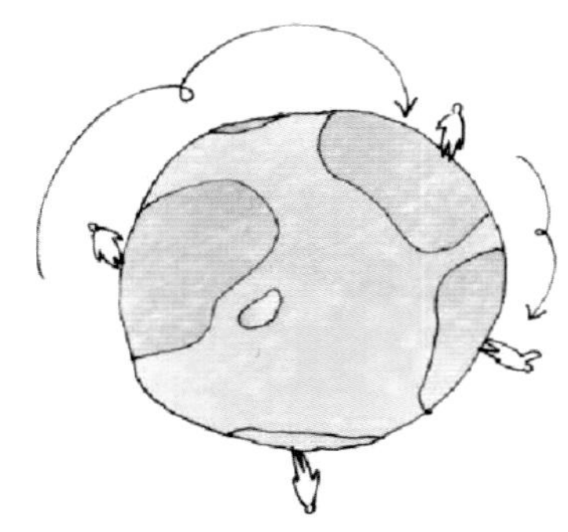

■作品舞台

南草津駅からほど近く、緩やかな道に沿って、施設は立ち並ぶ。

■陸の交流・「境」への好奇心

1階平面図

陸から海への物語

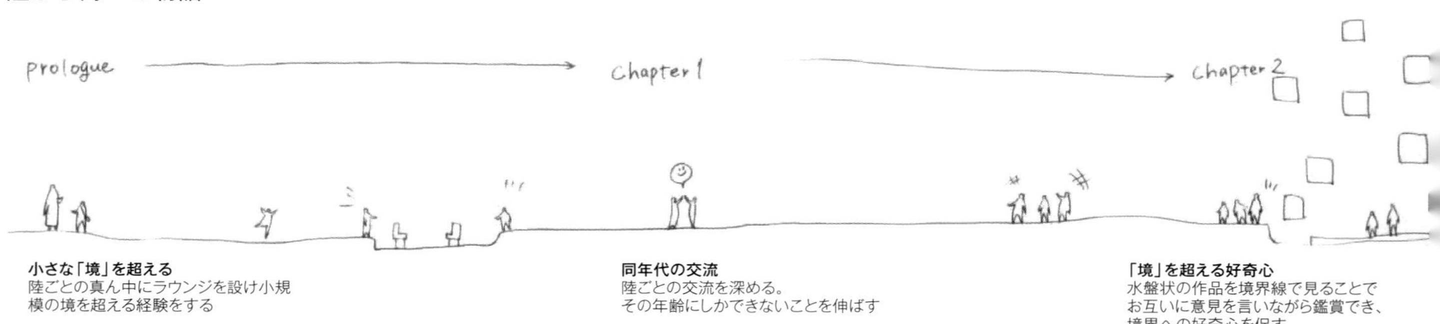

小さな「境」を超える
陸ごとの真ん中にラウンジを設け小規模の境を超える経験をする

同年代の交流
陸ごとの交流を深める。
その年齢にしかできないことを伸ばす

「境」を超える好奇心
水盤状の作品を境界線で見ることでお互いに意見を言いながら鑑賞でき、境界への好奇心を促す

■ダイアグラム

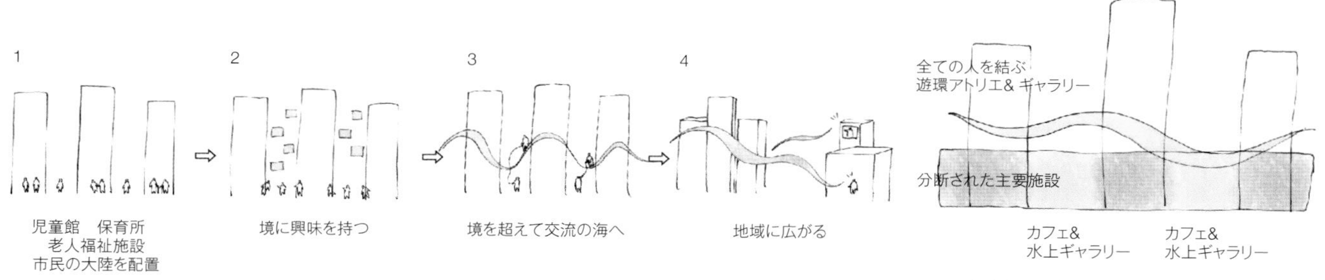

■芸術の海での交流

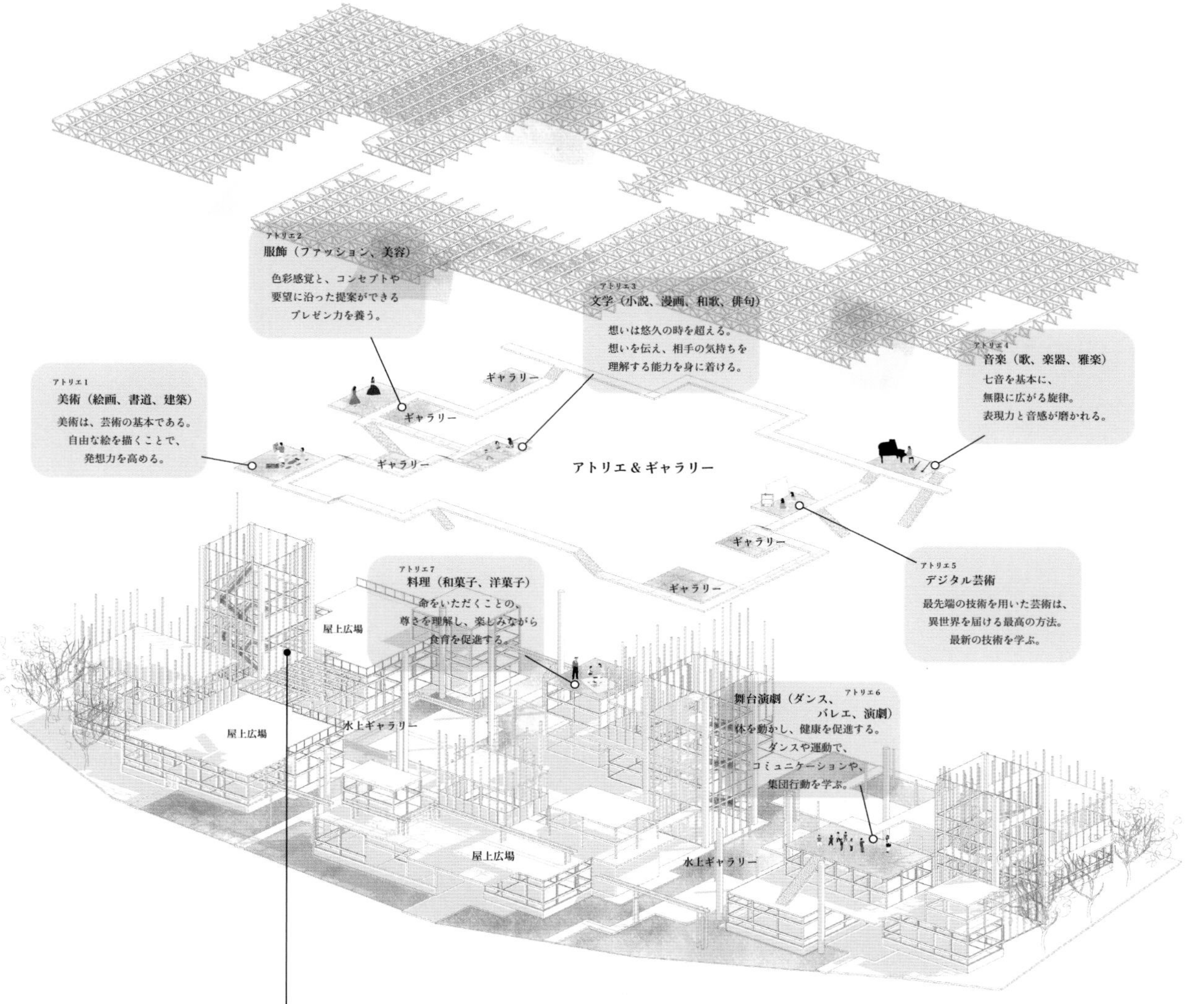

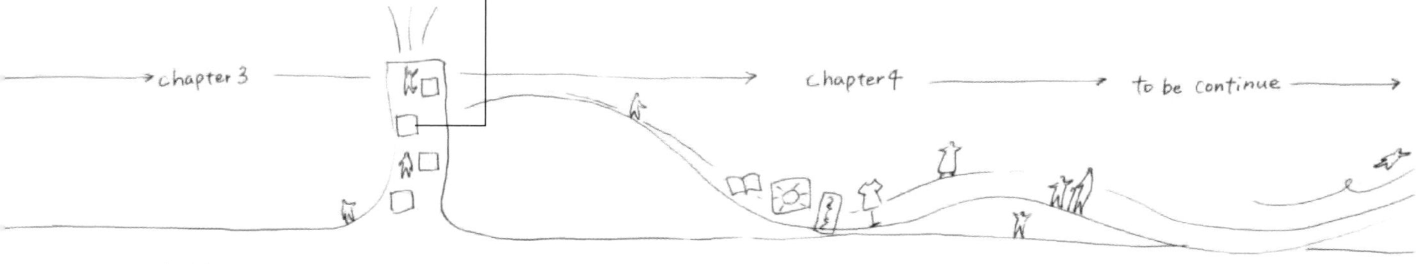

アトリエ2
服飾（ファッション、美容）
色彩感覚と、コンセプトや
要望に沿った提案ができる
プレゼン力を養う。

アトリエ3
文学（小説、漫画、和歌、俳句）
想いは悠久の時を超える。
想いを伝え、相手の気持ちを
理解する能力を身に着ける。

アトリエ4
音楽（歌、楽器、雅楽）
七音を基本に、
無限に広がる旋律。
表現力と音感が磨かれる。

アトリエ1
美術（絵画、書道、建築）
美術は、芸術の基本である。
自由な絵を描くことで、
発想力を高める。

ギャラリー
ギャラリー
ギャラリー
アトリエ＆ギャラリー
ギャラリー
ギャラリー

アトリエ5
デジタル芸術
最先端の技術を用いた芸術は、
異世界を届ける最高の方法。
最新の技術を学ぶ。

アトリエ7
料理（和菓子、洋菓子）
命をいただくことの、
尊さを理解し、楽しみながら
食育を促進する。

屋上広場
屋上広場
水上ギャラリー

アトリエ6
舞台演劇（ダンス、
バレエ、演劇）
体を動かし、健康を促進する。
ダンスや運動で、
コミュニケーションや、
集団行動を学ぶ。

屋上広場
水上ギャラリー

chapter 3
chapter4
to be continue

陸から海へ
芸術の上昇気流に乗って、
作品を見ながら上昇する

異世代交流×地域交流
芸術の海で「境」を超え、年齢の違いが
関係のない芸術を共に楽しむ

南草津から始まる創造力
創造力を育てる、趣味を増やす。
心の発達と、健康の増進を求めて多くの
人が訪れる

■目次·南側立面図

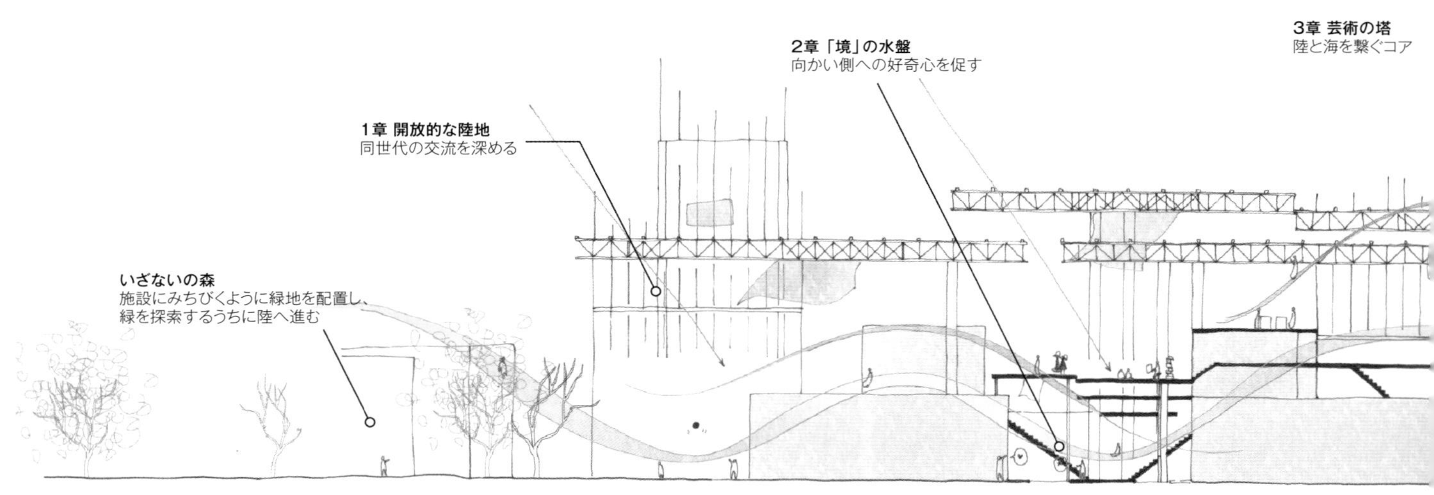
3章 芸術の塔
陸と海を繋ぐコア
2章「境」の水盤
向かい側への好奇心を促す
1章 開放的な陸地
同世代の交流を深める
いざないの森
施設にみちびくように緑地を配置し、
緑を探索するうちに陸へ進む

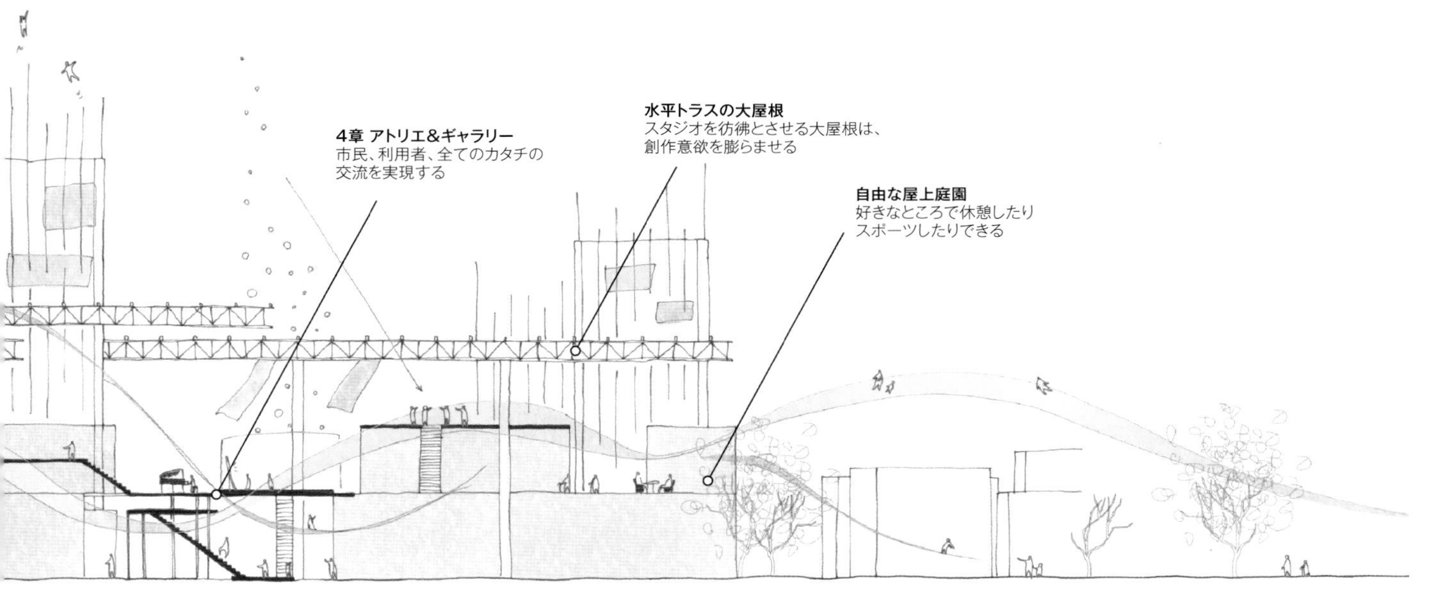
4章 アトリエ&ギャラリー
市民、利用者、全てのカタチの
交流を実現する
水平トラスの大屋根
スタジオを彷彿とさせる大屋根は、
創作意欲を膨らませる
自由な屋上庭園
好きなところで休憩したり
スポーツしたりできる

優秀新人賞

コンセプト

人はそれぞれ違った性格を持っている。居心地のよいと思う空間は違うのではないか。ハコで均質な空間をつくることに疑問を感じた。これは性格にあわせた5つのアトリエを設けた100人の芸大生のための学生寮。斜めの壁でできた特性の違う空間に心地よい居場所をそれぞれ見つけ棲みついていく。

個性をひきだす居場所 ―性格特性にあわせたアトリエのある学生寮―

ID.0092
中野 紗希
立命館大学
理工学部
建築都市デザイン学科
3回生

作品用途: 集合住宅

課題名: アクティビティと場の構築
人と、そして地域とつながる国際学生寮

取組期間: 2ヶ月

■ダイアグラム

1 斜めの壁　　壁の向きと壁と壁の間の距離で明暗がわかる。

2 ABCDE のアトリエ　　斜めの壁を使って5つの空間をつくる。

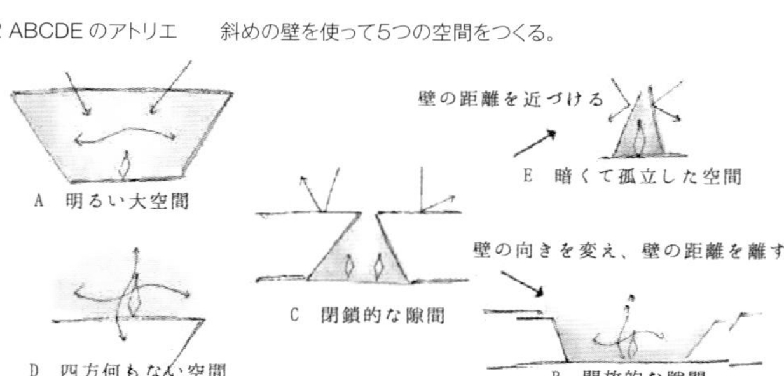

■ゾーニング計画

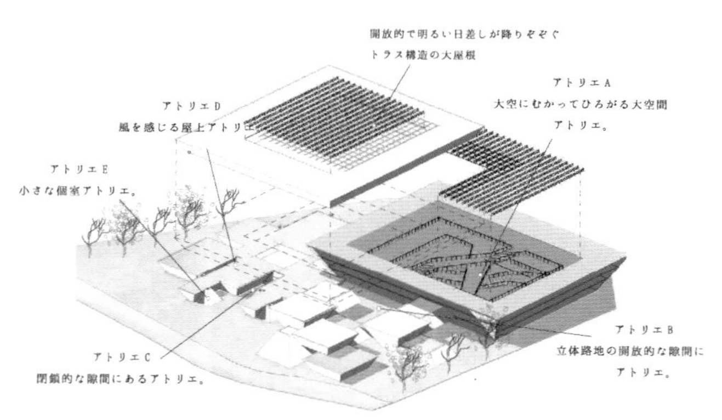

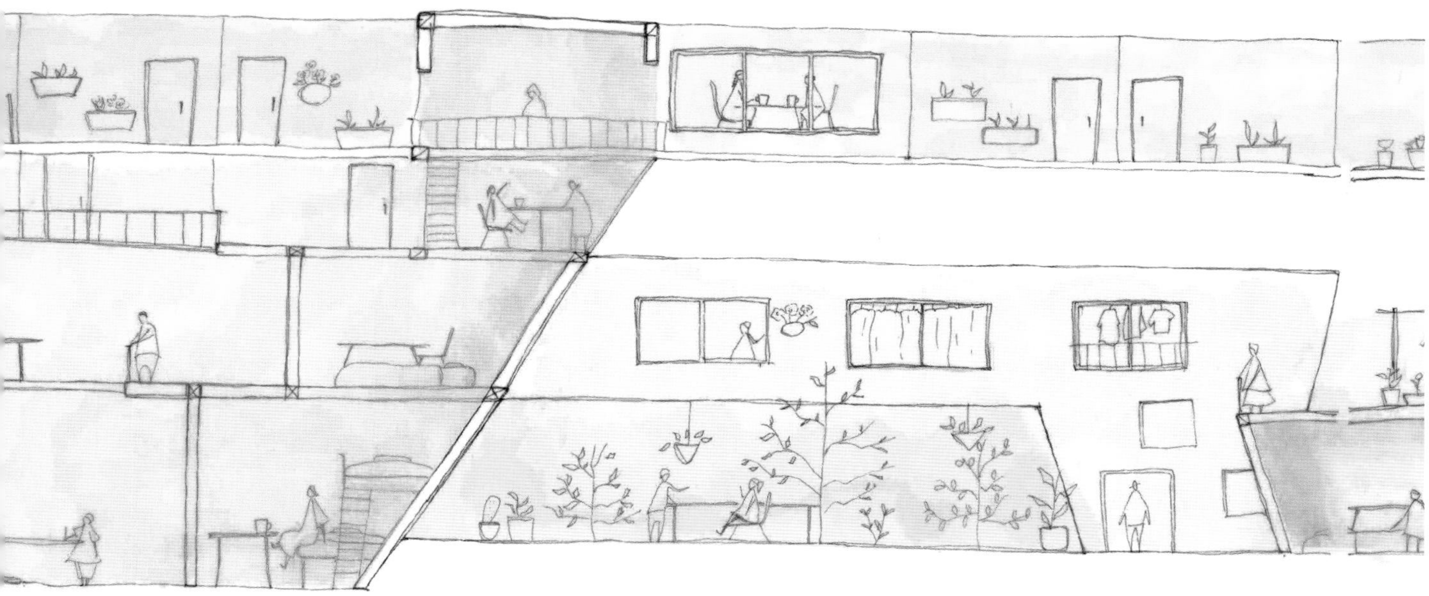

■性格から紐とく心地よい五つの空間

ジョイ・ギルフォード（Joy Paul Guilford）

12の尺度から性格特性を分類し、外交的か内向的か、精神、感情的に安定しているか不安定か、から5つの性格に振り分けられると述べた。

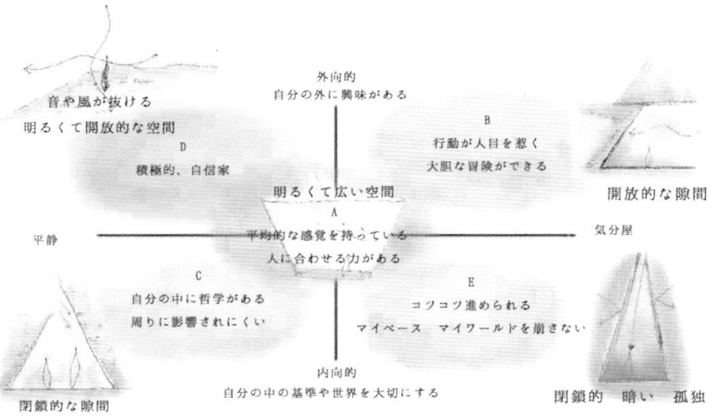

■構成

敷地は京都府京都市下京区に位置する。この敷地の北と西は大通りであり交通量が多い。

東側は団地や公民館があり、南側には京都市立芸術大学が開校予定。

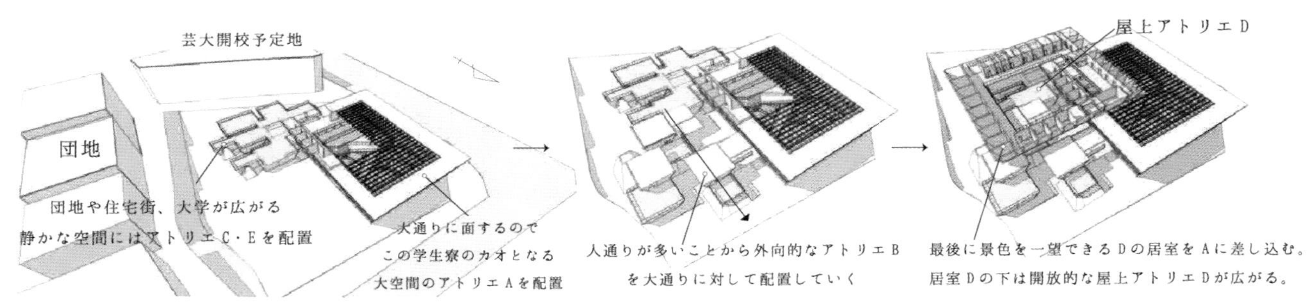

■ゾーニング計画

アトリエ
住居

A 45住戸
平均的な感覚を持っている
人に合わせる力がある

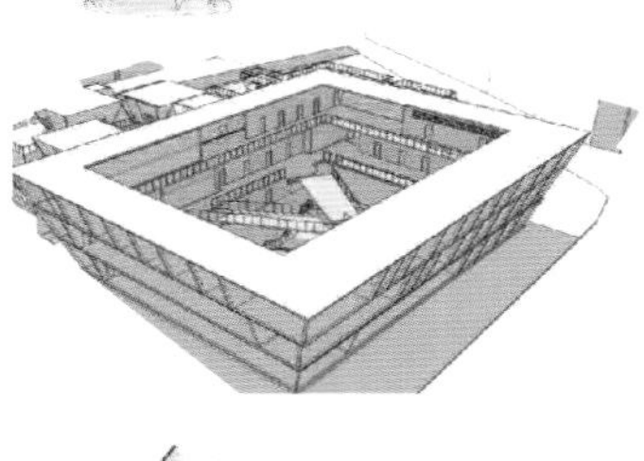

アトリエA
大空にむかってひろがる大空間アトリエ

各階をつなぐブリッジにも芸術活動は広がっていき、会話が弾んむ。

大空間のまわりには45人分の居室が張り巡らされ、大きなコミュニティが形成される。

自分の部屋の扉を開けると、いつでも芸術の世界に飛び込める。ガラス張りのアトリエは街のカオとなる。

B 12住戸
行動が人目を惹く
気分屋

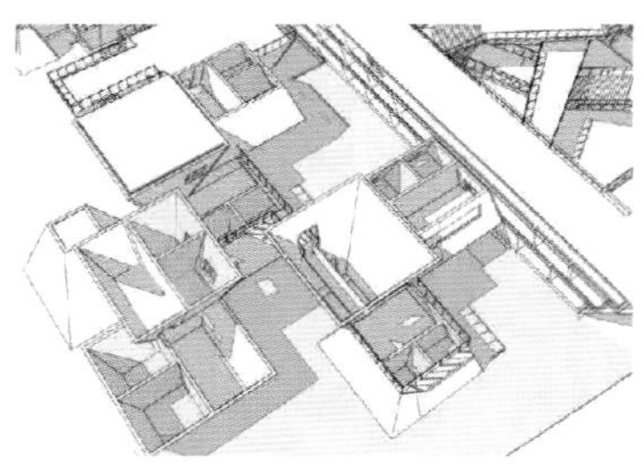

アトリエB
立体路地の開放的な隙間にあるアトリエ。

その日の気分によっていろんな隙間に棲みうつり芸術を楽しむ。

人通りが多い道に面した2人分の住居をひとまとめにしたボリュームを積み上げることでできた路地のような空間で時々刻々と移り行く風景を感じ、音を聞き、風を感じながら創作活動を行う。

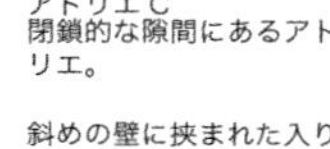

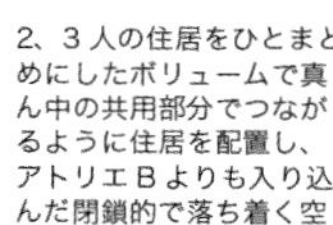

C 15住戸
自分の中に哲学がある
周りに影響されにくい

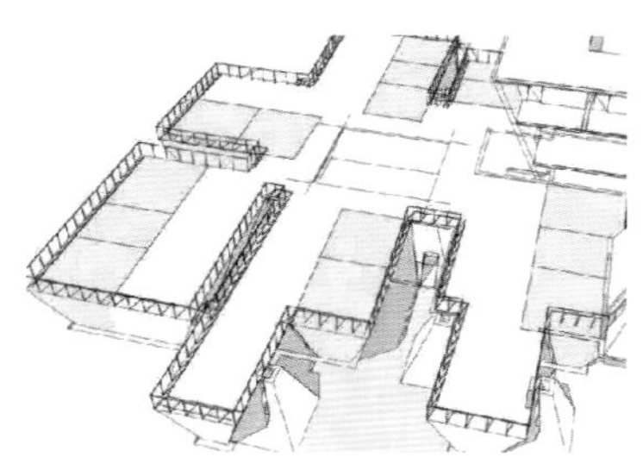

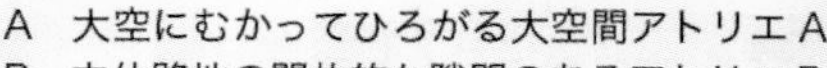

アトリエC
閉鎖的な隙間にあるアトリエ。

斜めの壁に挟まれた入り込んだ隙間で落ち着いた気持ちになる。

2、3人の住居をひとまとめにしたボリュームで真ん中の共用部分でつながるように住居を配置し、アトリエBよりも入り込んだ閉鎖的で落ち着く空間となる。

住居に近いアトリエを使うことで4、5人の小さなコミュニティが形成される。

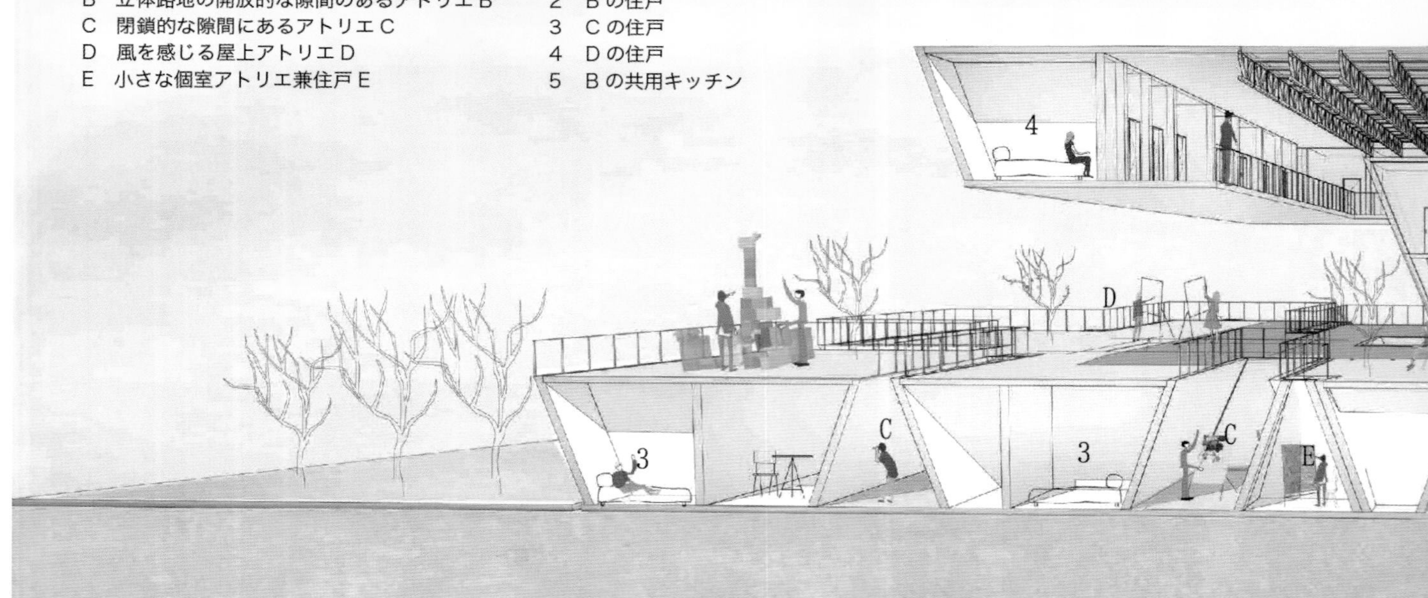

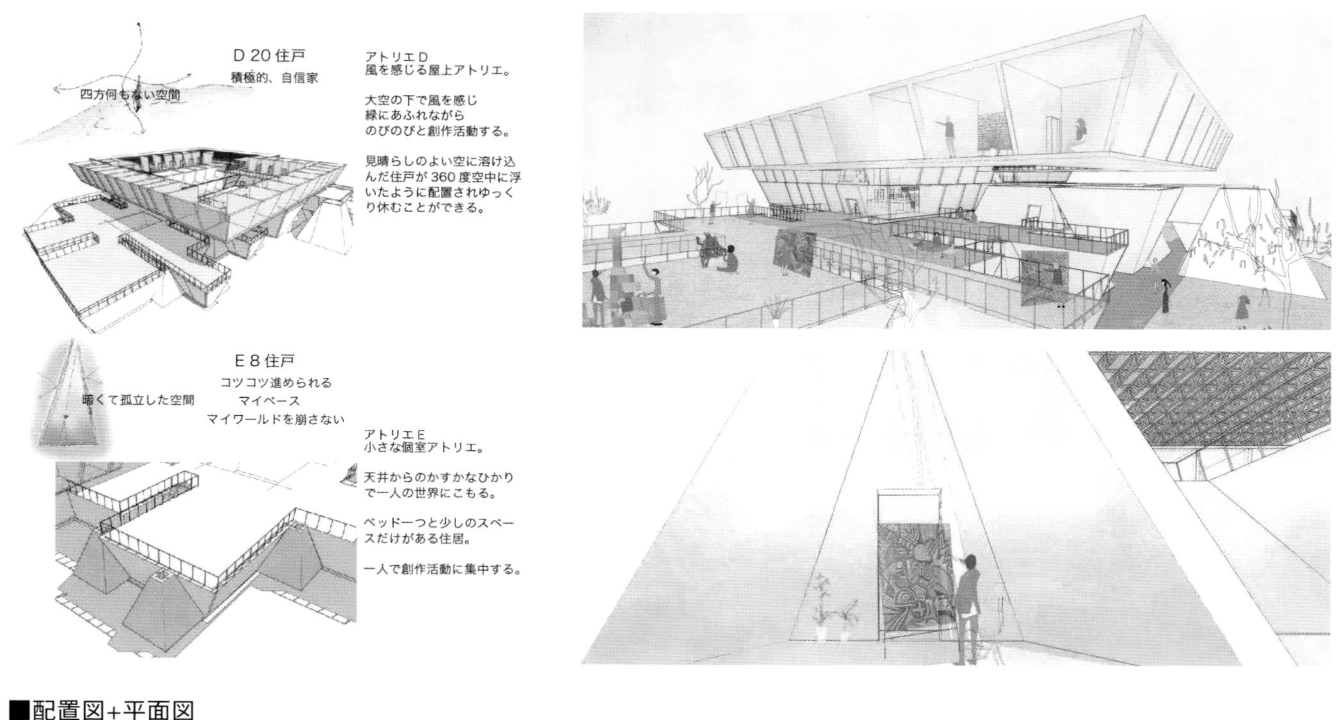

■配置図+平面図

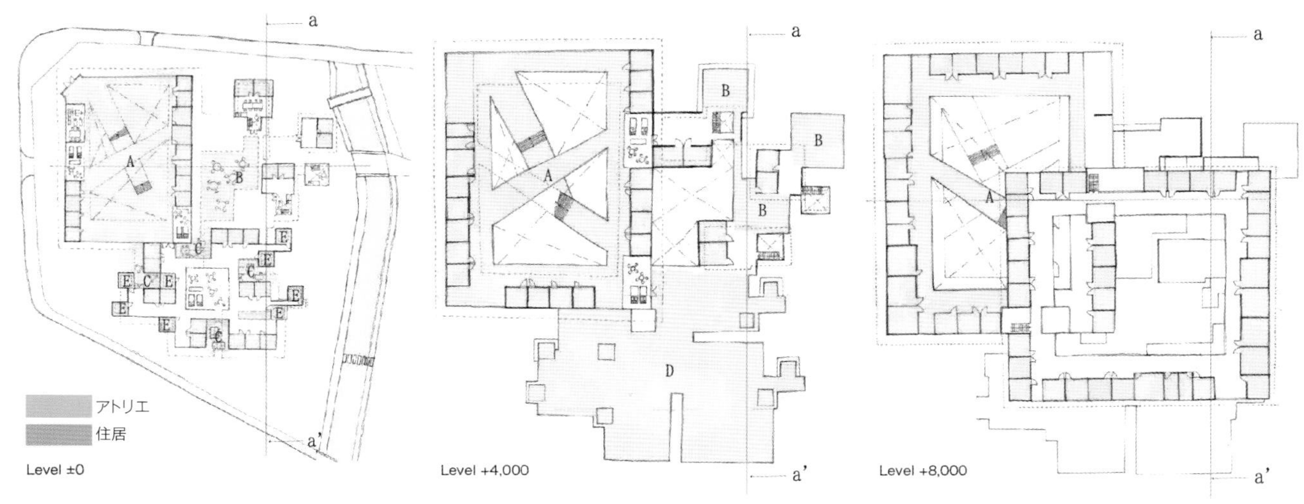

こうして、斜めの壁だけでできた、多様な内部空間、外部の隙間に、ここに住まう人たちは心地よい居場所（アトリエ）をそれぞれ見つけ棲みついていく

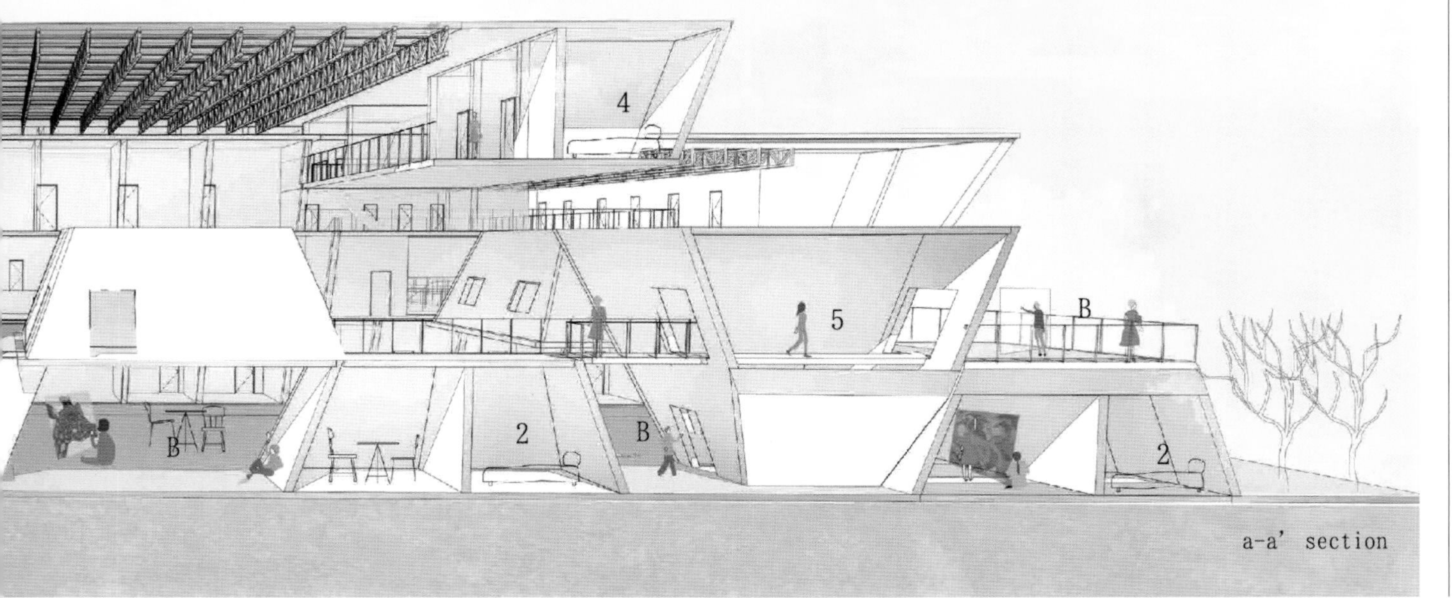

Simple presence

ID.0191
濱口 悠
関西大学
環境都市工学部 建築学科
3回生

作品用途: 美術館・博物館
課題名: コンテンポラリーアートミュージアム
取組期間: 1.5ヶ月

コンセプト
コンセプトは、引き込む・取り巻く空間である。今回の設計にあたって「ミニマル・アート」という美術様式に着目した。ミニマル・アートの特徴は装飾性がなく、幾何学的であり、人の目を引く存在感が美しいことだ。それを想起させる建築を目指した。

■敷地

大阪城の北東に位置し、寝屋川・第二寝屋川・大阪環状線に囲まれた約26haの城見地区に位置する。大阪城公園に隣接した地区を経済、商業の一大拠点にしようと、大阪市と大阪府に本社を置く大手企業などの取り組みにより共同で建設された大阪ビジネスパークが隣接する。なお、城東区や都島区との境界に近く、他の地区とは大阪城公園で隔てられた位置にある。

■ダイアグラム

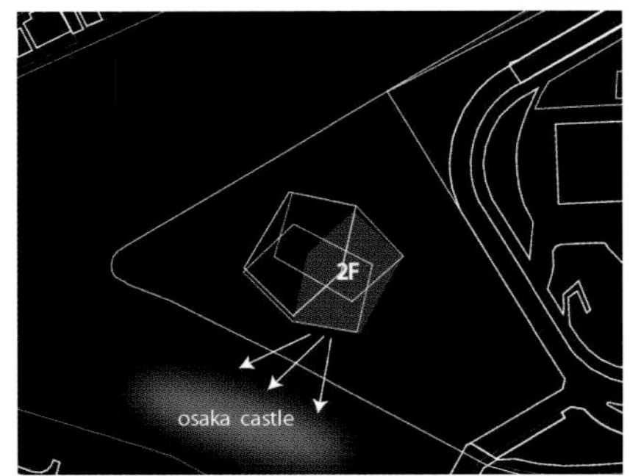

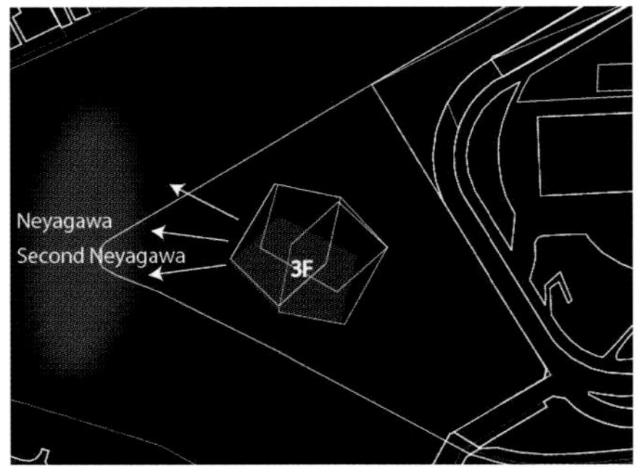

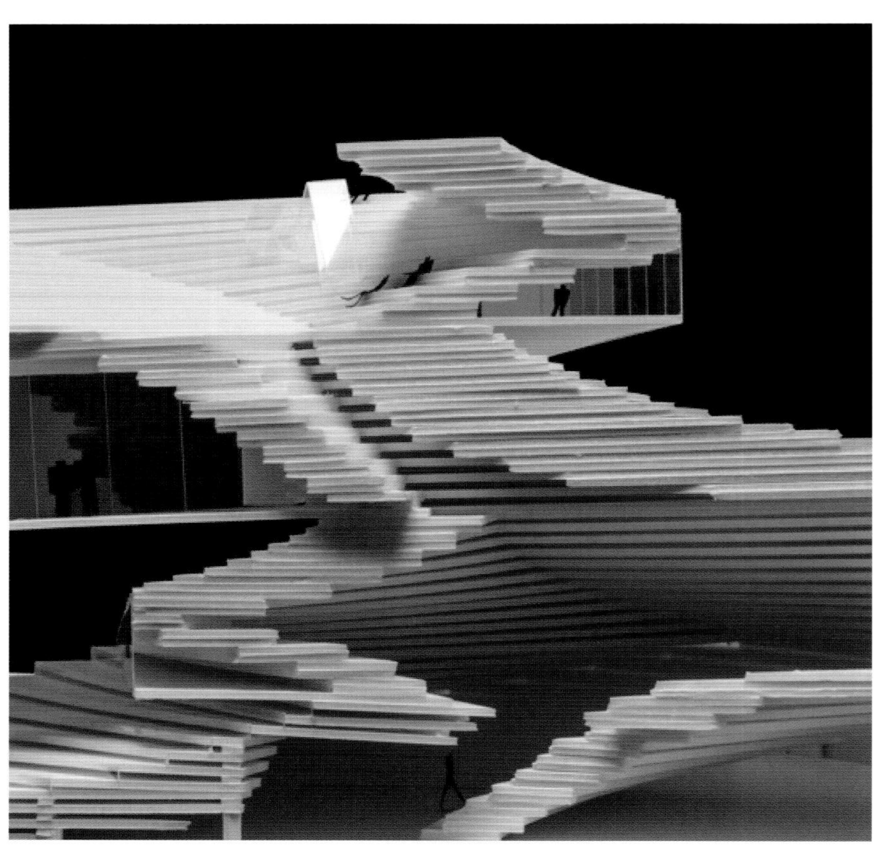

third floor

semi-indoor space

top floor view

front entrance

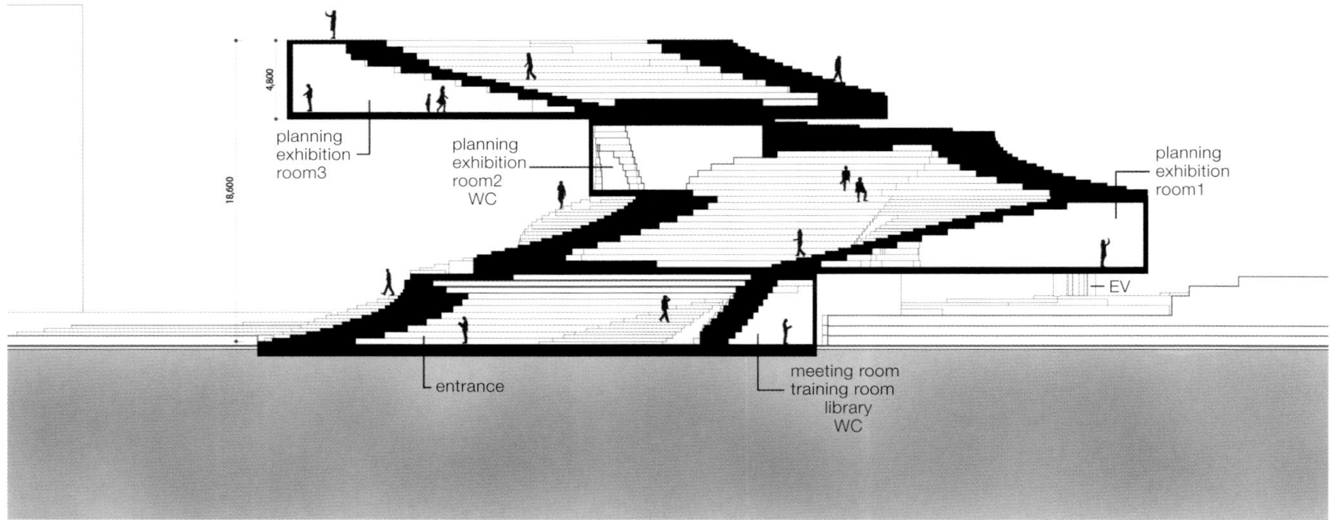
4,800
18,600
planning
exhibition
room3
planning
exhibition
room2
WC
planning
exhibition
room1
EV
entrance
meeting room
training room
library
WC

A-A'断面図

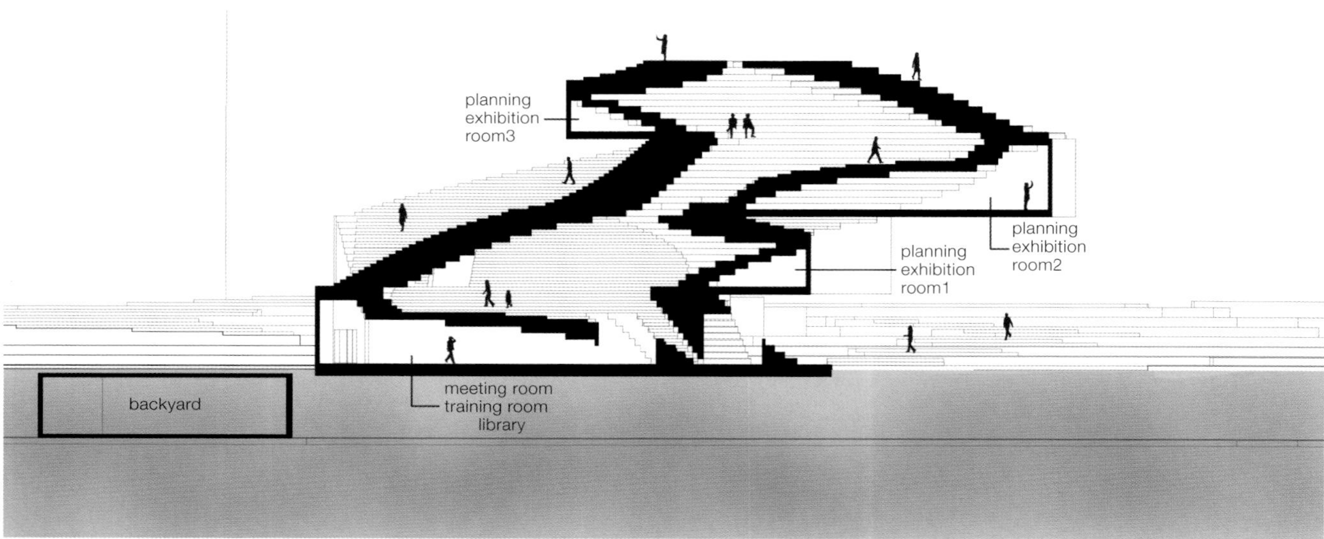
planning
exhibition
room3
planning
exhibition
room2
planning
exhibition
room1
backyard
meeting room
training room
library

B-B'断面図

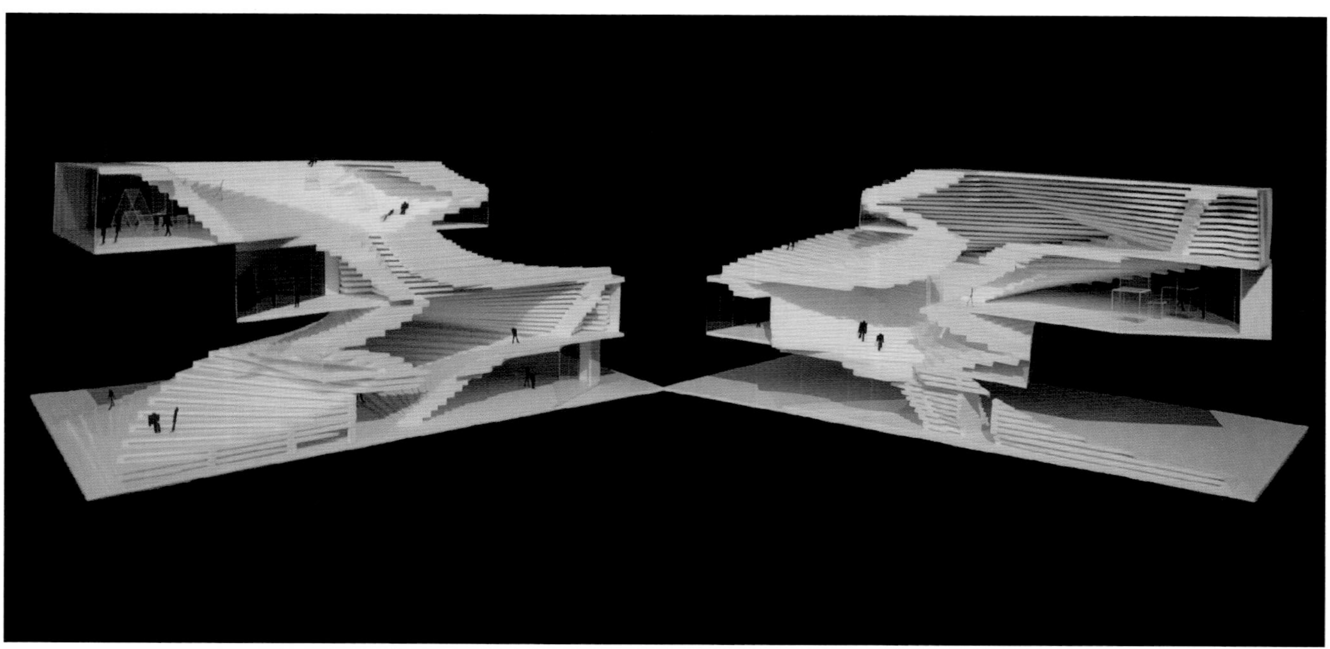

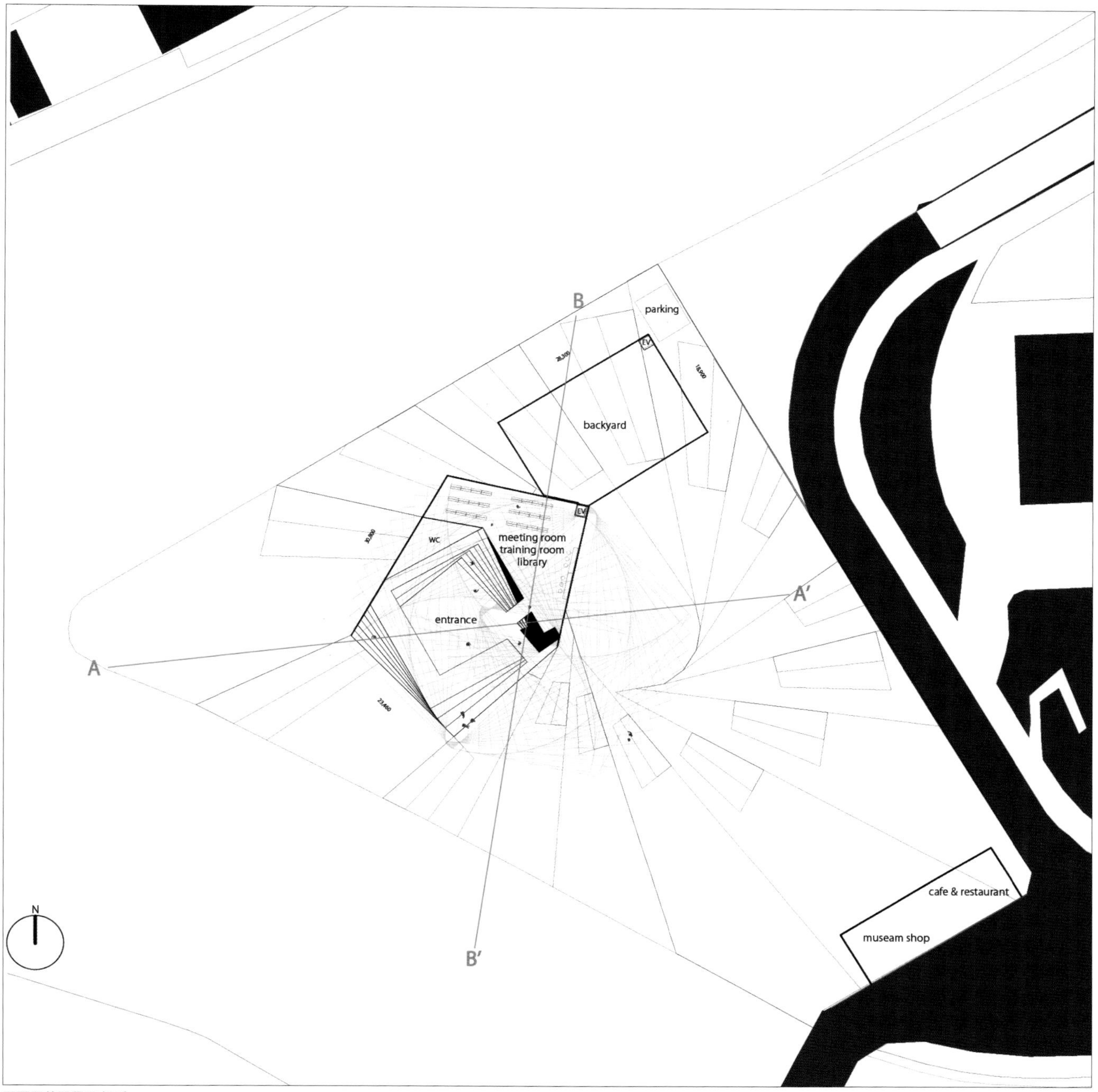

parking
backyard
EV
meeting room
training room
library
WC
entrance
cafe & restaurant
museam shop
A
A′
B
B′
N

平面図兼配置図（B1）

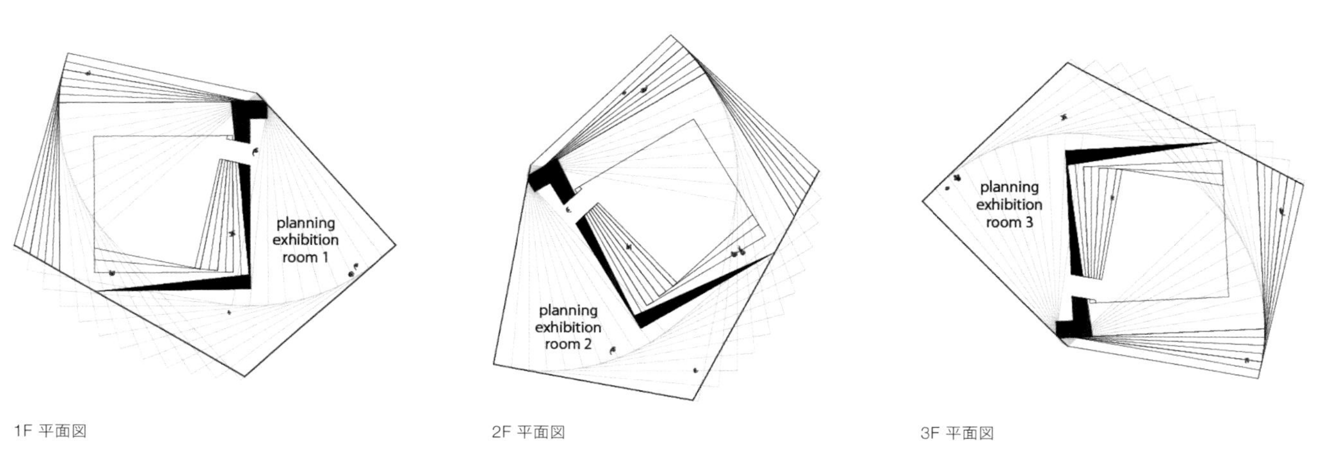

1F 平面図　　2F 平面図　　3F 平面図

Residence

ID.0271
山戸 善伸
日本大学
理工学部 海洋建築工学科
3回生

作品用途: レジャー施設
課題名: 水族館
取組期間: 1ヶ月

コンセプト

今、年間約1万個のコンテナがコンテナ船から落下している。人工物のコンテナも海底では魚の住処となる。魚との境界をなくすという水族館のテーマに対し、この事実は魚側から境界をなくしていると考え、コンテナという共通点を持った人と魚の住処の水族館を提案する。

■ダイアグラム:人の住処+魚の住処

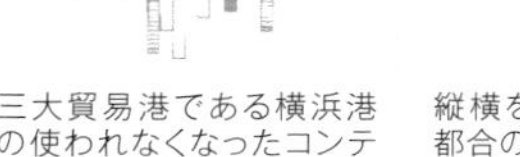

三大貿易港である横浜港の使われなくなったコンテナを再利用する。

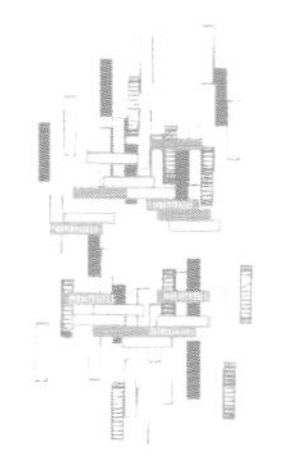

縦横を軸とし、人にとって都合の良い人工的な構成。

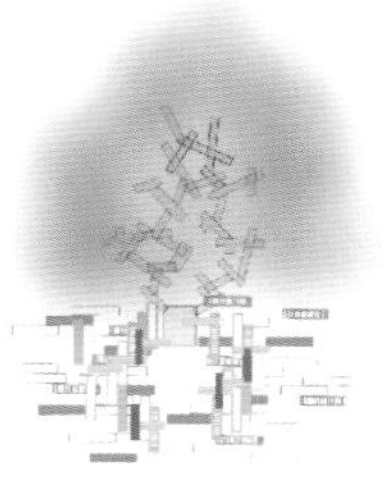

魚の住処である海中では、陸部とは逆に海にばらけた様に不規則に配置する。

■プラン:住処の対比

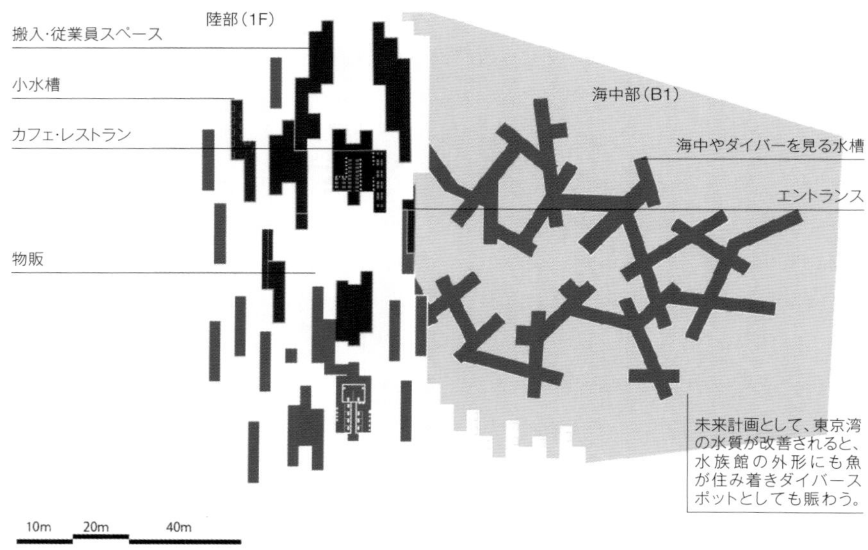

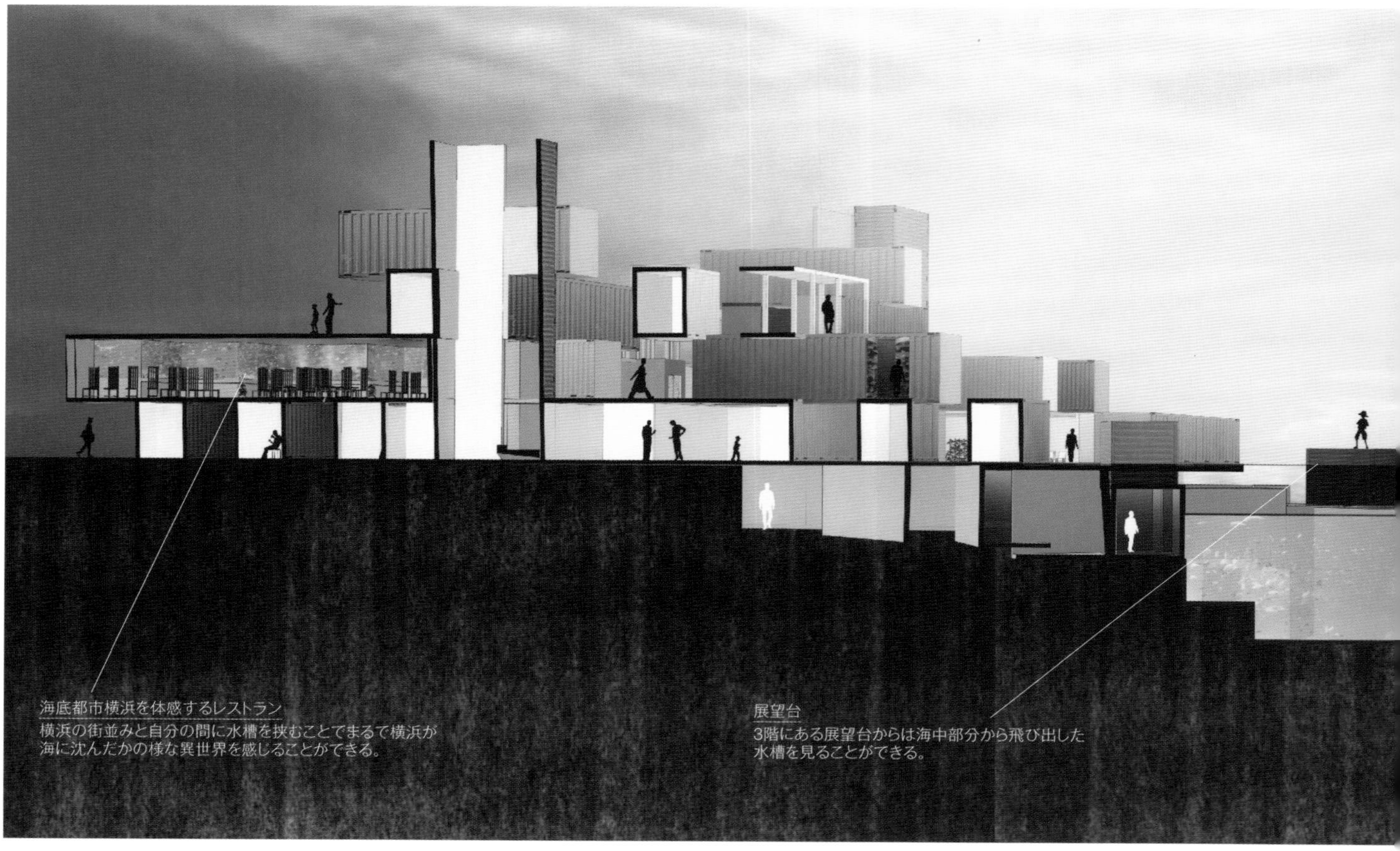

未来計画として、東京湾の水質が改善されると、水族館の外形にも魚が住み着きダイバースポットとしても賑わう。

海底都市横浜を体感するレストラン
横浜の街並みと自分の間に水槽を挟むことでまるで横浜が海に沈んだかの様な異世界を感じることができる。

展望台
3階にある展望台からは海中部分から飛び出した水槽を見ることができる。

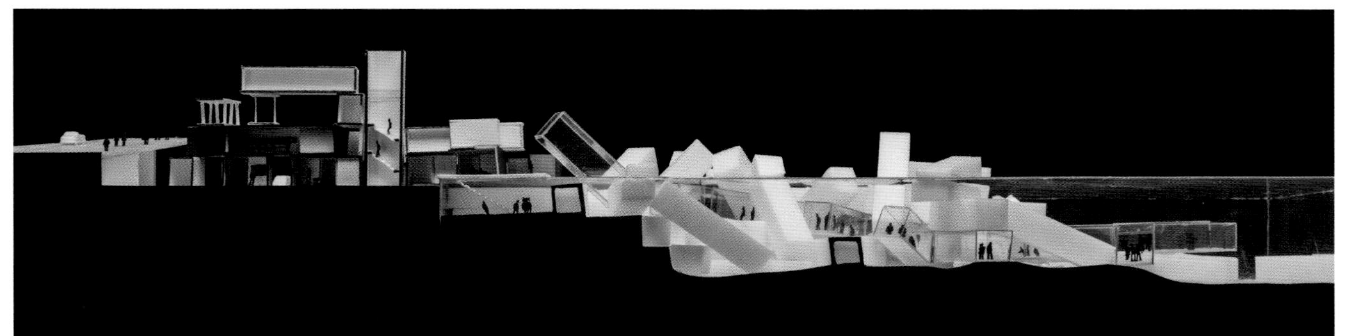

360°水槽
魚の住処が集まった海に飛び込んだ様な
壮大感を味わうことのできる水槽。

未来計画
東京湾の水質改善と共に凹凸を活かしたダイバースポットを
見ることができ、ダイバーさえも展示物となる。

8選

虚実の群景

ID.0294
野中 郁弥
東京工業大学
環境社会理工学院建築学系
3回生

作品用途: 劇場

課題名: 都市の密度と速度に呼応する建築:
300人実験劇場を含んだ第2ヒカリデパート

取組期間: 1.5ヶ月

コンセプト

仮設の劇場には都市を劇的に変化させる力がある。舞台装置や演技が作られていくダイナミズムが街へと波及する。公演が終わると劇場は解体され、元の街へと戻る。構築、公演、解体といった仮設劇場の虚構と、日常の風景という現実が折り重なる建築の設計を行った。

劇場のサイクル

仮設の劇場には舞台装置といったモノや演技といったコトが生成され、解体される一連のサイクルがある。

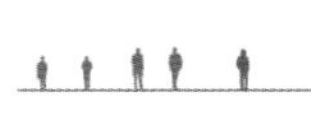

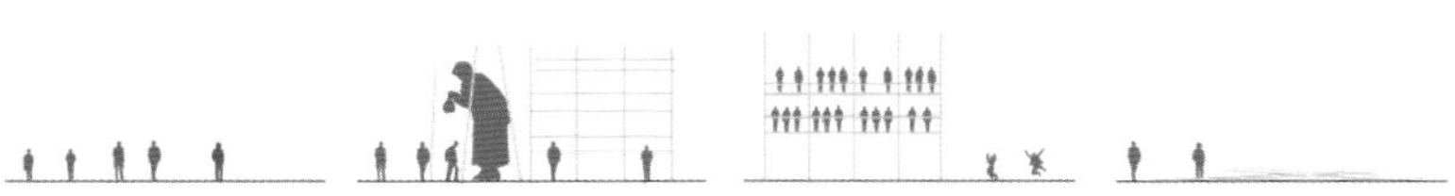

ある劇団が街へとやってくる。

演技、道具、舞台を作っていく。

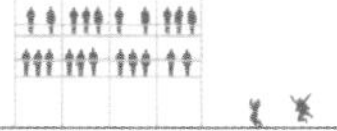

ある期間の下で公演を行う。

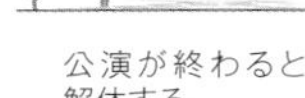

公演が終わると解体する。

基本構成

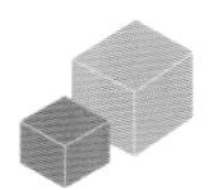

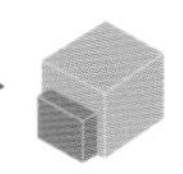

高密に集積した店舗群、或いは都市そのものに劇場という工事現場を突き刺す。

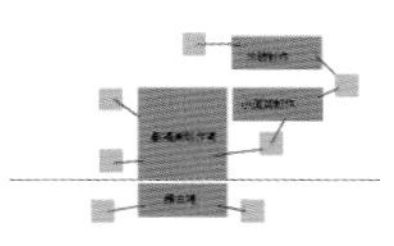

制作場や稽古場といったモノやコトを作る場所と店舗を関係づけて配置する。

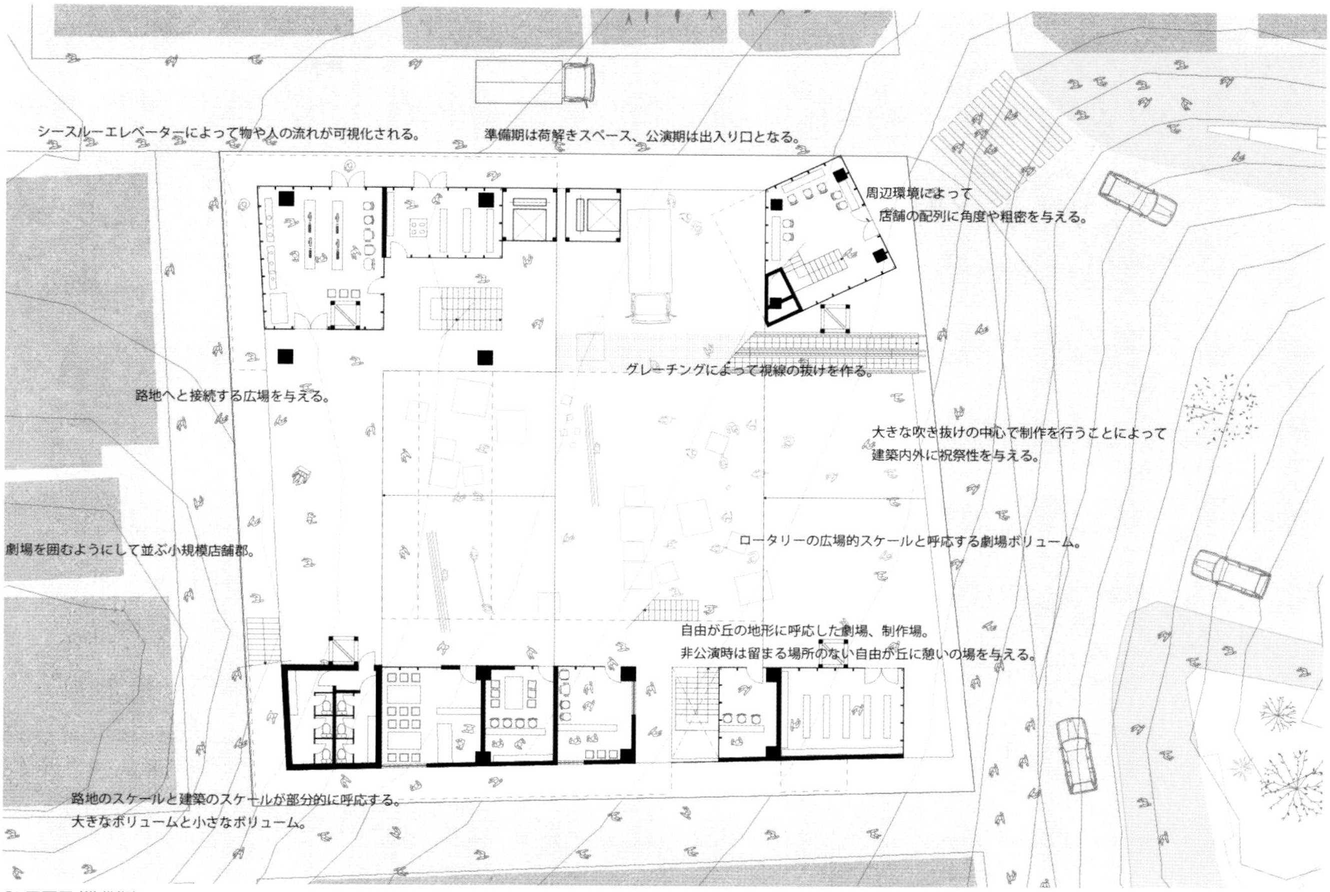

シースルーエレベーターによって物や人の流れが可視化される。
準備期は荷解きスペース、公演期は出入り口となる。
周辺環境によって店舗の配列に角度や粗密を与える。
グレーチングによって視線の抜けを作る。
路地へと接続する広場を与える。
大きな吹き抜けの中心で制作を行うことによって建築内外に祝祭性を与える。
劇場を囲むようにして並ぶ小規模店舗部。
ロータリーの広場的スケールと呼応する劇場ボリューム。
自由が丘の地形に呼応した劇場、制作場。
非公演時は留まる場所のない自由が丘に憩いの場を与える。
路地のスケールと建築のスケールが部分的に呼応する。
大きなボリュームと小さなボリューム。

GL平面図（準備期）

断面パース（準備期）

準備期、トラックが建築に入ってきて、制作を始める。ダイナミックな体験

非公演時、スケルトンのフライタワーへ。公演予定の劇団の広告が吊るされ、街に高揚感を与える

商業の空間と制作の空間が出くわす。小道具制作の近くに雑貨屋があったりする

間もなく始まる公演期。制作に使っていた足場が客席へと転用される。演劇によっては建築全体がステージとなる

8選

はざま劇場

ID.0690
米澤 実紗
早稲田大学
創造理工学部 建築学科
3回生

作品用途: 劇場
課題名: 新しいまちの劇場
取組期間: 2ヶ月

コンセプト
崖地に隔てられた特色の違う2つの町の住民が交ざりあう劇場を設計した。2つのまちの大地を引き伸ばし、大ホールを携えた内部空間と5つの小ホールを散りばめた外部空間をつくる。小ホールの動線が大ホールのボリュームに介入し、1枚の壁を介し狭間空間で摩擦が起きる。

■敷地

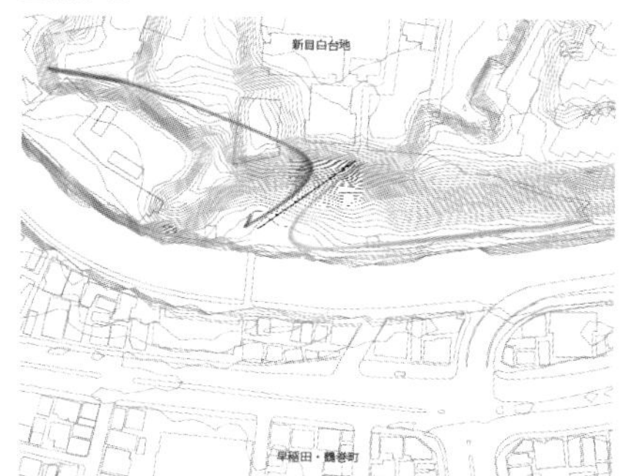

敷地は南に早稲田・鶴巻町エリア・北に新目白台地を携える神田川沿いの崖地、江戸川公園である。現在、南北二つのまちが20mの崖によって造られ、まちの関係が途切れている。また、それぞれのまちが持つ歴史的な特徴も大きく異なり、違う文化・カラーでまちが形成されている。

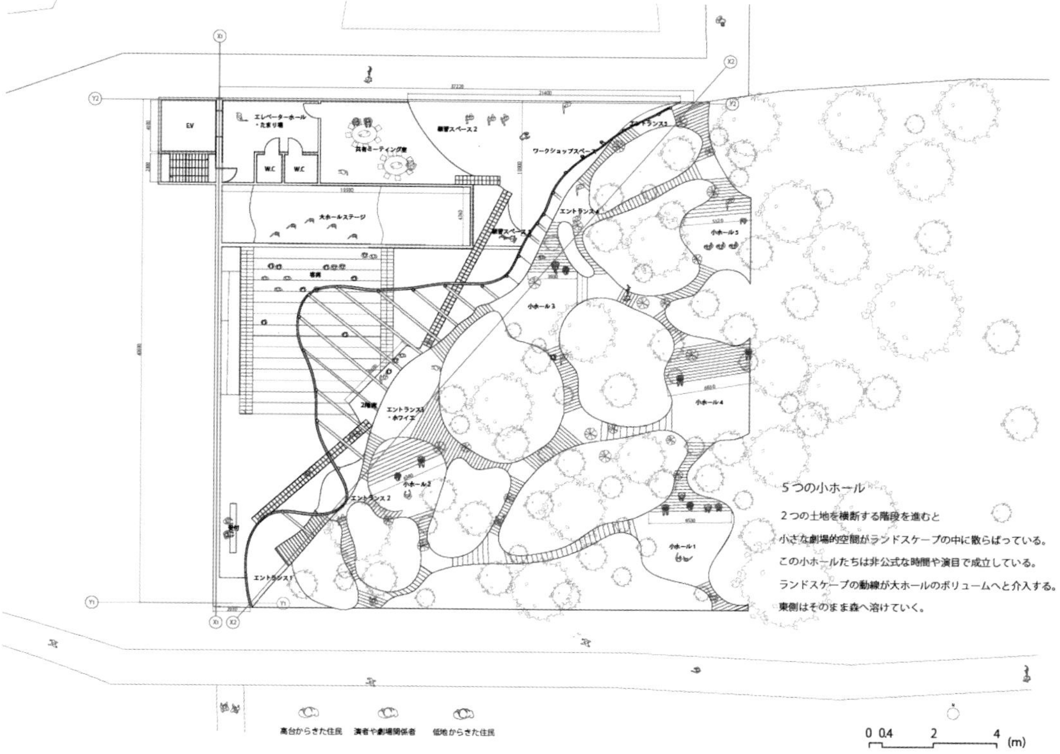

5つの小ホール

2つの土地を横断する階段を進むと
小さな劇場的空間がランドスケープの中に散らばっている。
この小ホールたちは非公式な時間や演目で成立している。
ランドスケープの動線が大ホールのボリュームへと介入する。
東側はそのまま森へ溶けていく。

高台からきた住民　演者や劇場関係者　低地からきた住民

0 0.4 2 4 (m)

4階平面図

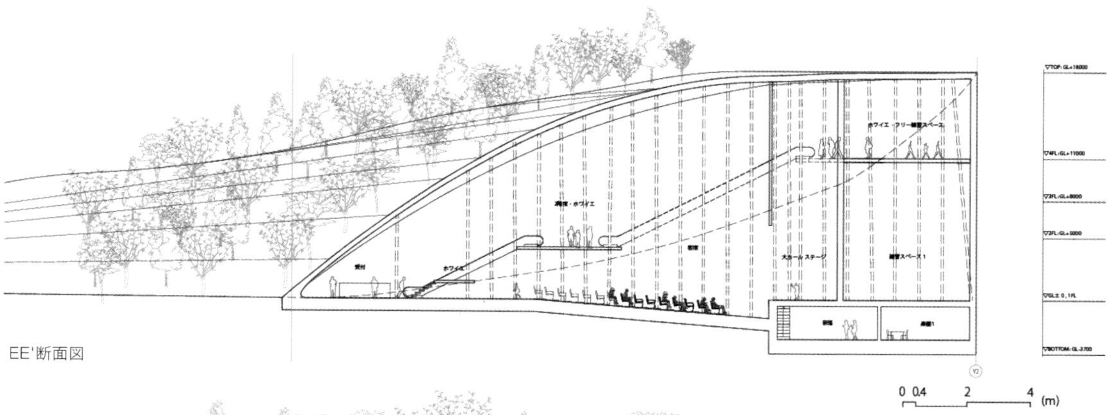

0 0.4 2 4 (m)

EE'断面図

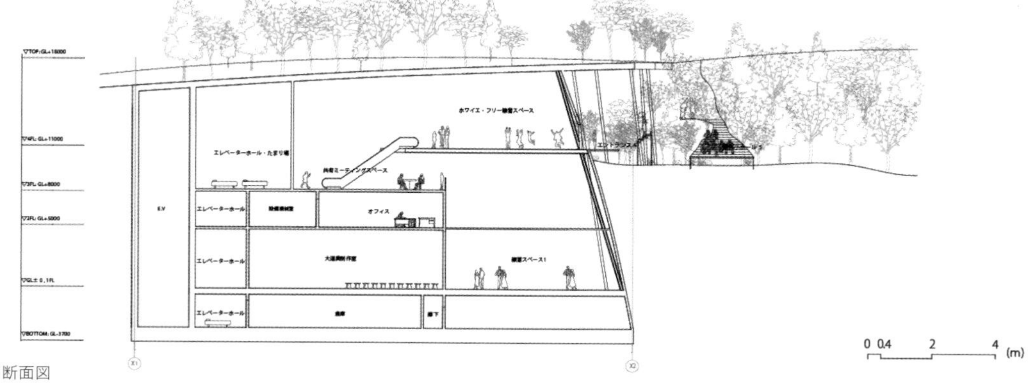

0 0.4 2 4 (m)

SS'断面図

ゴミの再編

ID.0704
長妻 昂佑
名古屋工業大学
工学部 社会工学科
建築デザイン分野
3回生

作品用途：商業施設

課題名：既存の都市と建築に寄生する
都心地区のまなびのアルカディア

取組期間：1ヶ月

コンセプト

生活とともにゴミは生まれる。しかし都心の人々のゴミに対する意識は低い。ゴミは捨てられ街に溢れていく。ゴミの可能性を見出し、ゴミを再編する。栄の街でゴミは姿を変える。ゴミを学び、ゴミとともにある新たな文化を形成する。

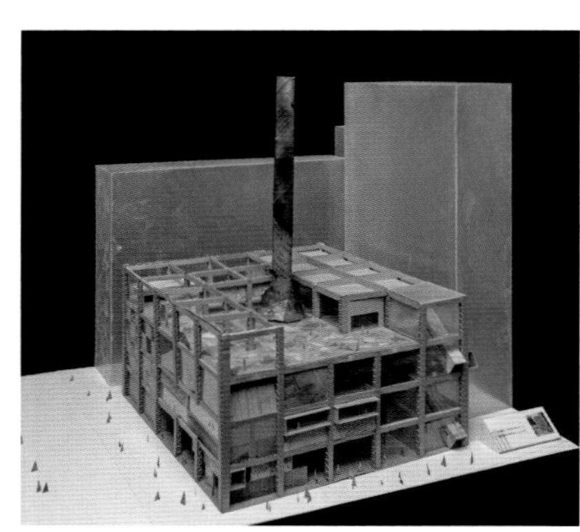

■ダイアグラム

1, 既存のビルの壁、床を取り払う

2, 柱、梁のみとなった建物に清掃工場の要素を挿入する

内部空間は廃棄となった貨物用コンテナを再利用して作り上げる。海上貨物用コンテナは長い間何重にも重ねられて海を渡ってくる。その間の海上での揺れ、荷重などに耐えられるよう頑丈に作られているため廃棄するにも手間と労力がかかる。そのコンテナを利用することで今後のコンテナ建築の可能性を広げる。また、コンテナは汎用性が高く様々なタイプに積み重ねができ、増築、減築も容易にできるため、今後の規模の拡張も期待できる。

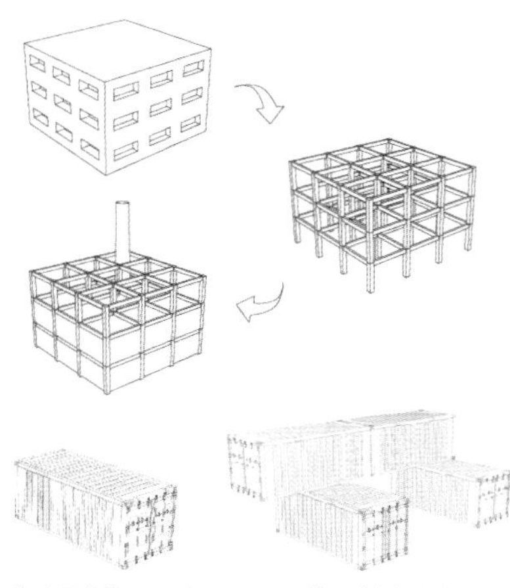

■Background

人は毎日一人当たり1kgのゴミを出し、年間で1家庭あたり1~2tのごみを出す。多くのゴミを出すにも関わらず、ゴミを捨てるという行為に後ろめたさを感じる人はほとんどいない。これはゴミが生まれる人々の生活の場とゴミの処理が行われる場がかけ離れている事に起因する。何気ない小さなゴミが集まれば膨大な量のゴミになることを知らずにいるのである。

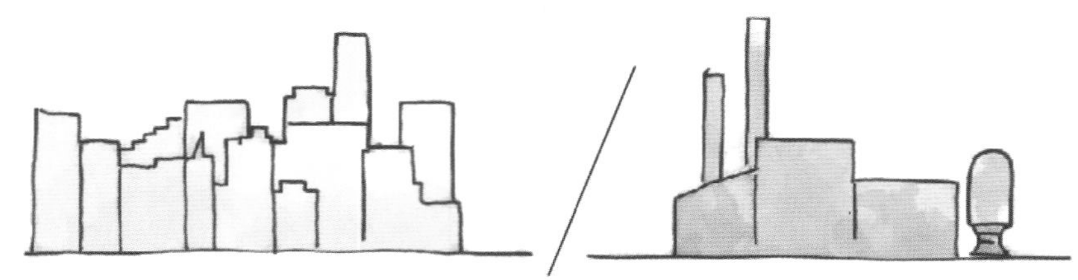

街と工場が隔絶した社会

■Plan

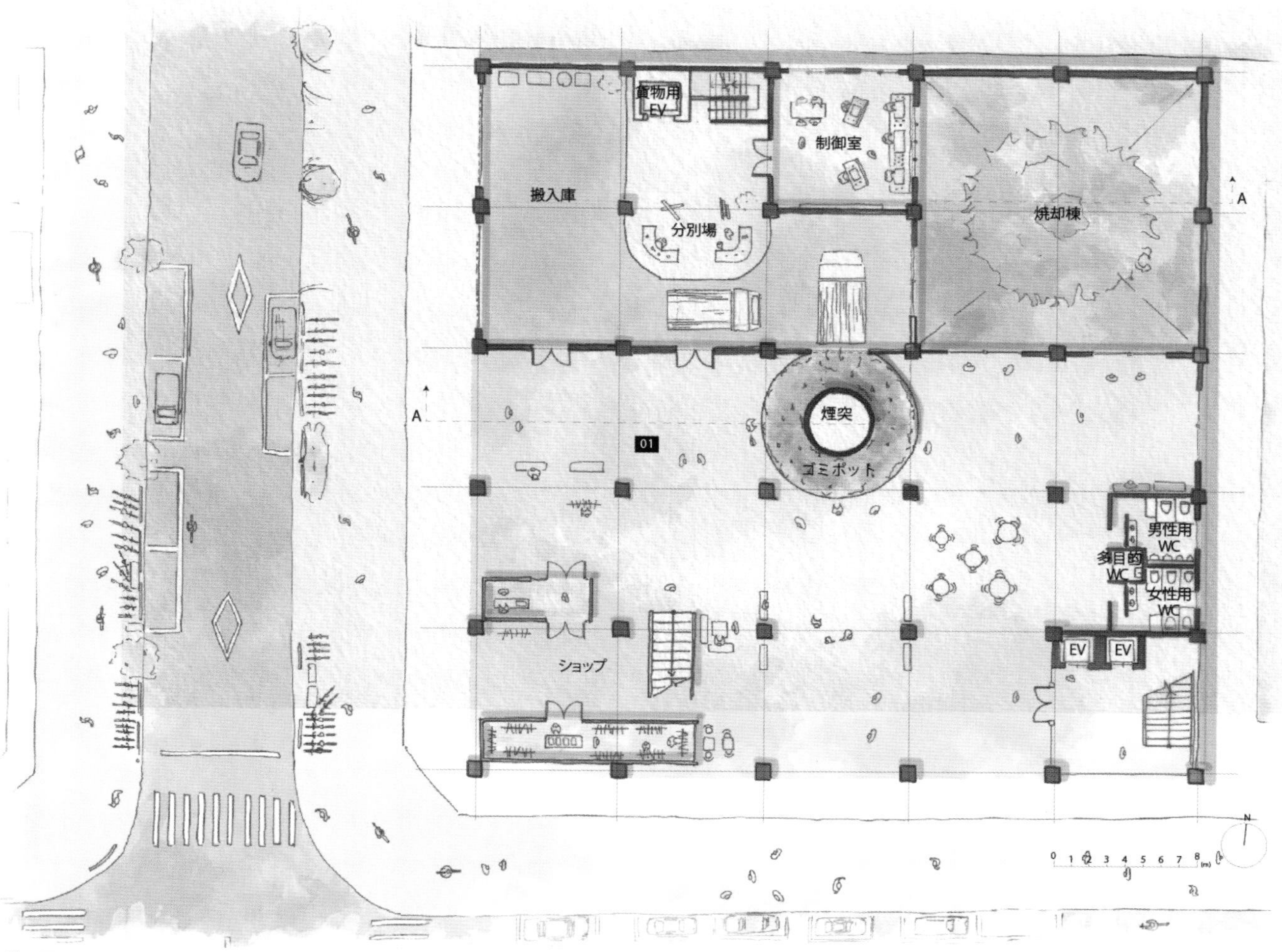

貨物用EV
制御室
搬入庫
分別場
焼却棟
煙突
ゴミポット
01
男性用WC
多目的WC
女性用WC
EV
EV
ショップ

1階平面図

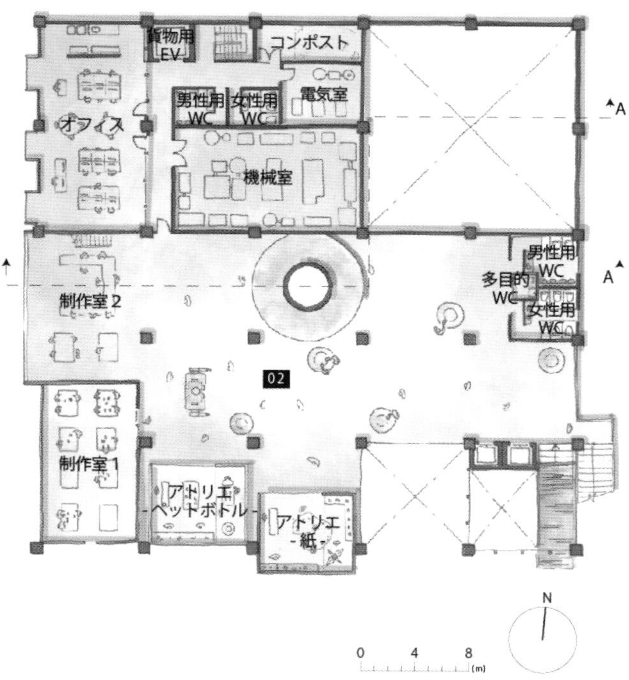

2階平面図

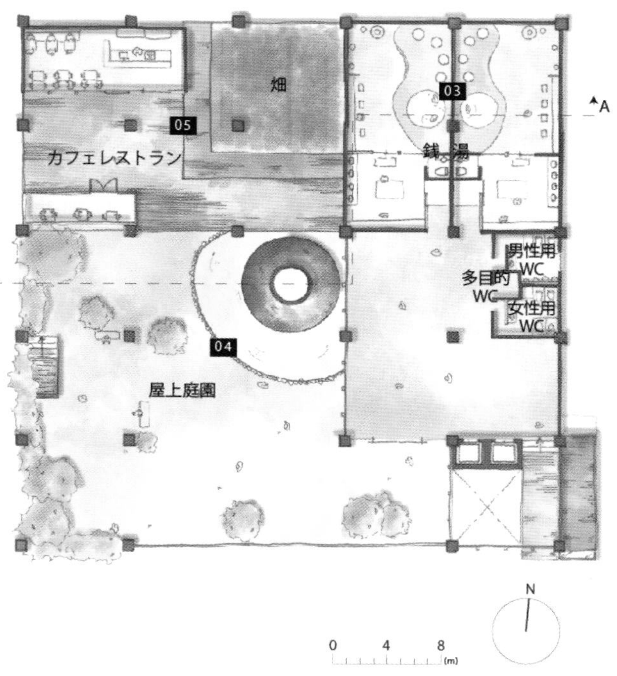

3階平面図

気まぐれ散歩のその先に

ID.0264
井上 愛理
神戸芸術工科大学
芸術工学部
環境デザイン学科
3回生

作品用途: 美術館・博物館
課題名: 新しいメディアスペース
取組期間: 2ヶ月

コンセプト

ヒトが集まる所が場所になり空間になる。そして、ヒトとヒトとのやり取りがメディアでありメディアスペースを補助するものである。その中でも"食べる"という行為は生きていく上で共有しやすく、今回、生活をテーマにし新しいキッカケを見つけることを目指し、食事から始まるメディアスペースを設計した。

■ダイアグラム

神戸西区は昔から農業が盛んな地域である。しかし高齢化に伴い美味しく育てらてた野菜や果実の流通は減少しつつある。計画地周辺はニュータウンであるため、子供連れの主婦層が多い事や、流通やマーケティング、栄養を学ぶ事のできる大学が複数ある。そこで、地域全体で食育・流通・マーケティングと多方面から関わる事で、進化し続けるメディアスペースをつくる。

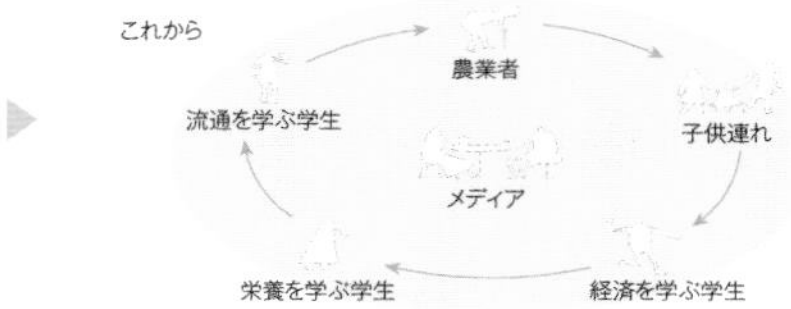

■空間が要素が異なる6つの外部

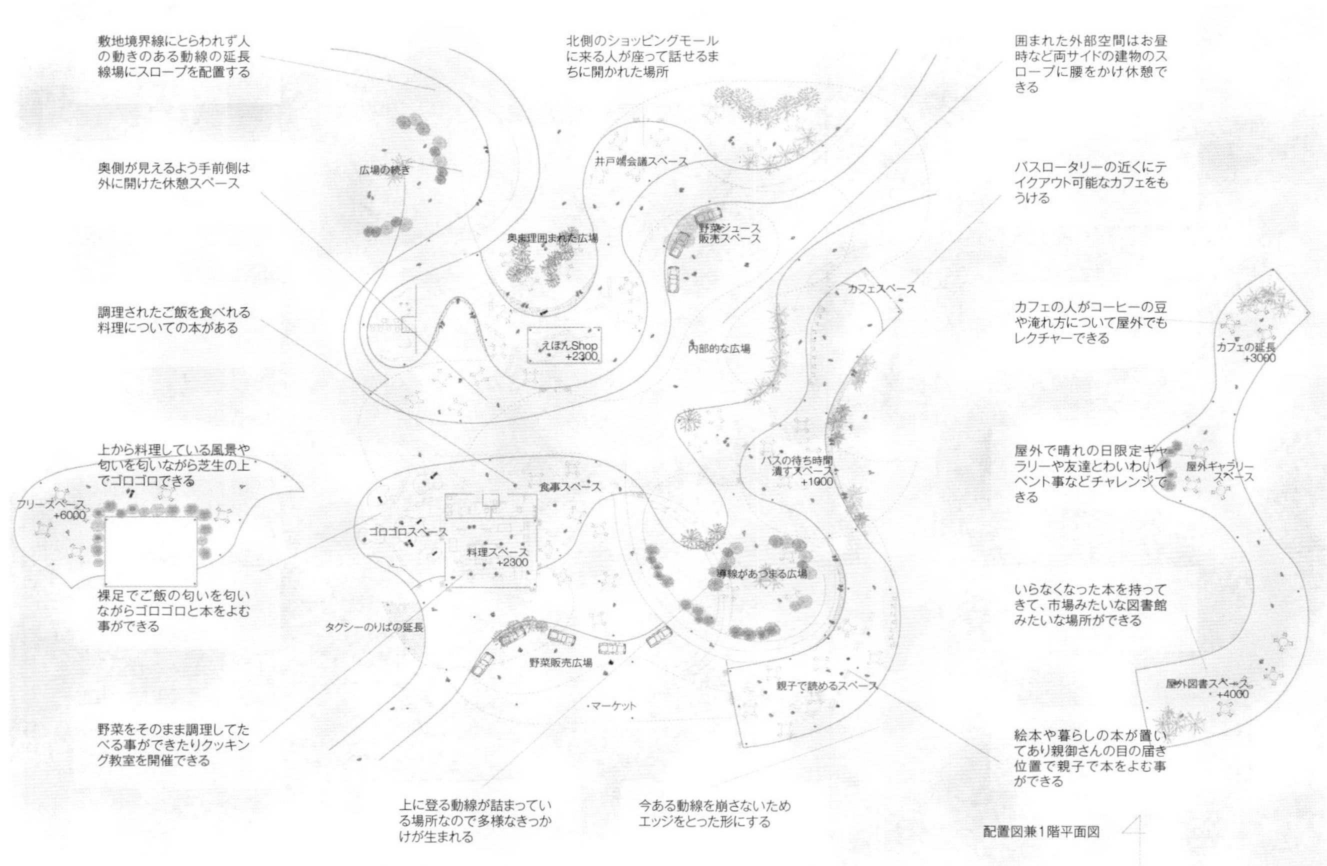

配置図兼1階平面図

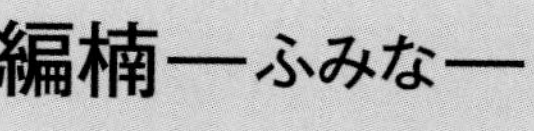

編楠ーふみなー

ID.0338
古荘 衣理
立命館大学
理工学部
建築都市デザイン学科
2回生

作品用途: その他
課題名: 風景のパヴィリオン
取組期間: 2ヶ月

コンセプト

常緑樹であり、年中通して青々とした緑のクスノキ並木の下を通るという動作で並木を楽しむだけでなく、並木の中で過ごすスペースをレベル差のあるスロープをあむことで作り出し、並木と周辺に新しい風景と「であう」ことを可能にした。

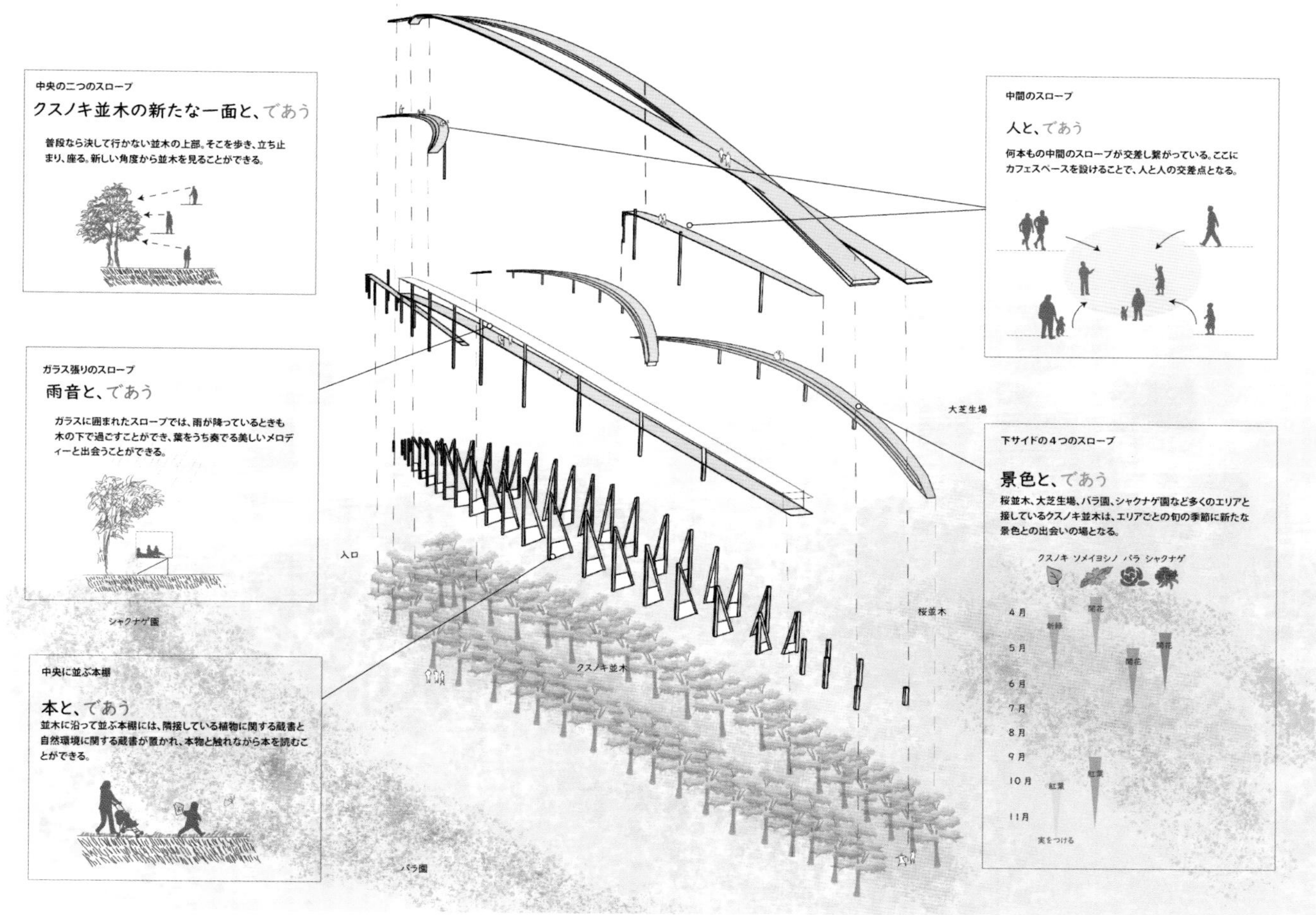

■構造ダイアグラム

1/10勾配のスロープと1/12勾配のスロープを軸に、並木全体を編むように配置し、並木の間を抜ける風や、重なり合う枝葉の間からさしこむ木漏れ日を感じることができる。頂上にいたるスロープへの道すがら、さまざまな並木の一面を楽しめる。

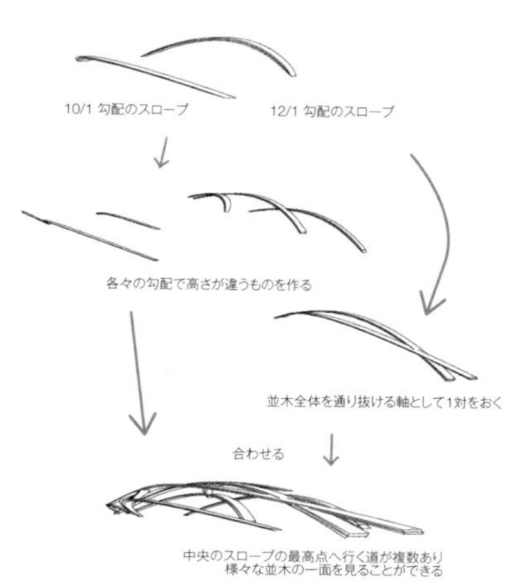

■ダイアグラム

並木の中にレベル差のあるスロープを置くことで、下からしか見ることができなかった並木の景色が木の中に入り込むことによって、高さの違いにより見える景色、風の抜けを体感して、各人の過ごしたい場所を見つけ
ることができる。

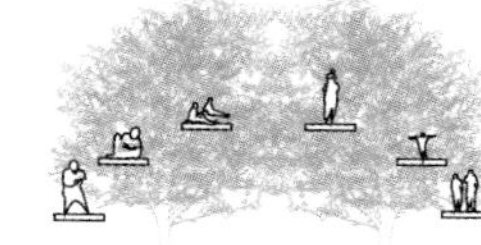

中央の二つのスロープ

クスノキ並木の新たな一面と、であう

普段なら決して行かない並木の上部。そこを歩き、立ち止まり、座る。新しい角度から並木を見ることができる。

中間のスロープ

人と、であう

何本もの中間のスロープが交差し繋がっている。ここにカフェスペースを設けることで、人と人の交差点となる。

ガラス張りのスロープ

雨音と、であう

ガラスに囲まれたスロープでは、雨が降っているときも木の下で過ごすことができ、葉をうち奏でる美しいメロディーと出会うことができる。

大芝生場

入口

シャクナゲ園

クスノキ並木

桜並木

下サイドの4つのスロープ

景色と、であう

桜並木、大芝生場、バラ園、シャクナゲ園など多くのエリアと接しているクスノキ並木は、エリアごとの旬の季節に新たな景色との出会いの場となる。

クスノキ　ソメイヨシノ　バラ　シャクナゲ
4月　5月　6月　7月　8月　9月　10月　11月
新緑　開花　開花　開花　紅葉　紅葉　実をつける

中央に並ぶ本棚

本と、であう

並木に沿って並ぶ本棚には、隣接している植物に関する蔵書と自然環境に関する蔵書が置かれ、本物と触れながら本を読むことができる。

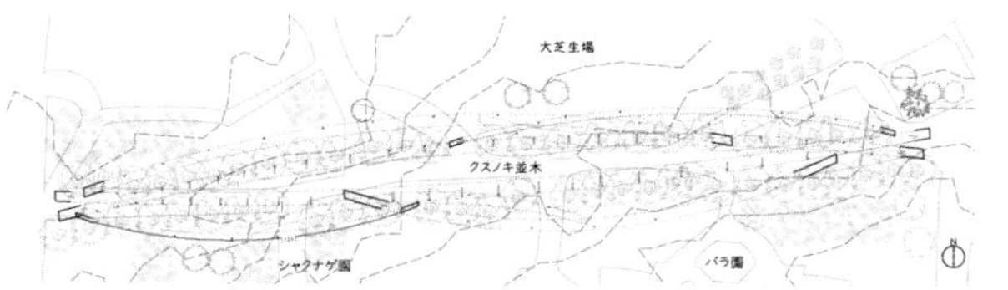

バラ園

大芝生場
クスノキ並木
シャクナゲ園
バラ園

1階平面図兼配置図

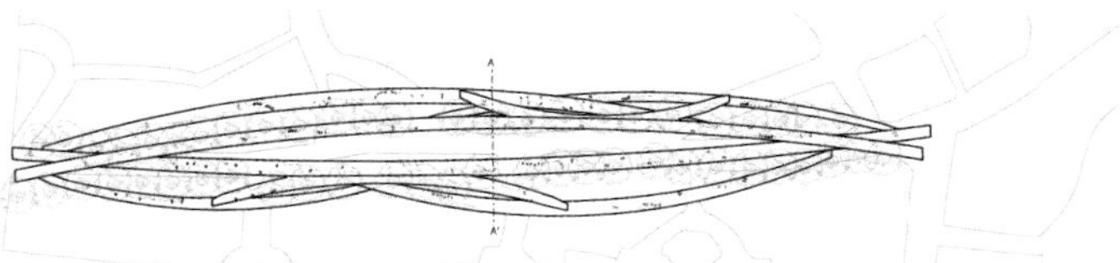

屋根伏図

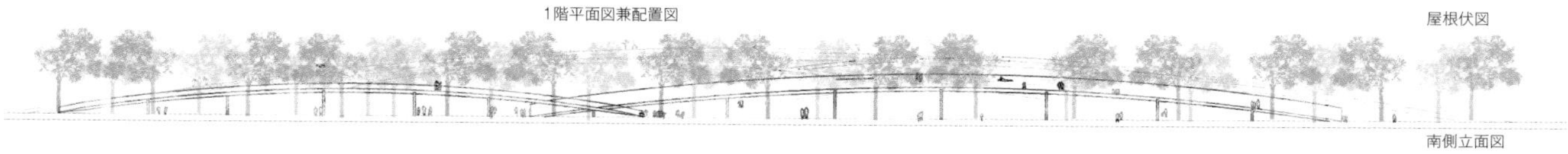

南側立面図

16
選

都市の根幹

ID.0395
沢田 雄基
名古屋工業大学
工学部 社会工学科
建築デザイン分野
3回生

作品用途: 都市・地域計画
課題名: 既存の都市と建築に寄生する
都心特区のまなびのアルカディア
取組期間: 1ヶ月

コンセプト

人は植物により生かされている。植物に頼らずともエネルギーを自分たちで生み出す自立的な建築はできないだろうか。植物を模した、都市と人々の生活を支える根幹となる設備システムに、人々の居場所を装填した実験的な建築を設計する。

■サーキュレーション

■メソッド

建築も植物の持つ摂理を習うべきである。植物は地中から吸収した水・養分、葉から光を集め光合成を行う。水・光・熱・音・風といった環境要素を取り入れることによって自立をしている。植物は固着性があるために、様々なシステムを持っている。その生成・自立・循環システムを習うことで都市の根幹と成す建築になるのではないだろうか。植物を模し、環境要素を取り入れた環境装置を作り出す。そこに人々の居場所を装填していく。

■敷地

敷地は名古屋市中区。名古屋の象徴とも言える100m道路である久屋大通と若宮大通が交わる場所。周囲は道路で囲われ、上空には高速道路、地下には地下鉄が走り、現在の名古屋を支える多様なインフラが集まっている。これらの既存のインフラと建築をつなぎ合わせることによりインフラ的な性能を高めていく。

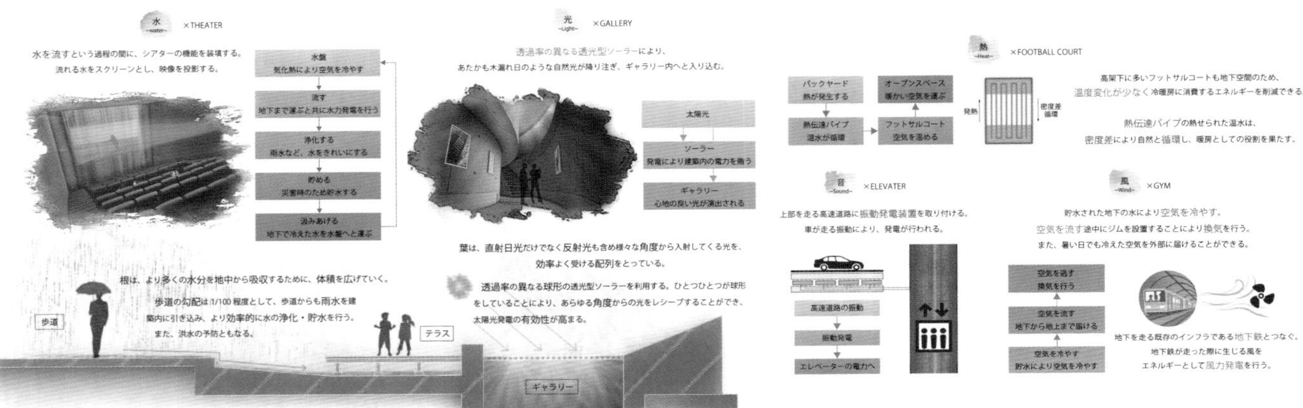

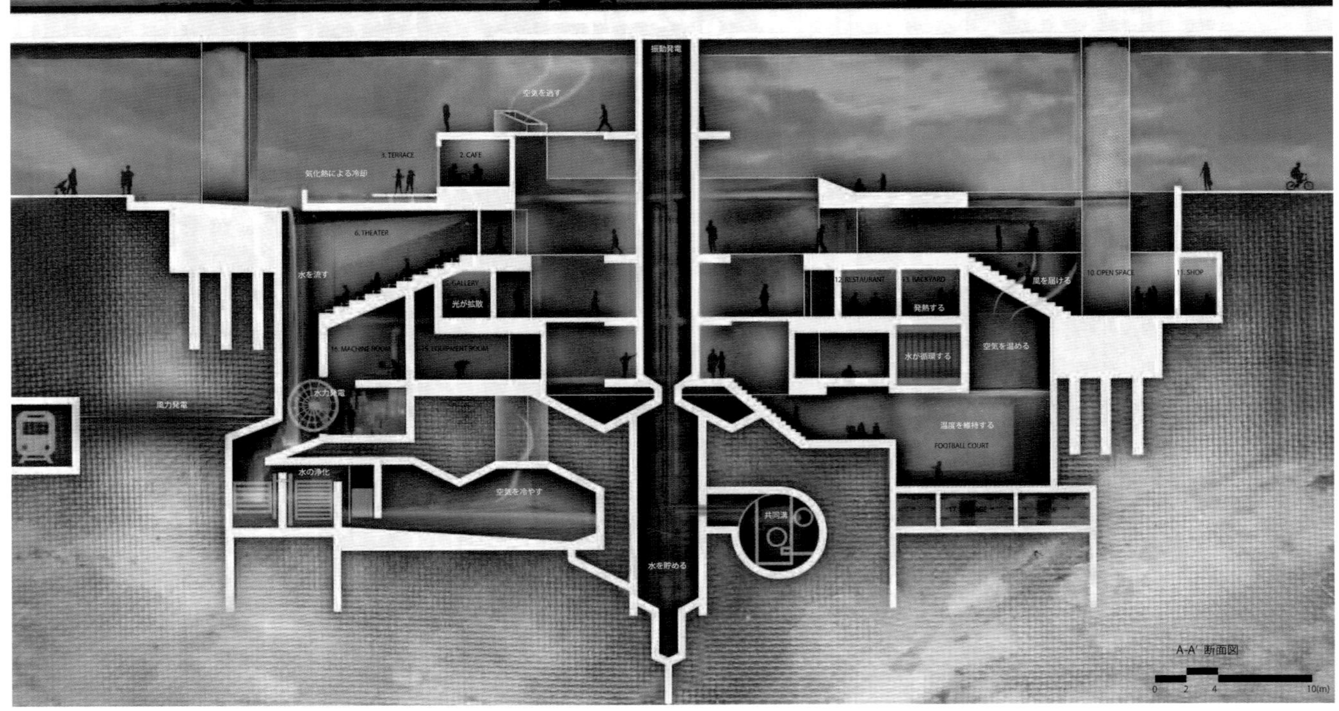

■敷地リサーチ

再開発　Bunkamura　円山町

■ダイアグラム

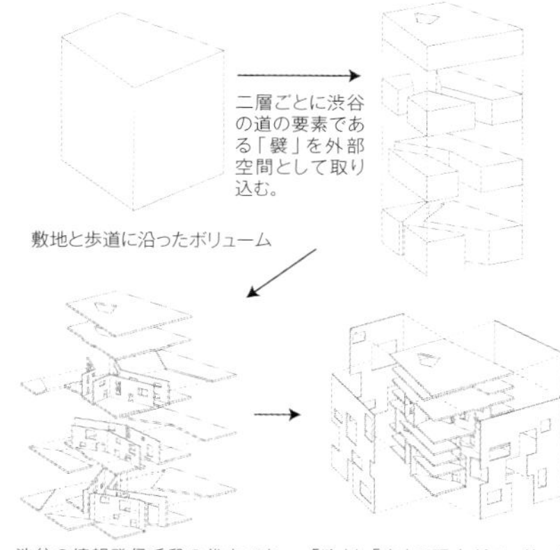

渋谷の情報発信手段の代表である広告をイメージした、大小さまざまな穴を開ける。

「孔」と「穴」の両方がファサードに現れるように外壁をあてる。

■イメージ

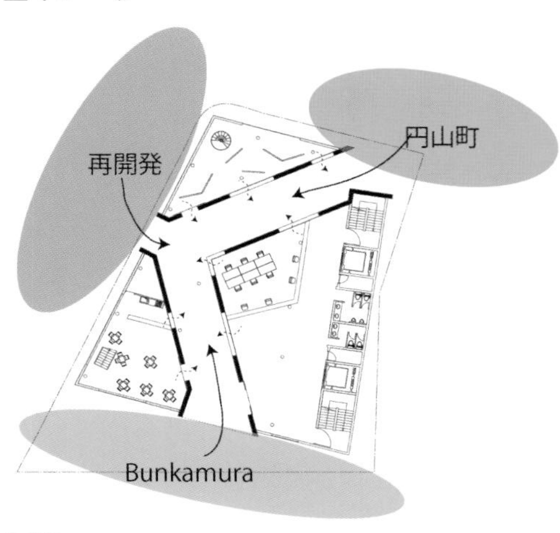

平面図

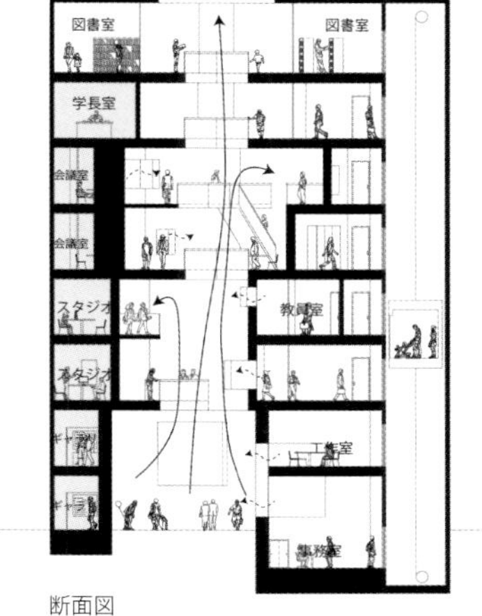

断面図

■パースペクティブ

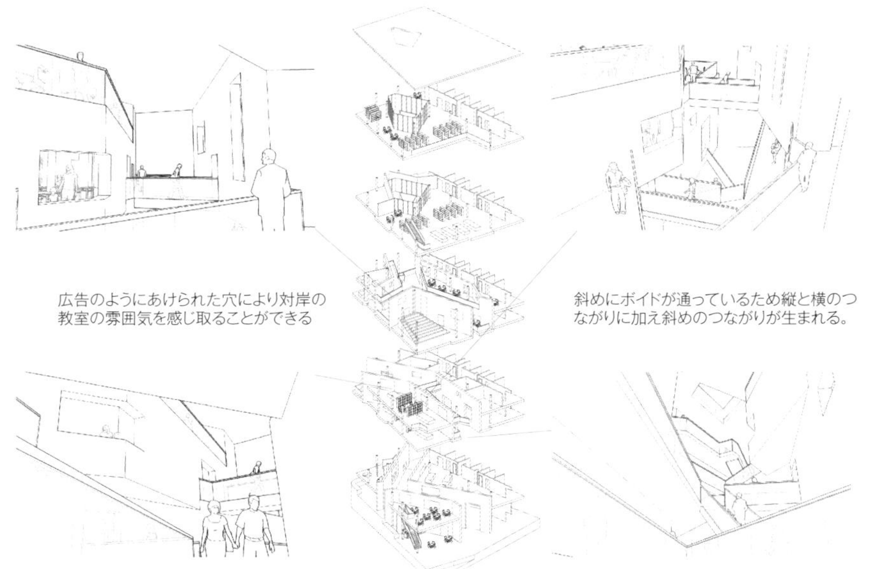

アーキテクツ・スタジオ・ジャパン賞

孔と穴

ID.0448
萩原 良太
東京都市大学
工学部 建築学科
3回生

作品用途: 学校・乳幼児施設
課題名: 都市大キャンパス
取組期間: 1.5ヶ月

コンセプト

・多様性を吸収する奥行きのある「孔」
渋谷の多様性を人々から吸収しやすくするためにキャンパス内部に巨大な都市空間を取り込んだ。都市空間は渋谷の地形の特徴である「襞」を取り込み、先の見通せない空間になっている。襞の前後で空間が緩やかに仕切られることにより雰囲気の違いが生じ、多様な空間が形成される。

・情報を発信していく奥行きの無い「穴」
渋谷の多様性には広告や看板が寄与している。そこで、ファサードや都市空間と内部空間の間には渋谷の街の広告のような無数の四角い穴を設けた。これにより渋谷を歩く人々にはキャンパスにより抽出された光景が映し出されるのである。

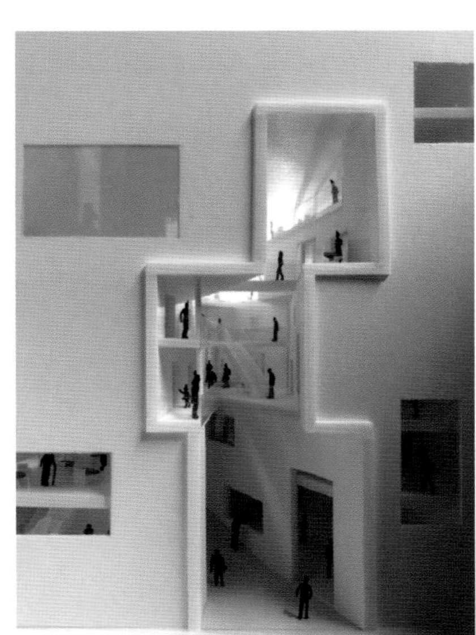

16
選

まじわりつなぐ家

ID.0470
田中 大也
近畿大学
建築学部 建築学科
2回生

作品用途: 住宅
課題名: 21世紀の<家族>のための<住宅>
取組期間: 2ヶ月

コンセプト
一般的に家族構成の移り変わりは、家に空き部屋を生み出し、生活空間は縮小していきます。そこで私は、サスティナブルに一生涯を通して家族が生活できる住宅を提案します。この建築は住居とゲストハウスという2つのプログラムが交わっており、更新される境界を設計することで、住民はゲストとの境界を壁として感じなくなります。すなわち、家族構成の変遷にしたがって、家族とゲストの居場所が移り変わっても生活は彩りを持って変化しつづけます。

現在　60年後

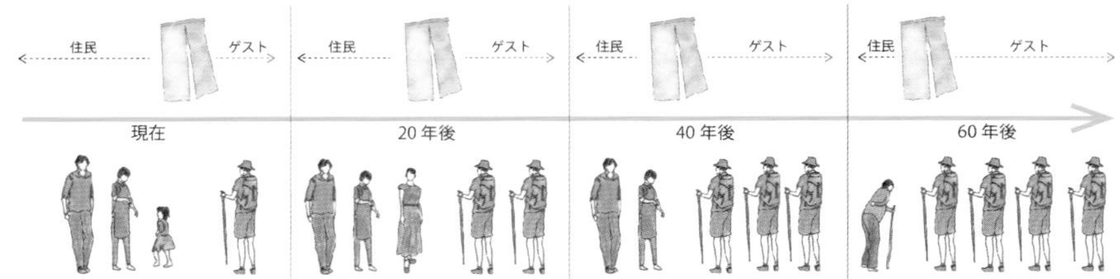

ゲストハウスと住宅には境界線が引かれる。ただし境界は単なる壁ではなく、ゆるくなびくような常に住人の手で移り変われるのれんが使用される。時がたつにつれて、家族の人数は減っていくが、家族と同じようにゲストも何十年後かにまた巡りやってくる。人は循環する水のようにこの建築を認識していく。

■断面的周辺環境から生まれる、たつまき形態

眺望  敷地には大きく3つの眺望が現れている。美しい森林、斜面に広がる住宅街、家々の隙間に点在する借景。

分割 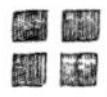 3つの眺望は分割し、少しズレを作り出すことで、要素は類似していても多様な景色が生まれる。

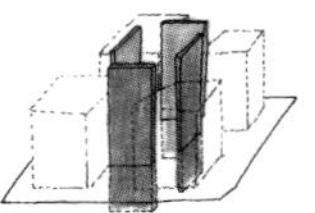

Void  分割された各棟に地中から伸びるvoidを挿入することで、棟同士から内につながる視線を作り出す。

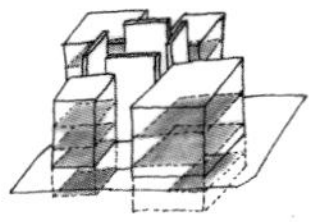

スキップフロア  フロアレベルを少しずつスキップさせて、内に立体的な視線交差を生活の中に入れ込む。

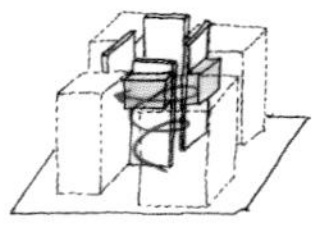

うずまき動線  voidに広がる立体動線はうずまき状である。うずまきは広がっていくので平面的なつながりを広げていく。

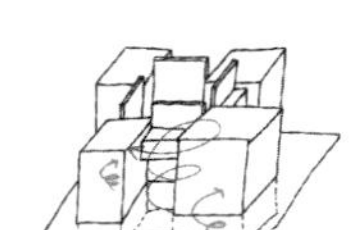

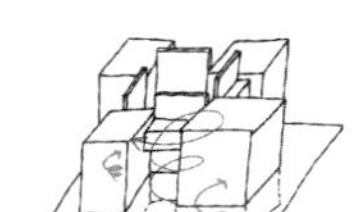

重なるうずまき  住民の各個室は小さな2階建ての個室となり、回遊性を生みながら、全体を巻き込んでゆく。

■なびく境界とふるまい

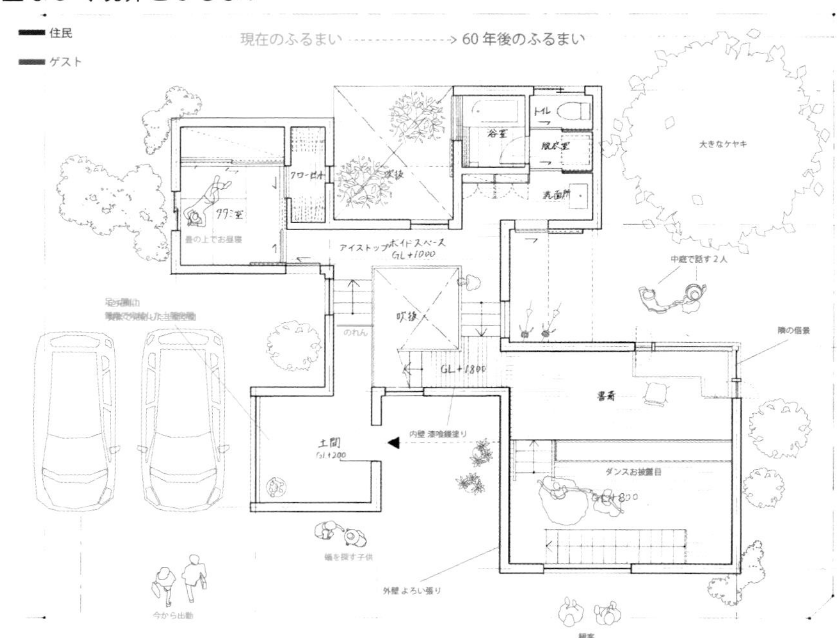

配置図兼平面図（GL+1500）

■中心ボイドを介して広がる景色

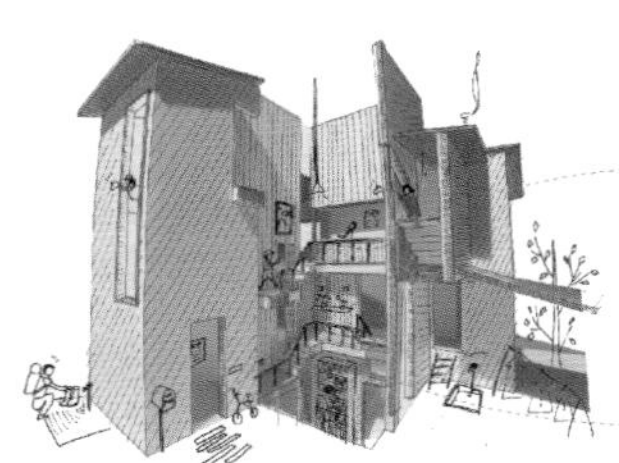

玄関アプローチからの動線を眺める。朝には「いってきます」夕方には「ただいま」と子供たちは一言。その声は家中に響き渡り、いつもの家族の生活は始まる。

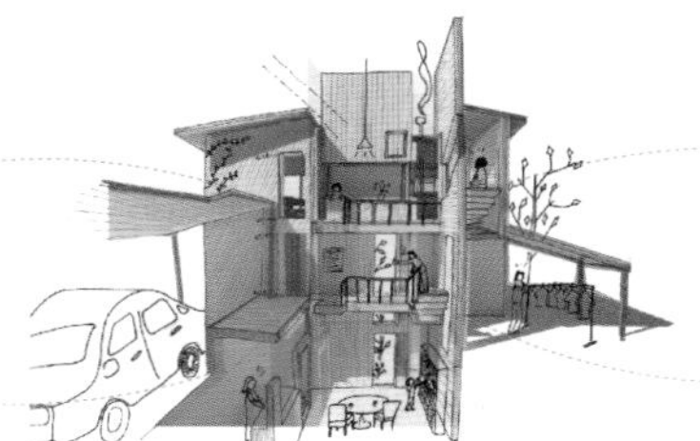

玄関隣の駐車場から眺める。各棟から入り込む風はvoidを介して家族の賑わいとともに上へ下へと流れゆく。そのとき、この建築が一つの大空間を介して成り立っていることを感じる。

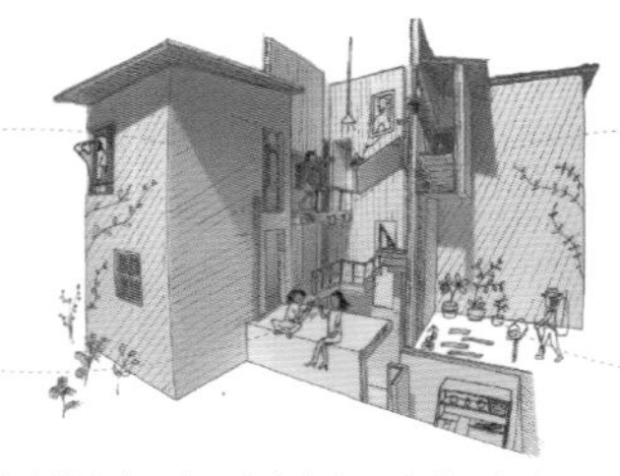

住宅街方向に真っすぐ眺める。各棟の個室だけが人の居場所ではなく、voidこそがみんなの居場所であり変化していく各棟の移り変わりとは無関係に人が自然と集う場所。

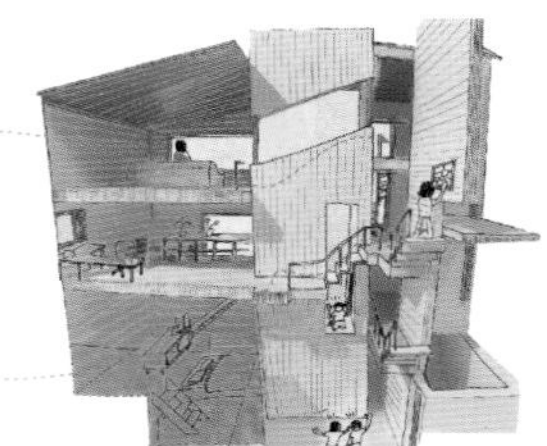

山側を真っすぐ眺める。各個室はうずまき形態による広がるスキップフロアにより階層を超えたつながりがあり、内から外へ、外から内へ緩やかに交わってゆく。

引いて足して

ID.0616
飯島 あゆみ
武蔵野美術大学
造形学部 建築学科
2回生

作品用途: 住宅
課題名: 玉川上水沿いの住宅
取組期間: 1ヶ月

コンセプト

間取りを足し算して空間を広げていく従来のプランニングではなく、引き算で豊かな場を生む設計を提案する。敷地全体を「イエ」として考え、豊かな「場」を引き算することにより、より自由にその土地にあった設計が考えられるのではないだろうか。

■設計エスキス

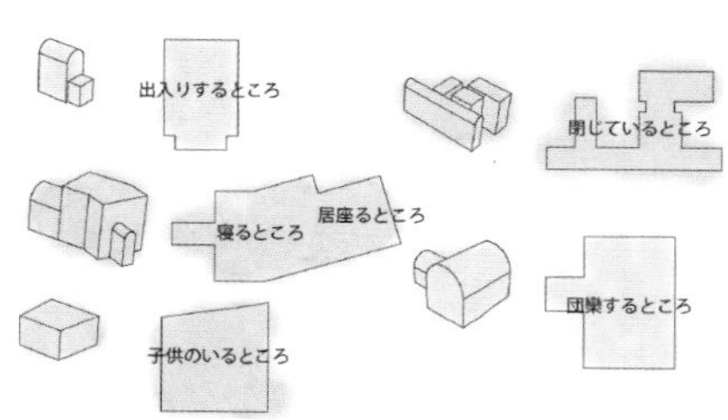

①行動スタイルを考慮して居心地の良いシーンを思い描きながら、「場」のボリュームを決めていく。

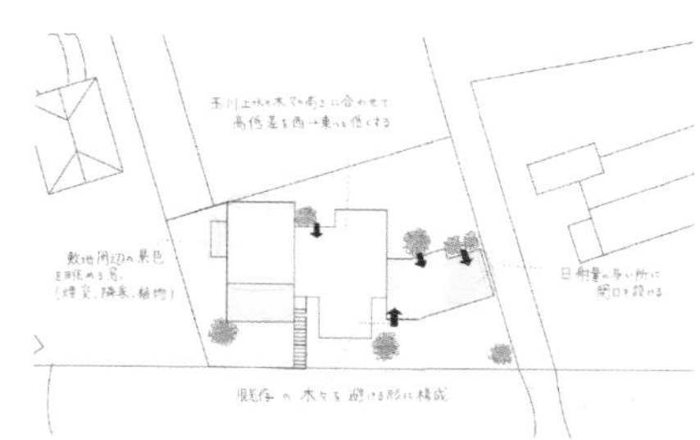

②「場」の立体に沿うように敷地に「イエ」のボリュームを配置する。その際、玉川上水の景観、日射、植栽を考慮する。

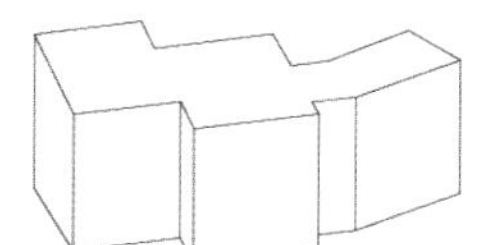
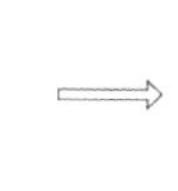
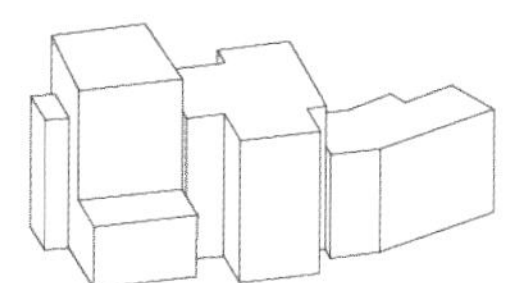

③「場」を組み合わせて、ひとつながりの「場のカタマリ」をつくる。

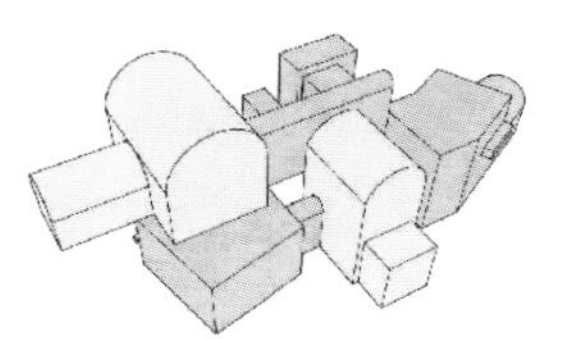
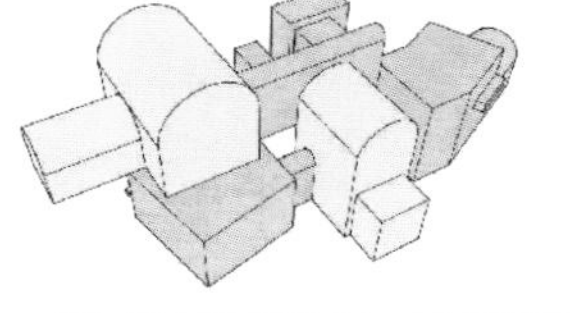

④「イエ」から「場のカタマリ」を引き算する。

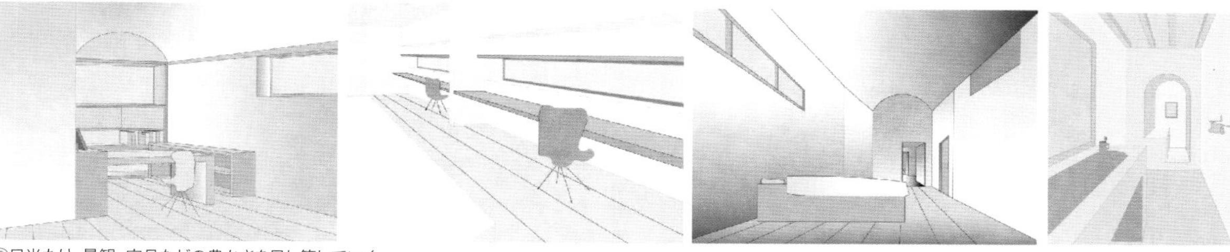

⑤日当たり、景観、家具などの豊かさを足し算していく。

■図面

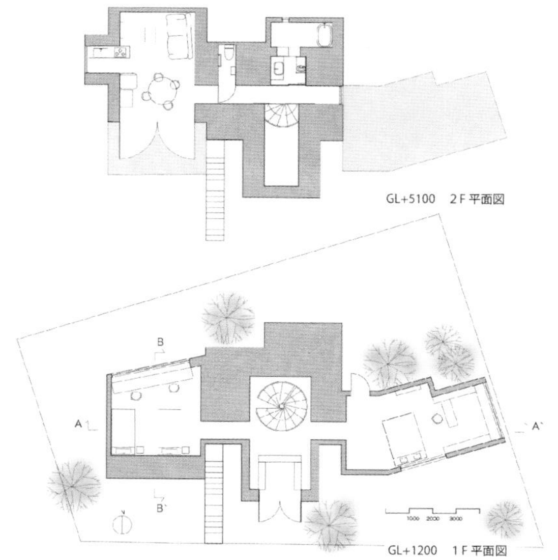

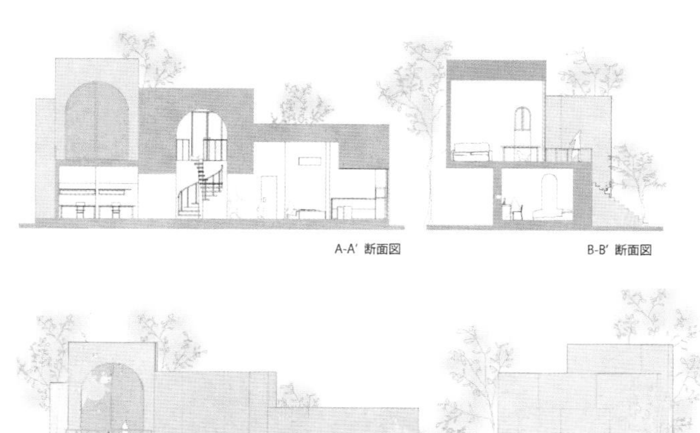

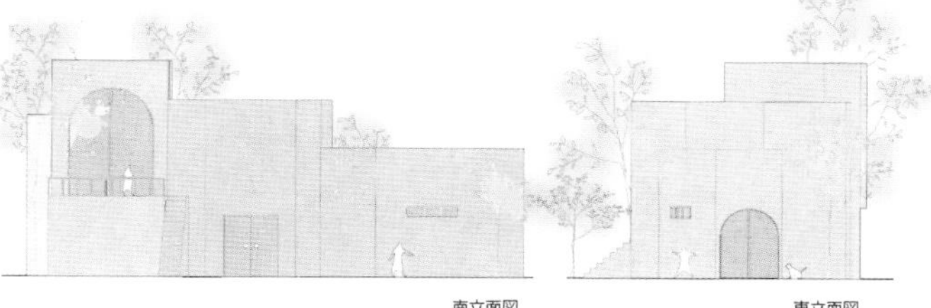

Orbital
—3 sequences and music as a gravity—

ID.0629
岩崎 伸治
京都大学
工学部 建築学科
3回生

作品用途: 劇場
課題名: 二条城南の音楽堂
取組期間: 1ヶ月

コンセプト

動きを設計する。音楽堂という建物に関わる人びとを三種類想定し、それぞれの動線・活動から三つのシークエンスを考案、そして三つのフローがからまりあって一つの建築が浮かび上がる、そんな意図で設計をすすめた。Orbitalオービタルとは、軌跡、と言う意味をもつ形容詞であり、直訳すると軌跡の…(建築)というタイトルである。それぞれの動線は同じ"音楽"という引力によって引きよせられ、互いに大変近い距離まで近づきながらも決して交わらない、そんな構成が実現されている提案である。

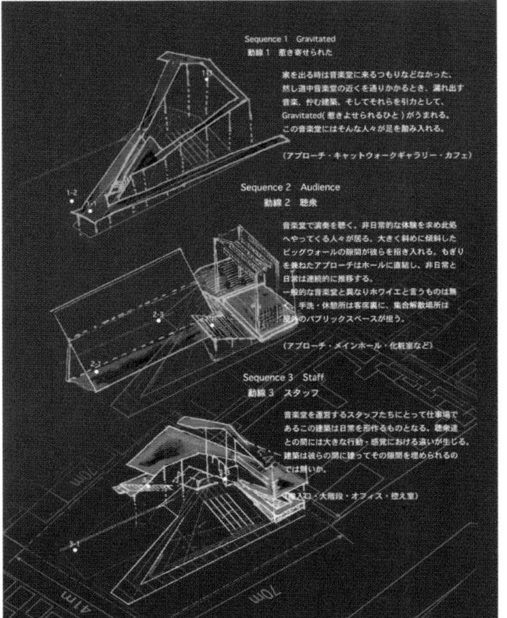

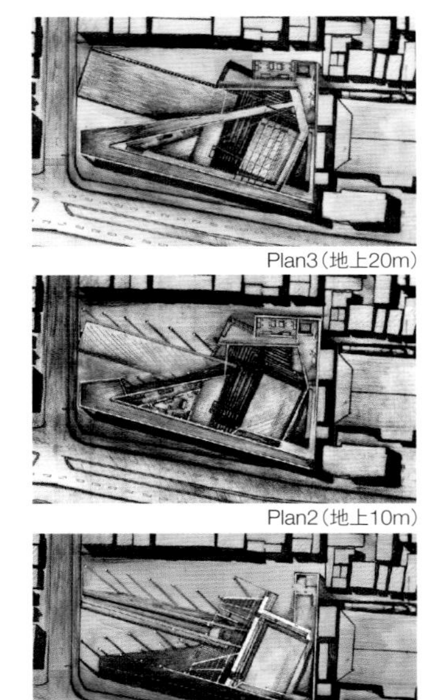

Plan3(地上20m)

Plan2(地上10m)

Plan1(地上1.2m)

Sequence1-1
ファサード西側からはスロープがのびている。音楽堂にふと足をとめ、中に誘い込まれた人のためのFlowを設計した。

Sequence1-2
スロープをのぼっていくと舞台上部、照明よりも高いキャットウォークまで繋がる。音楽堂を見下ろす、企画展を受け入れられるギャラリースペースが組み込まれる。

Sequence1-3
ホールを貫通してギャラリーを抜けると、ホールと空間をともにするカフェスペースを経て、階段で地上広場に降り立つ。スロープを支持する柱が場所を形作る。ホールでの非日常を緩やかに彼らの日常へと還す。

Sequence1-2
ホールでの演奏をめあてに多くの人々が集まる。斜めに大きく傾いた壁に挟まれた三角形の隙間から、ホールに直接アプローチする。聴衆はホールでの演奏会という体験に向けて、日常から徐々に離れていくことを感じる。

Sequence2-2
長いアプローチを経てホールに足を踏み入れる。閉塞感のある三角道から、天井高の十分にあるホールに放り出される。

Sequence2-3
ホールでの演奏を聴き終え、帰路につく。入り口とは違う経路を用意、斜め壁の裏側に出る。客は非日常的体験から徐々に日常の感覚をとりもどす。

Sequence3-1
職員・演者・搬入などのための裏動線は斜め壁南側にまとめて取ってある。

Sequence3-2
職員・演者は南側入り口から奥に進んだ後、客席から外挿された大階段を登って仕事場へと向かう。ホールのすぐ裏側を通る。此処でホールでの活動を感じとることができる。

Sequence3-3
演者は南側入り口から控え室を利用し、ホールへと登壇する。演者控え室2室から舞台へは、シークエンス1と同じ形式のスロープを上下2本設けた。

総合資格学院 学院長賞

委曲に食い入る美術館

ID.0630
久保 雪乃
近畿大学
建築学部 建築学科
3回生

作品用途: 美術館・博物館
課題名: 現代美術のための美術館
取組期間: 2ヶ月

コンセプト

グリッドによって展示室を区切ることで、美術作品の鑑賞において意識の妨げになりうるものの介入を防ぐ。さらにグリッドよって室が限定されたことで各々の鑑賞空間の自由度が増し、作品にとって最も相応しい展示空間となる。グリッドを作り出すのはランダムなカーブを持つプレートで、それぞれが四方に噛み合い形成される。無作為にプレートを噛み合わせたことで、室の大きさだけでなく、屋根付きの完全な内部になる場所と、半透明な天井が付き外部の光に包まれる場所、そのどちらも付かず半外部になる場所へと分けられる。所々に設けられ、この美術館で唯一床となるカーブを持つプレートは、この建築をさらに柔らかいものにする。と同時に、その空間、接している壁に緊張感を持たせる。美術館の周辺の敷地には樹木を配置し、人工的でスマートな印象の美術館に、自然的で光を纏う樹木が映り込み、人工物と自然物の融合を感じられる。

■ダイアグラム

同じ操作を繰り返すことで無限の模様展開が可能である幾何学模様に注目する。グリッドの作成・明暗の分類という二つに焦点を当てて、意図せず生まれた空間の及ぼすあらゆる可能性を提示する。

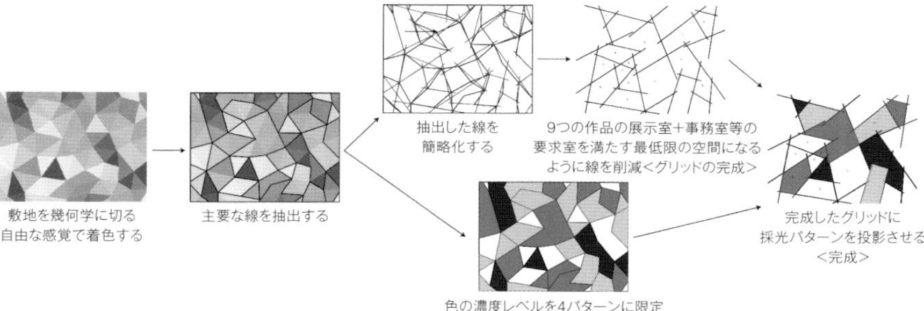

■ダイアグラム２
（柱・壁・床・屋根に捉われないプレートを噛み合わせ：自由曲線＋直線タイプ）

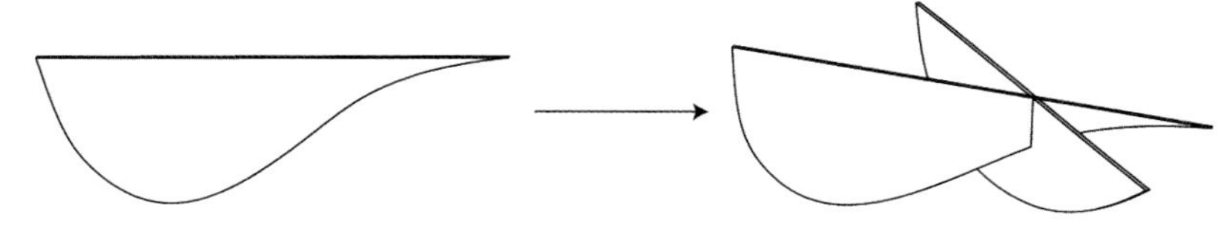

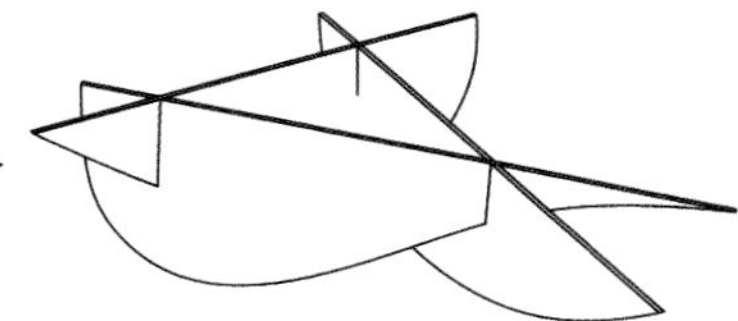

○曲線を歪ませることで、プレートを境界にして干渉する動線の確保が容易

○自由曲線のため視覚的かつ体感的変化が生まれる

○上部を直線にしたために屋根の設置が容易になり、荷重が乗算されるため安定する

○上部を直線にしたため、デザイン上も簡素になりスカイラインが揃う

○全体に、抜けが生まれるため軽い印象になり、浮遊感が生まれる

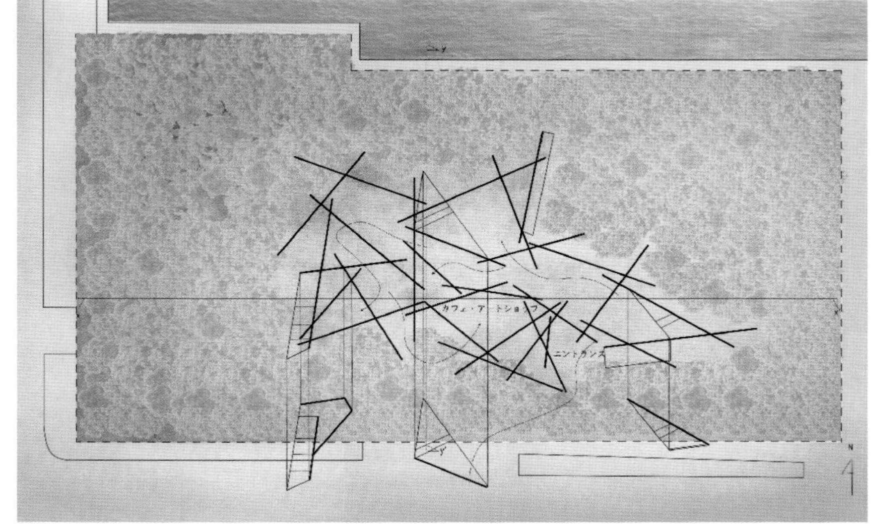

平面図

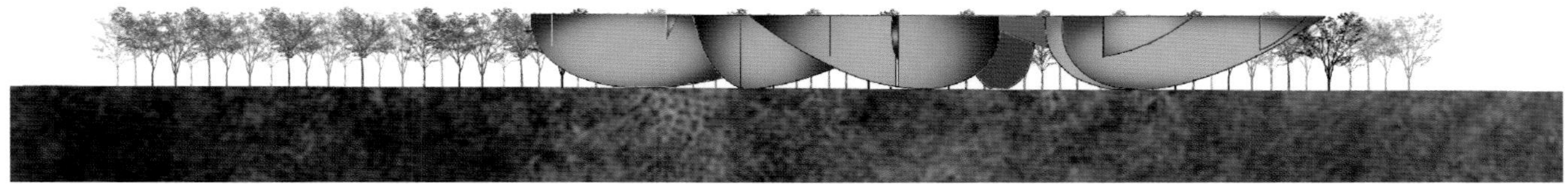

南側立面図

来場者の声賞

Gap —ずれによって生まれる空間—

ID.0390
小林 龍弥
日本大学
生産工学部建築工学科
2回生

作品用途: 住宅
課題名: 8mキューブの空間をデザインする
取組期間: 2ヶ月

大きさの違う立方体がそれぞれ地面を基準として3次元のレベルでずれる。立方体のずれによる空間の強弱や演出、採光に注目してほしい。

大きさの違うそれぞれの立方体が噛み合うことで、空間の「高さ」「低さ」「広さ」「狭さ」「明さ」「暗さ」に差が生まれる。この住宅では、これらの様々な「Gap」を体感し、住む人は空間的な建築の楽しさを感じながら生活することができる。

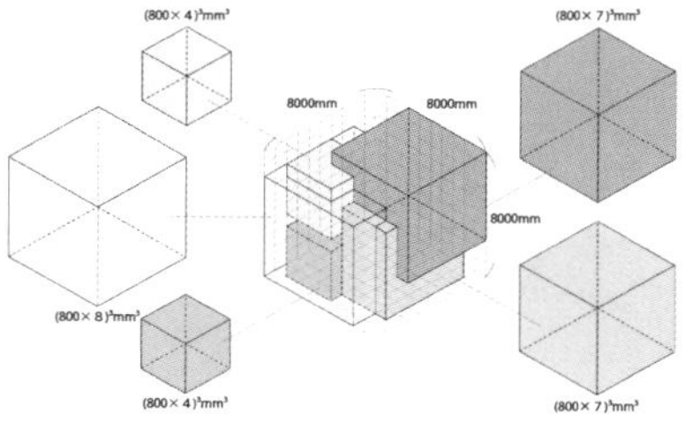

800mm×800mmを1マスとして8mを10のグリッドで分割する。800mmの倍数で作られた5つの立方体が、3次元のレベルでずれながら噛み合う。この時、それぞれの立方体のずれの大きさも800mmの倍数とする。

■開口部によってわかる内部の噛み合い

·East
1階にはReading spaceを明るくする開口、2階には採光を取り空間を明るくするための中窓と、外をながめるための小窓がある。

·West
入り口上部の開口部は入り口を明るくし、光はLiving Dining Kitchenにまで届く。小窓を通る光は奥のBed roomに届く。

·South
1階に張られた水面に太陽の光を届けるため、2階の開口は大きく開けられている。1階の開口は読書のための光を届ける。

·North
上部の開口2つは立方体の噛み合いや隙間を見せるために開けられている。下部の開口はReading spaceに光を届ける。

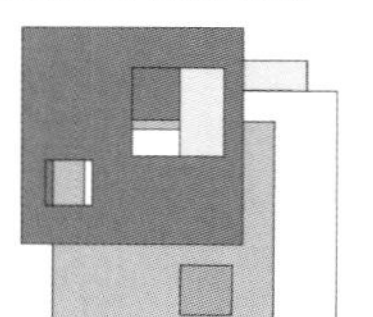

East Elevation

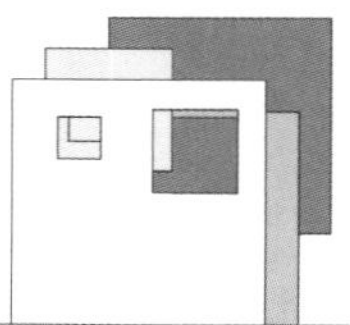

West Elevation

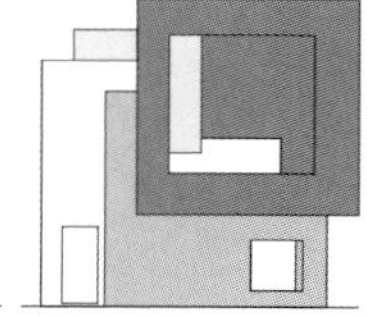

South Elevation

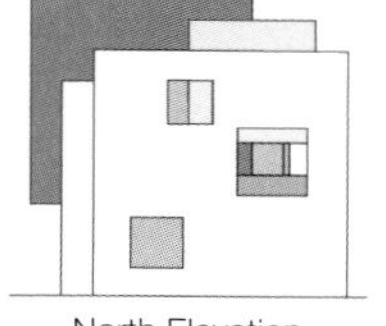

North Elevation

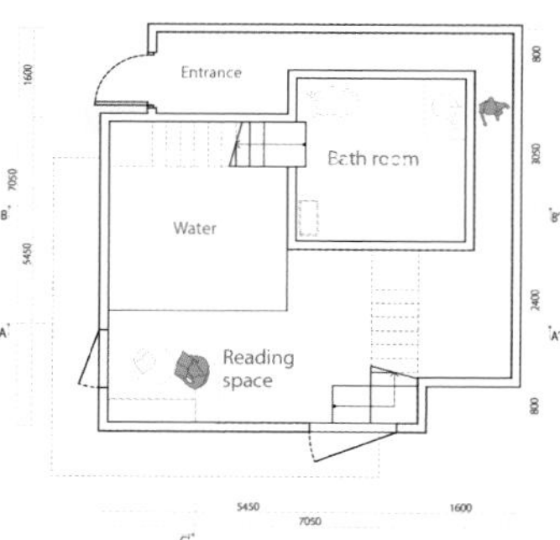

1F plan

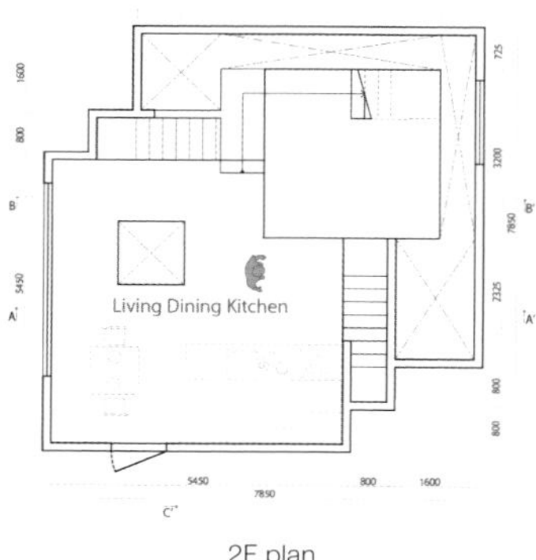

2F plan

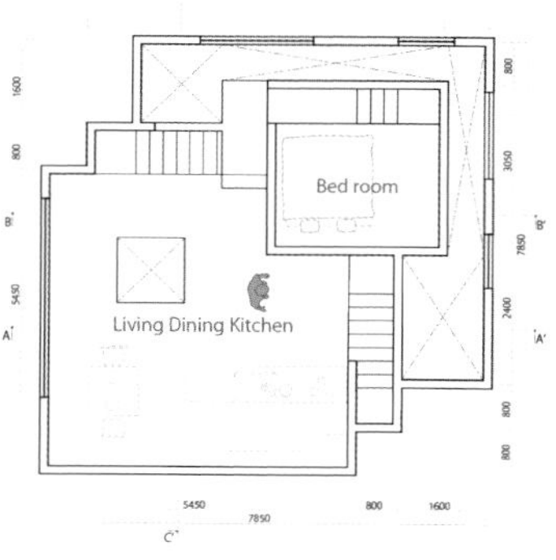

3F plan

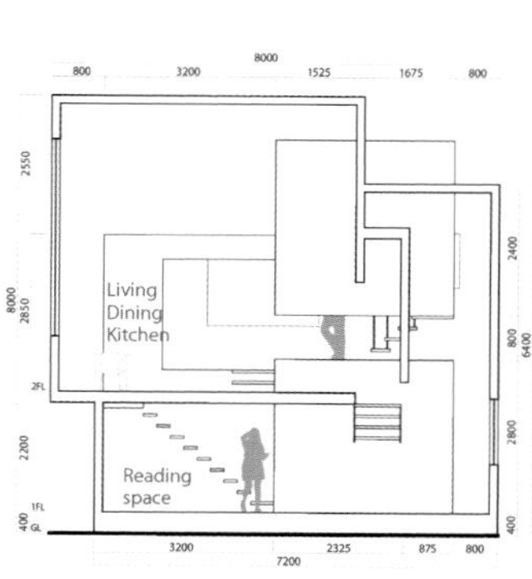

A-A'section

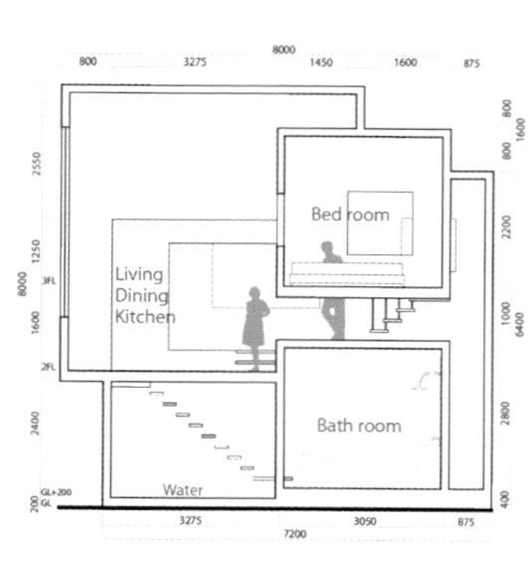

B-B'section

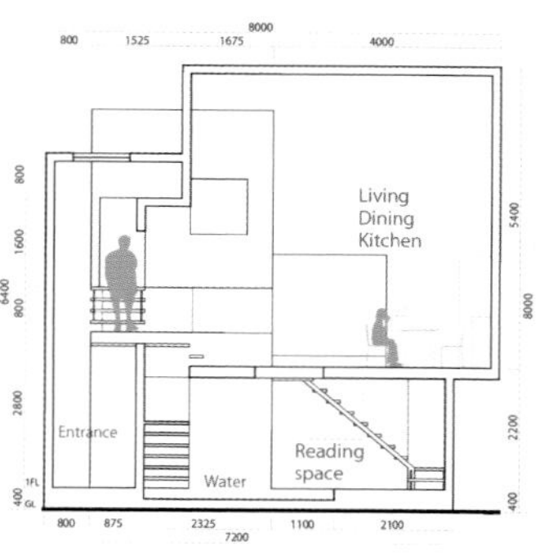

C-C'section

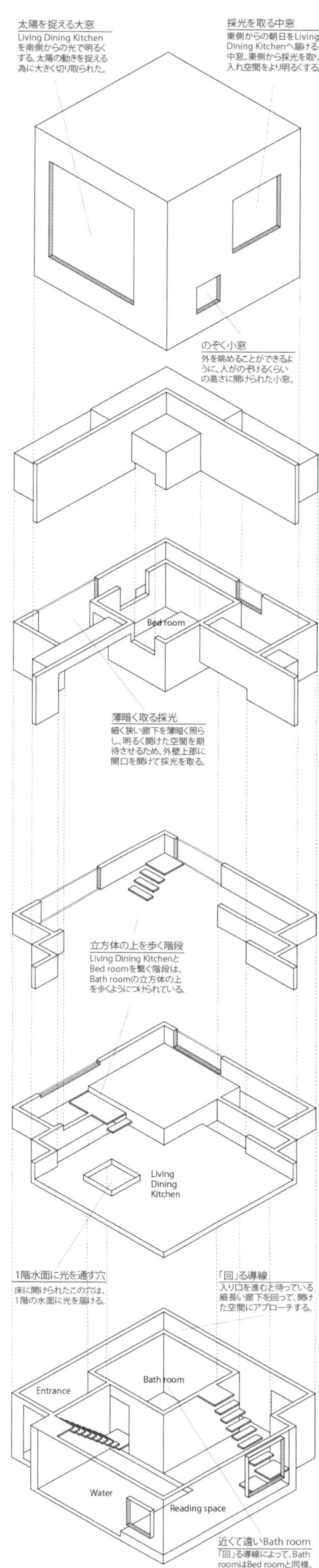

「来場者の声」賞について

本年度から新しい試みとして始められた来場者の投票によって決まる「来場者の声」。さまざまなコメントとともに多くの票が集まった。結果15票を獲得した日本大学2回生の小林さんの作品が選出された。

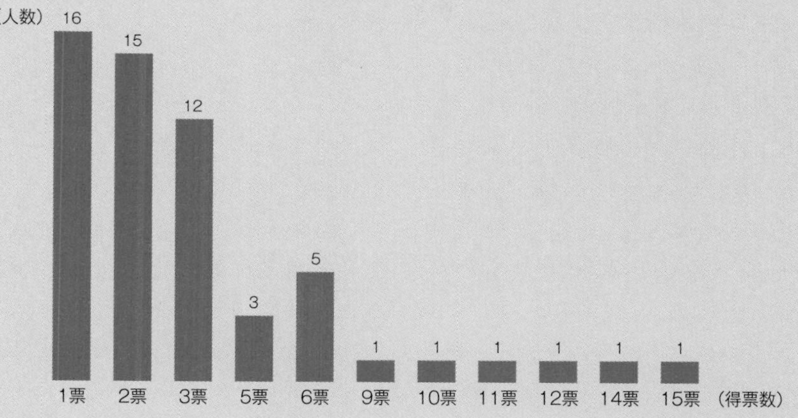

[来場者からのコメント]

1位: ID390(15票)

- 立方体という単純な形からさまざまな空間が生まれていることに感動しました
- シンプルなのに複雑でとても引き込まれた
- このボリュームがどのように集積するかわくわくする
- 目につくデザインとテーマに惹かれました
- 作者の強い思いが伝わるのでよかったです
- 独創性があってとてもおもしろかった

2位: ID556(14票)

- 地下の使い方が上手
- 光の動きがとても計算されていてコンセプトとマッチしていた
- あえて地上でなく地下を使っているところがよかった
- 自然光を取り入れて経済的、日焼けしやすい本を地下や火の当たりにくい所に置くのもよい
- 毎日でも行きたくなる創造性のある空間

3位: ID470(13票)

- 時が経つにつれて住人の部屋とシェアハウスが入れ替わるのは実現できそう
- 模型の完成度が高く細部までこだわっていた
- 少子化の現在にとって大切な未来の家の型だと思う
- 現在から未来へ移りゆくデザインが気に入った
- たくさんのひとが行き交う場を持つ家はよいと思います

ID127(11票)

- 住宅以外の用途にも拡張でき、都市計画でも使えそう
- 模型から雰囲気がよく伝わってくる
- 集合住宅の固定概念を覆す自由に過ごせる多様性を感じた
- 自由度が高く柔軟性があり、構造的にも耐久性がある
- テントのような空間がアウトドアを想起させ住人との距離を近づける

ID629(10票)

- 音楽を仕事にする身としてこのような素敵なホールで演奏したいと思いました
- グランドピアノのイメージが印象に残りました
- 本人の説明を聞いて緻密に計算された作品だと感動した
- ドローイングのクオリティが高かった

建築新人戦2019 公開審査会ドキュメント

光嶋：最初に、どのような基準で選んだかを話したいと思います。わたしは一次審査にも関わっていたので全ての応募作品を見ました。よい意味で目が慣れていましたので、作品に対する完成度の高さや、表面的なわかりやすさ、社会的正しさ(PC)を評価するのではなく、荒々しくも伸びしろのある新しい何かしらの「ひっかかり」が感じられるものを選びました。

金野：課題に対して愚直に解くだけではなく、日頃から自分が思っている社会への違和感や、課題を通して自分がやりたかったこと、そうした姿勢や挑戦があらわれている作品を選びました。また模型を覗き込んだときに、身体的なスケールまで想像されているかを重視しました。

藤原：新人戦とは何か。そう考えながら選びました。大学での課題を新人戦に出すモチベーションはなんでしょうか。僕自身、学生時代にはある意味で課題をバカにしていました。そうしたかつての生意気な学生として今日は来たので、課題からどう距離をとり、そこからさらに積み上げたかを見ました。

森田：僕の建築に対する原体験は、かつて住んでいた荒川修作+マドリン・ギンズによる《三鷹天命反転住宅》です。荒川さんは『建築する身体』という本の中で「我々は不可解の訪問である(We are visitation of inexplicability.)」と言っています。自分でコントロールできない不可解なものが訪れ続けているのが「私」だと。都合のよいものだけを自分の中に入れ、それ以外は外に出すことができるほど人間は清潔ではない。しかしながら、そういうことは普通の建築では感じにくくなっています。今日は「いろいろなものに侵されている」ことが感じられるものを選びました。残念ながら16選には選ばれませんでしたが、ID0303加納健一さんは「自然の介入を許す」と言っていました。それは建築がいかに許すかということです。今は「許す」と書きますが、昔は「聴」の字を使っていました。つまり耳を澄まして聴いてそのままにしておくのが「ゆるす」。そして、その対極にあるのが「さばく」。「裁く」とも書きますが、効率化して早く回す「捌く」でもあります。さばく建築ではなく、ゆるす建築は何かということを考えたいと思いました。

平田：本来的に建築は多元的なものです。一つの局面から説明ができた時点で、それ以外の可能性についても疑うべきです。「説明できる」「納得できる」ものだけだと、建築は行き詰まってしまうのではないか。最終的に空間や身体性にアプローチしているか、あるいはそのつくり方が独特のスタンスを感じさせるかは重要ですが、何か説明できないもの、まだよくわからないものに向けてつくられている作品を評価したいと思いました。わかっていることを仕事にするのは大きな組織でもできます。でも建築家のように個として仕事をする人は、まだ誰もわかっていないものを探求し、それをわかるかたちで示す人です。この中からそこに向かって挑んでいく人が現れて欲しいと願っています。

プレゼンテーション

ID.0023 國弘 朝葉(立命館大学 3回生)
「境」・芸術の海

境界があることで越えてみたい、会ってみたいと思う。そんな気持ちを設計理念にしました。家族形態、地域社会の変化に伴い、異世代間の交流が失われつつあります。そこで児童館、保育所、老人福祉施設の三つからなる養老複合施設を提案します。

当たり前の日常を守る存在としての「陸」と、人との交流を生み出す異世界としての「海」。この二つの世界によって好奇心をくすぐり、人生を揺るがす想像力が膨らむ世界の仕組みというコンセプトをつくりました。児童館、保育所、老人福祉施設を大陸に、それぞれの境に芸術作品を展示する水盤を配置します。芸術を通して交流を育み、それが地域へと広がっていきます。

次に陸から海への物語を説明します。[序章]小さな世界を越える。小さな世界とはそれぞれの陸にあるラウンジ、運動場のことです。ここでは同世代の利用者が出会い、交流を深める日常空間となります。[二章]水盤には作品が展示され、両側から展示を楽しむことができ、社会を変えるきっかけを生み出します。[三章]屋根を支えるコアは世界を変えるシンボルです。壁面に作品が展示され、芸術の上昇気流を感じながら陸から海へと境を越えます。[四章]アトリエ&ギャラリーは大陸と繋がり、利用者、市民に形のない交流を生み出します。この物語は終わることなく地域へと広がり、新しい風が吹き続ける。「何をしようか」から毎日の物語が始まる、旅する養老複合施設を提案します。

平田: 複合したプログラムに対して、陸と海という世界感を通して応えていることがすばらしいと思いました。変化と複合をはらんだ考え方が加わることで、養老施設という言葉だけでは捉えられないものになっています。

森田: この大浴場では、おじいさんとおばあさんがお風呂に入りながら遊んでいる子どもを見ています。それは子どもにとっては裸のおじいさん、おばあさんにずっと見られていることになります。実際の社会でもスマートフォンのようなデジタルデバイスによって僕らはずっと監視されています。にもかかわらず、あたかもプライバシーがあるかのような見せ方をするのは現実と向き合っていないでのはないでしょうか。ここでは物理的なプライバシーの侵しあいが起こっており、住んでいることで自分がいかに他のものに侵されているかを日々感じ続けることになったらおもしろいと勝手に妄想していました。段階的に境界がなくなっていくと語られていましたが、実は最初からそんなものはなく、プライバシーもないのではないでしょうか。境界が侵されることはあまり気持ちのよいことではないですが、どう考えましたか。

國弘: 陸の部分には屋根がかかっていたり、屋内空間も多いのでプライバシーは守っています。ここでは境界を越えたいという思いを強くすることが大切だと思っています。

ID.0092 中野 紗希(立命館大学 3回生)
個性をひきだす居場所
ー 性格特性にあわせたアトリエのある学生寮ー

人はそれぞれ性格が違います。そのため居心地がよいと感じる空間も人によって違うのではないか。均質な空間をつくることに疑問を持ちました。設計したのは100人の芸大生が集まる寮です。性格に合わせて選べる5つのアトリエを設け、各自が心地よい場所を見つけることができます。まず心理学者ジョイ・ギルフォードによる性格分析をベースに、異なる空間特性を持った5つの空間を紐解いていきました。壁の向きと壁同士の距離によって空間特性が生まれるよう斜めの壁というシンプルなシステムを用います。敷地は京都市下京区で、北側と西側は大通りに面し、東側は団地や公民館に、南側には将来大学が移転予定です。賑やかな北西の角には学生寮の顔となる大空間アトリエを、東側には閉鎖的で一人でこもれるアトリエを配置します。斜めの壁によってできた多様な内部空間、外部の隙間に、心地よい居場所を見つけながら住むことができます。

平田: とても丁寧に設計されていて好感を持ちました。説明は過不足なくおこなわれていますが、一方で人間は5種類に分類できるような存在ではないと思います。その人間の割り切れなさをこの建築はどのように引き受けますか。

中野: 5つの空間に切り分けるだけでなく、それらが重なる空間にいろいろな居場所ができると考えています。

藤原: 大きなロの字型の平面があって、そこに大スパンのトラスがあるなどヒューマンスケールを超える構成を軸にしているところがいいなと思います。空間的にも、屋外庭園につながっていたり、巨大なホワイエ空間があるなど、定義しつつも未定義な空間が建築の主題になっていることがおもしろいです。

ID.0191 濱口 悠(関西大学 3回生)
Simple presence

敷地は大阪ビジネスパークの寝屋川と第二寝屋川の合流地点です。課題では断面的にイメージが豊かな建築空間の提案、ランドスケープ、美術館としての差別化が問われていました。そこで「取り込み、引き込む」をコンセプトに設計しました。またミニマル・アートに着目し、その幾何学的で、スケール感のない形態を想起させる建築を目指しました。地下1階のエントランスから建築に入り、洞窟のような空間を進みます。1階から3階に展示室があり、最上部には周囲の風景を見渡すことができます。

藤原: 非常にシャープな考え方でできていると思います。平らな床とそうでないところの違いは機能で決まっているのでしょうか。

濱口: 部屋になっているところを平らにしています。階段部分には段差が400mmくらいで座れる場所もあります。

平田: 作品を設置するのであれば階段部分に踊り場をつくれると思いますが、一様に階段にしたのはなぜですか。

濱口: それも考えましたが、一つずらすと造形が崩れてしまって……。

平田: 崩れないようにする方法はあったと思います。先に決めた造形原理に縛られてしまうのは窮屈な感じがしました。こんな作品の置き方もあるのかと思わせるところまで造形を高めることができたら、より多くの人を惹きつけたと思います。

金野: 敷地の高低差と建築がとても調和しているように見えました。建築が敷地のおおらかさをなぞりながら多方向からアプローチできるように、美術作品に対してもいろいろな側面を見せられる美術館になりそうです。模型を見ながらもう一度考えてみることで、さらに可能性が追求できると思いました。

ID.0271 山戸 善伸(日本大学 3回生)
Residence

毎年1万個のコンテナが海中に落下しています。そのコンテナに魚が身を隠し、住み着きます。水族館の永遠のテーマに、魚と人の境界をいかになくすかということがありますが、このコンテナの事例は人のためにつくられた人工物に対して魚の方から距離をなくしていると考えられます。そこで、コンテナを人と魚の共通点とした水族館を提案します。敷地は横浜です。日本三大貿易港であるという特徴を生かし、使われなくなったコンテナを使用します。コンテナがばらけるように海水部分に配置し、魚の住処をつくります。陸では水槽の中なかの魚を人が見る。海中では、大水槽の中を進む人を魚が見る。魚の住処では魚が主人。人はその住処に入らせていただき、みさせていただく。将来的にはコンテナの外側にも魚が住み着き、ダイバースポットになり、そのダイバーも含めて水族館の展示になっていきます。

森田: 魚に見られて自分が魚化される経験というのはどういうものでしょうか。たとえば、りんごを食べるというのは、りんごを人間の消化に適した形に咀嚼することで、りんごを人間化することです。逆に、ぶどうをつまむ手の指先は、ぶどうの大きさになり、人間がぶどう化されています。ものとものが関わるとお互いがお互いを変形させます。なので魚を人間化するだけでなく、人間も魚化していないといけない。魚化するとはどういうことかまで考えないと、エンターテイメントになってしまうと思います。

金野: コンテナの性質上、全面的に開くことは難しいので、人間との関係がどのようになっているかが想像しにくいです。コンテナ状の動線空間になっているように見えるので、本当にコンテナが有効だったか少し気になります。

山戸: コンテナが転げ落ちたところに魚の空間が生まれ、そこに人が進んでいくことが重要だと思いました。

ID.0294 野中 郁弥(東京工業大学 3回生)
虚実の群景

仮設の劇場には都市を劇的に変化させる力があります。舞台装置や演技がつくられていくダイナミズムが街へと波及していきます。公演が終わると劇場は解体され、元の街へ戻ります。公演･解体といった仮設劇場の虚構と、日常の風景という現実が折り重なる建築について考えました。劇場にはサイクルがあります。劇団がやってきて準備し、公演し、解体する。永遠ではなく儚いからこそ人に感動を与えるのではないかと思い、このサイクルと街の日常を交錯させせることを考えました。

敷地は東京自由が丘です。微地形と小規模で密集した店舗という特徴を持っています。駅前にはロータリー、登り降りで速度の異なる地形に呼応する人の動き、二方向に向かう電車など、多様な街の動きがあります。これらを自由ヶ丘の日常と捉え、建築に置き換えました。基本構成としては、まず街に劇場という工事現場=虚構を突き刺します。制作場所と店舗を関係付けながら日常と非日常が重なり合うように設計しました。地形に沿って勾配をつけ、その下で制作や購買がおこなわれます。非公演時にはヴォイドとして、都市公園として機能します。上部の吹き抜けの周囲を回遊することで制作現場が垣間見えます。トラックが入ってきたり、フライタワーに広告が貼られたり、足場が組み立てられていくような風景を考えました。

藤原: 演劇は虚構だと一般的に言われますが、工事現場が虚構だとすると、完成していない姿をしていることが重要なのでしょうか。演劇がないときはどのように使われますか。

野中: 自由が丘は人が休んだりする場所が少ないので、店舗と対応しながら人が佇むようなことを考えています。

平田: 劇場のかたちも含めて、もやもやと変わっていく、あやふやさを提案しているように見えます。ただし実際の劇場にある装置は信じられない動きをするので、動くものと仮設が混ざり合って、どんどん得体のしれないものに変化していく提案なのかな、と興味を持ちました。しかし話を聞いているとうごめく気配があまり感じられず、少しかたい印象を持ちました。

ID.0443 長橋 佳穂(関東学院大学 3回生)
こころのすみか

街を歩くと涙を流したり、ゲラゲラと笑う人を軽蔑するような冷たい空気が流れているように感じています。人であることは儚いものであり、心を解放することを肯定的に捉えるためにこの建築を設計しました。敷地は横浜市黄金町です。ここは違法風俗店が立ち並んでいましたが、治安が悪化したことで浄化活動が起こり、今はその面影しか残っていません。住まいから人の感情や欲望がさらけ出され、道をつたって街全体に広がるような場所を目指して計画しました。敷地の中心を湾曲した壁で包み、そこから敷地の外まで染み出していくようなイメージで曲線を重ねていきます。自由な曲線の方が直線よりも人の気分に適しているのではないかと思いました。また、曲線に対してグリッドを引き、両者を重ね合わせていきます。湾曲したコンクリートの壁によるコアと、住む人の欲に応える建具や家具、植栽でできています。建具は住む人によって変化していき、内部が外部になったりします。湾曲したコンクリートの壁は家族の笑顔や、トイレで流す涙や、お風呂の歌声を包み込みます。

続いて建築の時間についてです。まずコンクリートの壁が立ち上がり、そこに建具や家具、植栽が入り込み、それがいつの間にか外にも飛び出し始め、街と建物が関わり合います。住む人が変わると、建具や家具が入れ替わって建築の形も少しずつ変わります。住む人がいなくなると、街の人がコンクリートの壁に寄り添い、立体公園のような場所になって、街のものになります。

金野: 模型に鉄筋がむき出しになっているような表現もあり、時間によって境界が変化するおもしろい住宅だと思います。解放するという前提がありつつ、包む場所も必要なのは、このスケールの住宅を丁寧に考えたことが伺えます。内部となる屋根はどこについているのが最適なのでしょうか。

長橋: 周辺に対して屋根が形として主張しないよう、スラブがそのまま屋根になっているように設計しました。住む人が自分で壁をつくることができる部分も残しています。

森田: 「雨が降ると水たまりができる」と書いていますが、どういう意味ですか。

長橋: 私の家は内部だけでなくて、敷地全体として家だと捉えているので、建具を開けることで屋外の水たまりを感じることができるという意味です。

平田: もう少し空間がほぐれている感じがあれば、守りつつ街に溶け出している感じが出たのかなと思います。最初に街のコンテクストについて説明がありましたが、そのことと造形があまり噛み合っていないのが気になりました。

ID.0690 米澤 実紗（早稲田大学 3回生）
はざま劇場

二つの街のためのはざま劇場を設計しました。敷地は東京神田川近くの20メートルの落差がある崖地です。高台は江戸時代のお屋敷文化の残る目白台地で、低地は昭和初期に印刷工場として栄えた大学生の街、早稲田鶴巻町です。この異なる性格を持った二つの街の関わりが薄くなっていると感じ、住人が混ざり合う劇場を設計しました。高台の台地を引き延ばした内部空間には街の大ホールを設け、お屋敷文化の残る高台の人々を引き込み、非日常の場として活用します。この劇場は演目や上演時間があらかじめ決められています。一方、東側の低地を引き上げた部分は木で囲まれたようなランドスケープを設計し、そこに五つの野外劇場をちりばめ、鶴巻町の人々を引き込みます。ここでは決められた演目はなく、住人たちが練習した成果を通りすがる人々に見せる日常の場です。この二つの空間が一枚の壁を介して向かい合います。小ホール空間が大ホール空間へと介入し、その間の空間で両方の関係者が混じり合います。ここには共有ミーティングスペース、クリエイションスペース、無料の二階席などの機能があります。

光嶋: 非常に明快な構成で斬新な造形が魅力的な建築です。ただ、気になるのは崖という場所の特性を活かしきれていないこと。大地を大胆に切り取っているのに、それを空間として感じられないのがもったいない。奥の方にある直角の壁がコンクリートで大地を隠蔽してしまっている。大地をめくるような行為であれば、場所の時間（歴史）の痕跡が露出する地層を見せるべきだったと思います。

平田: 二つのものが出会っているのはわかりましたが、片方が屋外だけで反対側のダイナミックな劇場に対して弱そうですが、プランは不思議な模様になっていておもしろそうに見えます。そのスケールのバランスはどうなっていますか。

米澤: 室内劇場は大きな空間で高台のコンテクストにつながる。屋外は散歩していると小さな小劇場が見えてきて大学生が発表しているようなこじんまりしたところにしようと思いました。

ID.0704 長妻 昂佑（名古屋工業大学 3回生）
ゴミの再編

街にはゴミがあふれています。しかし、そのゴミはまだ使えませんか。この施設でゴミは姿を変えます。ゴミから宝への第一歩です。人は毎日、大量のゴミを出しています。その行為に後ろめたさを感じる人はほとんどいません。これはゴミを生み出す生活の場と処理する場が離れていることに起因すると考えました。そこで街の中に工場を取り込み、ゴミと人の距離を近づけます。ゴミは生まれ変わり新たな文化を発信する拠点となります。

計画敷地は名古屋市中区栄。たくさんのゴミが路上に置かれているので、ゴミが街にあふれている印象があります。また、さまざまな店舗が並んでいることで、多様な文化の発祥地としての機能も担っています。ゆえにゴミとともにある新たな文化を発信するポテンシャルを秘めています。1階では集められたゴミを実際に見ることでゴミの現状を知ります。2階ではゴミの再利用方法を学ぶことができます。集められたゴミから使えるものを抽出します。子どもの工作や大人のハンドメイドアート作品などさまざまなものがつくられる空間です。3階はゴミを利用した癒しの空間です。ゴミを燃やして発生する熱で銭湯を営みます。また、飲食店の多い栄地区では毎日多くの生ゴミが排出されます。それを発酵させ肥料をつくり、それで良質の野菜を育て、地域のレストランで提供します。この場所が拠点となり、栄の街がよりきれいに、住みやすい街になることを願っています。

平田: ゴミ処理場はスケールが巨大なので、それがこのコンクリートフレームに収まっていることに違和感を覚えました。ゴミそのものが持っている人間を超えたスケールをかたちにした上で、ゴミを柔らかく捉えて、人の介在によってマテリアルに変化させることから、何か別のことが起こるという視点は新鮮です。ゴミが処理される巨大なスケールの隙間に、人が入り込むような提案がよかったのではないでしょうか。

長妻: そもそもが既存の建物に何かを加えるという課題だったので、梁と柱を残してスケルトン化し、そこにコンテナという再利用できるものを用いて建物をつくっています。建物もゴミでできているというメッセージ性を込めたいと思いました。

金野: 改修だったことに驚いていますが、そもそも建築が最大のゴミになる可能性もあって、30年後にはこの施設はいらないのかもしれない。その一番大きなゴミになるかもしれないものをどう選ぶかは大きなポイントだと思います。

長妻: コンテナを用いるこで、つくることも壊すことも容易にできるように考えています。

金野: そのときにコンクリートのグリッドを間引いていますが、それは理にかなっていることではないですね。もしそのような大きな空間が必要なのであれば、都市の中にそうした大きな空間がどこにあるのかという視点を持つべきだったと思います。

プレゼンテーションへのコメント

光嶋: 改めて皆さんのプレゼンを聞いてみてそれぞれの作品に対する見え方が変わりました。建築の評価基準はとても多面的なものです。100選の方々も会場におられると思いますが、大事なのは皆さんがここで話されていることを「自分のこと」として捉えることができるかだと思います。それで8選については、設計する根拠をどうやって説得力をもって言語化しているか、また時間軸に対しての葛藤があるかということに注目して考えていました。國弘さんはフレームがありつつもオープンエンドに流れていく時間、中野さんは口の字という単純なルールの混ざり合い、濱口さんは運動によって生まれた空間の美しさ、というのが気になります。

金野: みなさん、丁寧に正しく説明されていましたが、それでは見えてこない部分に魅力を感じました。國弘さんの建築を説明する上ですごく重要なのは、プログラムには出てこない、ふわっと浮いている屋根が生み出す大きな気積と、それをみんなが共有していることだと思います。中野さんもアトリエの説明を丁寧にしていましたが、模型を見たときにいろいろなスケールで斜めの壁が交錯し、そこを街の人が歩いていけると経験として楽しそうだというところまで、想像が広がっているのを感じました。長橋さんも、彼女の中で設計範囲が街に染み出していて、内部でなくても敷地がすでに建築の一部としてあるなど、余白にまで想像が豊かに広がっているのが印象に残りました。

藤原: 國弘さんの建築は、メガストラクチャーなのに、たくさんの小さな境でできていて、不思議にルーズなつくり方です。街からすると異様なスケールだったり、裸のおじいちゃんが子どもを見ているなど、本人の意図ではないかもしれませんが、そうしたことが不思議な公共空間をつくりだしていると思いました。中野さんも明快な秩序でつくっているけど、それ以外の部分の組み立て方が実はおもしろい。濱口さんの建築は、一つの空間原理から異様に複雑な場が生まれています。一つの原理からできているので、そこに人間的な秩序を与えることが本当は間違っているんですが、そのことに気づいたらすごいことだと思います。野中くんの劇場は、見る／見られるの関係と虚構をつくるという二つを同時に考えているのがおもしろいし、知的だと感じました。長橋さんには、作品と人物の一体感ということに感動したので高く評価しています。

森田：一つは、空間性と身体性の話があったと思いますが、それが普通の意味では成立しないのが現代が直面している状況だと思います。例えば、気候変動というのは身体性ではアクセスできず、地球レベルの変化をコンピューターで計算しないとわかりません。また重力波が僕らの体を貫いていることもそうです。空間性や身体性の次元で建築を語れないことにどう向き合うか、それが問題だと思っています。

それから境界をなくすという提案もたくさんありましたが、それは非常に危険なことでもあります。近代ヨーロッパの植民地主義が世界を覆い境界を消していった結果、世界は画一化されました。魚との境界をなくす水族館がありましたが、そもそも魚は人間とは違う存在です。境界をなくそうとしたときには、魚を人間の側に回収している可能性がかなり高いと思います。それは植民地化と同じです。境界について重要なことは、境界は境界のまま、ぼくと魚の違いを性急に乗り越えることなく、その違うという事実をひしひしと感じ続ける、穏やかな境界との向き合い方ではないでしょうか。哲学者ティモシー・モートンは、自分ではないものと調子を合わせることを「アトゥーンメント（attunement）」と言っています。長橋さんの計算されてない境界のなくし方は、本人とつくられているものが調子を合わせているように見えます。今回は小さなスケールの提案ですが、大きなスケールになるとどうなるか興味を持ちました。

また、濱口さんの「原理」というのも一つの他者です。人間が考えたストーリーではなく、原理を展開することで生まれる他者的なオブジェクトを許すというのがおもしろい。國弘さんの提案は、お互いがプライバシーを侵しあっている共犯関係に加え、現代のテクノロジーを全然使わないというルールがあれば、一緒に住むというのが個人や境界の感覚を変えていくおもしろい場所になると思いました。誰もがスマートフォンを持っていて、個人の境界を簡単に超えられるからこそ、引きこもって一緒に過ごすことが空間感覚を変えていくのかもしれません。

このようにそれぞれの作品をきっかけに想像していくと、いろいろなアイデアの芽があって刺激的で勉強になりました。

平田：これまでの過剰さは建築家という主体の中にあるものでしたが、新しく過剰や余剰を考え始めているのかなと思いました。ゴミはわかりやすく過剰物で、問題意識もおもしろいけど、過剰さにたどり着いていたか。長橋さんも人間が内側に抱えた過剰性に対して問題意識を持っていました。さらに、人間が人間として生きていくことをどう超えるかという過剰性が山戸さんや國弘さんの提案にもありました。原理が他者であるという話は昔から建築分野で言われてきたことではありますが、それでも濱口さんの提案に既視感がないのは立派なことです。

迷っているのは、中野さんの学生寮です。説明可能性を追求した上で、余白のある魅力的な建築だというのはその通りだと思います。しかし、この良質なモダン建築を想起させる建築が、過剰性にどうアクセスしているのか気になります。米澤さんの劇場は断面構成だけでもおもしろいと思っていました。ただ、二つの地域が出会うという話がよくわからないのですが、そこに何かがあるという期待もあります。

ディスカッション

平田:今お聞きしていると、皆さん言及されているのが、國弘さん、中野さん、濱口さん、長橋さんですね。それ以外について意見をお持ちの方はおられますか?

藤原: 山戸さんの水族館は、コンテナを海の中に置くと魚の場ができるというものです。それだけで水族館がつくれたら本当にすごいと思います。人間はただコンテナを捨てているだけ。魚の環境ができることとコンテナが建築になることがラディカルに考えられています。

平田: 山戸さんの作品はかなり問題提議をしていますね。建築は一つの視点からだけでは理解できるものではないことが、特に現代では顕著になっています。人間社会でも全然違うものの見方をする人がいて、同じ建築を見ていても全く違うものとして理解しています。そのことを拡張すると、魚から見た建築とか、カラスから見た建築というものもありえます。彼らは人工物かどうかということを峻別していないので、わかりやすいコンテナを使ったことは明快な案だと思いました。野中さんについてはどうですか。もっとすごく変化するのかと思っていました。

藤原: これは真ん中がヴォイドになっていて、スカイビルなどに通じる建築です。そこに劇場というプログラムを与え、かつ自由が丘という資本主義の街に建てるということで、信用できる学生だなと思いました。新人戦が人を選ぶとすれば、現時点での思考の成熟度、批評性という意味では野中くんはトップだと思います。

森田: どこを残して壊すかというのが大事なような気がしますが。

藤原: 難しいですよね。自分でつくって自分で壊すことを設計するのは本当に難しい。決めすぎるとつまらなくなるし。ある種の混乱があることは共感できます。

金野: プログラムが決まっていない場所を、どこまで設計するかはすごく難しいことで、それゆえに設計が具体的になっていなかったのかもしれません。そこを想像し始めると、仮設と本設が拮抗する状態が見えてくるのではないでしょうか。

平田: 金野さんは濱口さんの案をどう見ていますか。

金野: 形が美しいのと、敷地の地形を掌握したかのようなおおらかな形を評価しています。ファサードが見える部分や、斜面に対する読み解きがさらにあるとよいなと思います。この可能性をまだ十分に開花できていないのではないでしょうか。

藤原: フラットなスラブがあるから膨大な斜めの階段が輝くという話もあります。全部が階段でできていると建築になりません。そうとう試行錯誤しているけれど、まだこれをつくったからこそ到達できるであろう機能や秩序には至っていません。ここからさらに、そこに向かってほしいです。とはいえ、多くの学生に建築とはこういうことかと気づかせてくれる、この建築には力があります。

投票

平田: 國弘さん、濱口さん、長橋さんに評価が集まっていますが、いかがでしょうか。

森田: 過剰さについての議論を、人間的スケールの引きこもり的な場所から考えることに限界を感じています。むしろ、公共的で広がりを持ったものと過剰さが組み合わさり、リアルなものがつくれるとおもしろいのではないでしょうか。とはいえ、つくる人とつくられているものの「調子」の一致という点において長橋さんを選びました。

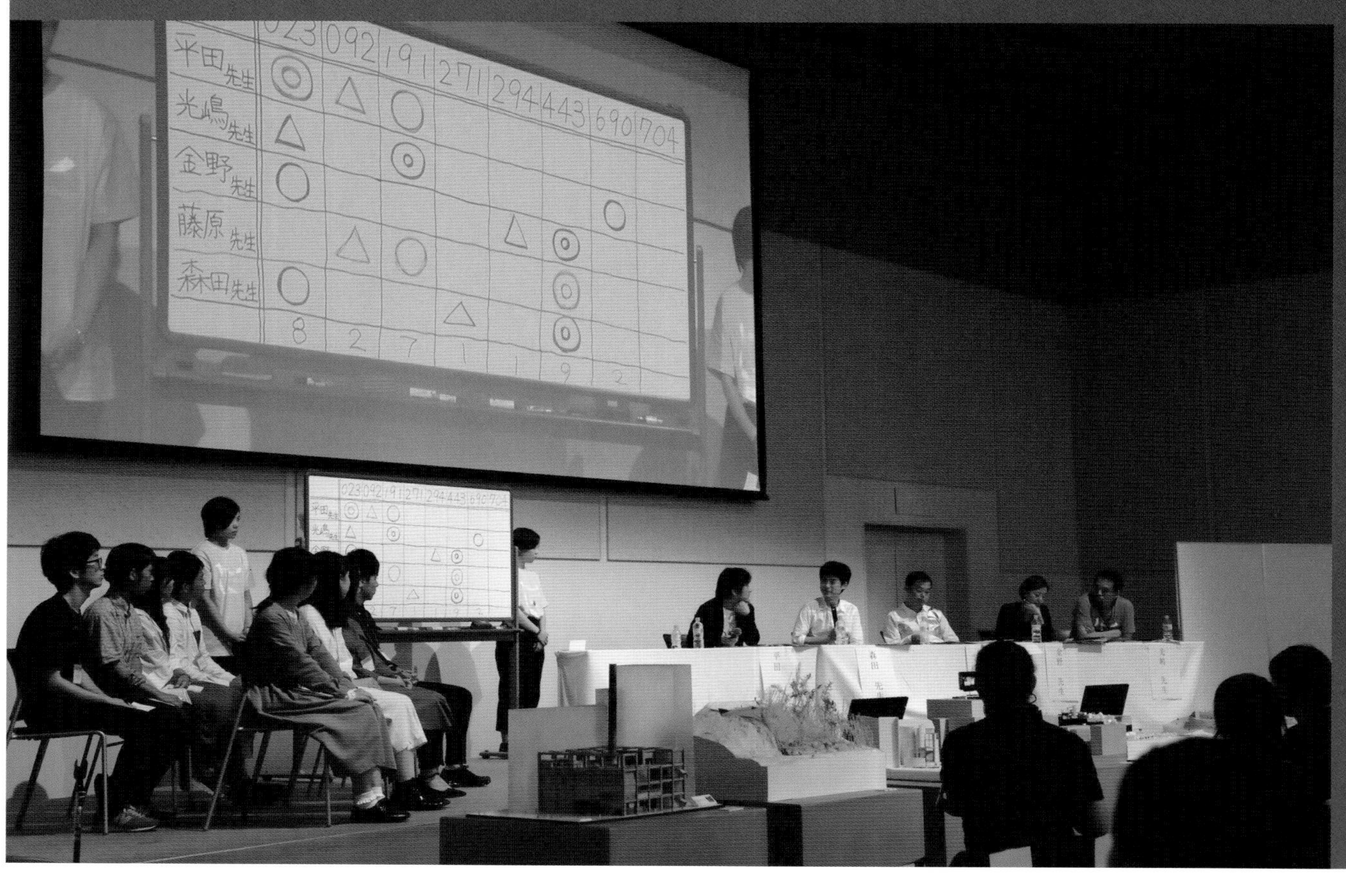

平田: 長橋さんは過剰と言いながらも、中に包まれるものが「涙」とか、わりと静かなんですよね。そういうことでいいのか、完全には消化しきれていません。

藤原: ここにはある種の過剰さが満ちています。一つには多様な言語でつくられていて、人の住まいを考えたときにこれほど過剰に考えるのかと思いました。また、新人戦として建築家になってほしい人を選ぶとすれば、長橋さんのように作品と人物に一体感があることは重要だと思います。

平田: では最優秀賞は長橋さんに決定します。そうすると次に優秀賞を3つ決めなければなりませんが、國弘さんと濱口さんは確定として、もう一つは2点の中野さんと米澤さんのどちらかでしょうか。

光嶋: どうやって設計の根拠をつくるかの観点では、それが見たことのある建築を表面的に真似したのでなく、自分が感動した建築を吸収した上で自分のものとして一度咀嚼し、建築化できているかを重視したいです。だとすれば米澤さんの「大地をめくる」という方法はこれまで見たことがないし、劇場としても美しく評価できると思います。

金野: 私は投票の時に最後、野中くんか中野さんで迷ったので、その二人であれば中野さんを推します。

森田: 外からやってくる不都合なものに侵される。そこに建築のおもしろさがあると思っています。そのため中野さんが人の性格に合わせて空間をつくっていることに違和感が残っています。米澤さんは、二つの街という設定によって逆に断絶が強調されている気がします。ただ、思考する場所が内外で緩やかに連続しつつ区別されているのは研究所や大学でもありえて、おもしろいと思います。

藤原: 森田さんがおっしゃることはよくわかります。話し合っているのに拒絶されるなど、建築はその問題に出会うことがあります。それを建築の原理にするのは本当に難しいです。中野さんは、個人的なものに出会うには、建築の秩序と人間の秩序の間で考えなくてはいけないということを直感的にわかっていて、そこを真面目に考えているので応援したい。米澤さんは建築として力があるのは間違いないし、領域の間に演劇が立ち上がるのも直感としては間違っていません。それぞれ方向性が違うので、選ぶのは難しいですね。

平田: 建築が「不都合なものに侵される」ことのおもしろさはよくわかりますが、だからといって真っ当に設計することに価値がなくなるわけではないですよね。その意味では、個別の設定に正面から取り組んでいる中野さんの提案に、設計している立場として共感を持ちました。そういう真摯さも正当に評価すべきだと思いますので、中野さんがよいかと思います。では、優秀賞は國弘さん、中野さん、濱口さんに決まりました。

	國弘	中野	濱野	山戸	野中	長橋	米澤	長妻
	優秀新人	優秀新人	優秀新人			最優秀新人		
平田	3	1	2					
光嶋	1		3				2	
金野	2				1	3		
藤原		1	2			3		
森田	2			1		3		

各審査員それぞれ3点、2点、1点を投票

一次審査座談会

全国から集まった553作品の中から本戦へ出場する100作品を選出する一次審査。終了後に7名の審査員に集まっていただき、座談会を実施した。評価軸は何か、新しさはどう定義さてるかなど、刺激的な議論が展開された。

【審査員】
光嶋裕介(光嶋裕介建築設計事務所・神戸大学客員准教授)、芦澤竜一(芦澤竜一建築設計事務所・滋賀県立大学教授)、倉方俊輔(大阪市立大学准教授)
小林恵吾(設計事務所NoRA・早稲田大学准教授)、白須寛規(design SU・摂南大学講師)、前田茂樹(GEO-GRAPHIC DESIGN LAB.)、
山口陽登(株式会社YAP 一級建築士事務所)

審査における評価軸を問う

光嶋｜まずは総評的に今回の審査にあたっての各自の評価軸を聞いていきたいと思います。

小林｜課題に対していい答えだなというのは、比較的皆さんと共有できていたと思います。やはり選ばれなかった作品には、「おっ」と引っかかる部分がない、つまり個性が足りない。課題も答え方も同じようなものがならぶ中で「こっちだな」という決定は、そこに独自な視点が入っているかだと思います。

光嶋｜数を見ていく中で、相対的に個性的で独創的なものを中心に選んだ結果、半分くらいは他の先生とも重なっていた。むしろ重ならなかった部分に抜きんでているものがあるということでしょうか。

小林｜あるいは、新鮮さですかね。

白須｜作品を見ていて思ったのは密度ですね。課題で必要とされているものよりも過剰にかかれているものは注意してみました。課題の内容以上に何か話したいことがあると、それが文字が小さくてもレイアウトされていたり、パースが異常に多いなど、何かしらの過剰さとして現れると思います。学校ではこの過剰さを聞いてもらえなかったのかなという気がして、それを聞いてあげたい。

前田｜課題のプログラムとか敷地に対して、丁寧に設計しているかどうか。丁寧さというのは単に図面がきれいとかではなくて、課題に対する読み取りが丁寧になされていて、それがアウトプットの丁寧さにつながっているということです。アウトプットの丁寧さにはパースの美しさや、プレゼンテーションの精度や密度も関係しますが、基本的には設計や図面の中に時間をかけて取り組んだことが現れているかが大事だと思って見ていました。それに加えて、課題は敷地の中で完結してしまうことが多いので、周辺環境とのかかわりをどう考えているのか、もしくはそれができたら周辺環境がどうなるかが見えるかをポイントにしていました。総じて学生にプログラムを任せるような課題はおもしろいですね。

山口｜今回は自分なりに三つのことを重視して審査をしました。一つ目は空間性やものとしていいと思えるか。新人戦では二次審査まではプレゼンシートと模型で審査されることが前提だからです。二つ目は、構造と図面です。成長過程の微妙な時期なので、学生さんによって何に向き合っているのかの立ち位置は違うと思うんですが、僕はやはり建築に向き合ってほしいと思いました。それは図面に気持ちがこもっているか、構造体がちゃんとあるかに表れてくるのではないか。三つ目は概念や考え方に新しさを感じるかです。課題で求められていること、あるいはその敷地で求められていることと、自分がやりたいことのせめぎ合いに勝って、自分のクリエイションにまで振り切れているかどうか。課題に求められていることを満たしながらも、クリエイションできていることが重要だと思います。

倉方｜学内では課題が一緒なので、その中でいかに解答したかが評価のベースになります。でも建築新人戦がおもしろいところは、課題よりも最初に解答が並んでいることです。山口周さんが最近書かれた『ニュータイプの時代』という本の中で、昔は問題が沢山あって解答を出せる人が少なかった。だけど今の時代は解答を出せる人が余っていて、希少なのは問題が設定できる人だという話をしています。それは、もっとこういう理想が実現できるんじゃないかと方向性を見出してくれる人です。新人戦は、問題が一緒で解答を競っているわけではないので、解答を出しながら自分なりの問題を設定しなければならない。だから問題発見型の力が見えやすいのだと思います。基本的には問題に対する優秀な解答だけでなく、自ら問題を設定した上で解答できているものを拾い上げました。

芦澤｜まず全体的に突出したものがないという印象です。そこには全体的に底上げをするという教育的背景があるのかなと感じました。建築家のスターを育てる、発掘するという意味では、そういう上層の学生をどうやって焚き付けるか、よい競争がはたらくような土俵ができればいいなと思います。それが大学で難しいとすると、新人戦ではやってほしいと思います。そこからどうやって選ぼうかと思ったときに、これは一次審査なので自分の好みというよりは、新人を探すという趣旨を前提に、与えられている課題に対して自分なりの提案をしている人を選びたいと思いました。

光嶋｜一つの仮説としては底上げ教育的なことと、先鋭化は両立が難しいですよね。大学間を越えて集うコンクールでは、いかにそうしたところを意識できるかですかね。僕の評価軸はまさに新しさです。建築はとにかくパラメーターが多く、その中でどこを評価するのかは本当に人によってバラバラです。新人戦の場合は課題に答えることが出発点なので、少しハードルの高いことを言うとその先生方の設定した課題をいかに読み解くか。最短距離で合理的に答えを出すのではなく、いかに新しいビジョンなりを見せられるかだと思います。それは芦澤さんが言う突出、あるいは小林さんが言う個性的なもの、白須さんが言う密度なのかもしれません。

新しさを再定義する

前田｜新しさという言葉が出てきましたが、学生を代弁するとそれって一体なんですか、という疑問があると思います。なのでそこをみなさんに聞きたいし、それが落ちた人へのメッセージになればいいなと思っています。僕なりに新しさを二つ

に分けてみると、芦澤さんの言う「突出する」というのは普遍的な新しさではないかと思います。新人戦は突出した個性を求めているかもしれないですが、今回そのような個性を持っている人があまりいなかったと。でも逆に、僕はどこにでも通用する新しさは暴力的過ぎないかと考えています。その代わりに、その場所においての新しさはありえると思います。そういう見方をすると新しさという言葉ももう少しわかりやすくなると思いますが、いかがでしょう。

光嶋｜そう考えると前田さんが先ほどおっしゃった読み取りの丁寧さは、突出とか個別性による新しさとは違うと思いました。丁寧に読み解く、その可能性をほぐすのは必ずしも突出している必要がない。そこでハッとしましたが、僕が今日選んだものになぜ新しさを感じたかというと、それが僕の中にある経験値の地図みたいなものとあまりにも違ったからだと気がつきました。完成度が高いことはみんなで共有できるけど、その新しいと感じる経験値の地図はそれぞれが持っている。だから前田さん自身も新しく感じるものはあるはずだけど、そこで評価せずに、取り組みにおけるプロセスや姿勢を見るところがなるほどと思いました。

前田｜提出してきた学生たちはみんなそれぞれ課題や敷地を読み取っていますよね。その読み取りが丁寧さとか新しさにどう繋がるのか。わかりやすい例は、これまでにないようなかたちをつくることです。そうでなければ、普通に取り組んだらどうなるかを踏まえた上で、別の見方をするとこうなるということを提示する。それも丁寧さの延長上にあることだと思います。必ずしもかたちは新しくなくても、この場所であれば普通とは違うことが起こりそうだということが、いろいろな可能性を試した上で表現の中に現れていたなら、それはその場所においての新しさを体現しているはずです。

光嶋｜白須さんの密度という視点も丁寧さやエネルギーと似ていますね。

白須｜そうですね、僕も学校では新しいっていう言葉はなるべく使わないようにしています。おじさんたちに新しいって言われても、学生たちはその新しさがわからないのではないか。新しいことの解像度が学生たちは違います。むしろ古くないってことは言いたいんですよね。たとえば「nLDK」で解かないことについては、これは古くないねっていう指摘は可能です。そして密度や過剰さは、それが新しいか古いかに関係なく何か言いたいことがあるということなので、そのことを評価したいです。

山口｜僕も新しさには二種類あると思っています。一つは発明的な新しさ。これまでにない新しさです。iPhoneが最初に出てきたときはこれまでにない発明的な新しさがありましたが、iPhone 8からiPhone Xになるのはアップデートの新しさで

す。「これまでよりも新しい」という新しさ。この二つは同じ新しいという言葉ですが全然意味が違います。前田さんの問題提起は、これほど多様化が進んでいる時代にみんなが新しいと思う新しさは価値観の押しつけではないかということですね。そうではなくこれまでの先に新しさが提示できたかという視点が大切だと思います。今回審査して印象的だったのは、リサーチが充実していることでした。その街で起こっていることを丁寧にドローイングし、これまでの状況を丁寧に読み解いたうえで、新しさを提示するという時代性を象徴していたような気がします。

芦澤｜僕も絶対的な突出性というものが、いまの建築家にとってあるべき姿だとは思っていません。突出性という言葉を使った背後には、倉方さんがおっしゃった「与えられた課題なんだけど自分の課題として課題設定をする」ということがありました。課題設定はどんな対象でもよくて、それが社会や建築が置かれている状況を何らかのかたちでアップデートすることが、新しさにつながるのではないでしょうか。

小林｜以前、出会ったラッパーから聞いたのですが、俺はこう言う境遇でこういう風に育ったという話は誰もが持っていてそれは個性ではない。だけど普通のことをその人の言葉で説明することで急にその人らしい個性が感じられるという話がありました。新規性や個性はそのもの自体が必ずしも新しいとかではなく、その人ならではの世界が見えてくると、それが新しさにつながるような気がします。

倉方｜たしかに今は共感がすごく大事な時代です。共感は目の前の風景をちょっとちがう言葉で言ってあげて、それによって確かにそう見えてきたときに生まれ、伝染していくものですね。アップデートという言葉が流行っていますが、今あるものをどう書き換えていくかという時代になってきています。それは我々が建築を学んだり憧れていた個性とか建築家の新規性とはすこし違う、今のあり方かなと思いました。逆に言うとアップデートしていく新しさに関しては、我々よりも学生の方が、能力は上だと思うんですよ。少しずらしながらアップデートして、共感を招く。だから今の若い人は、いつの間にか気が付かないうちにできているのかもしれない。

課題の再設定

光嶋｜課題設定の話ですけれども、プログラムの自由さについてはどうでしょうか。果たしてこの新人戦はそうした自由さを与えることがいいのか。自由でなく制約の高いわかりやすい課題を再解釈して、それでもなおその新しさを出せるかを評価するべきか。

倉方｜やはり、あまりに課題設定がゆるいと、結局できる人はできてダメな人はダメということになって、それでは教育の意味がない。問題を出してきちんとそれに回答する人を育成するのは最低レベル必要だと思います。だけど、建築教育と言った時にはそのレベルではダメで、自己再設定をけしかけるような課題はどうあるべきか考えなければいけません。

白須｜昨今はその評価の仕方にたいしてもエビデンスが求められますね。再設定できたかどうかについてエビデンスを設定するというのは結構むずかしい。

倉方｜ただ建築はそこをなくしてはいけない。建築学科は自身のオリジナリティを守っていかないといけませんし、その時に外部評価、つまりある種の批評が必要になります。建築新人戦はその再設定できていることを評価している。それがどのように再設定されたのかまではコメントされないけど、考えれば自分で分かるはずです。

芦澤｜課題を再設定する際に必要なのは社会に対する俯瞰性です。建築は批評性を持てる分野だと思います。だからこそ設計課題の中で、常に批評精神をもって自分の生きている社会を観察することが非常に大切です。特異な環境にいる人は別ですが、今の日本の学生は全体的に同質な教育を受けている。その中でどう俯瞰的な視点を持つか。

光嶋｜大学には大学なりの評価基準が設定されている。だけど、そういうものからいったん解放されて、純粋に批評という視点で成り立つのが建築新人戦という場ですね。

山口｜今の議論を聞いていると、100選に選ばれるには新しさとか批評性を目指さなければいけないという見方もできてしまう。でも実はそれは目標にするものではない。徹底的に何かに向き合ってわぁーっとモノをつくって、周りが見えないくらい没頭しているときにポンっとできたものが強烈な批評性をもつことがありうるわけですね。なので、とにかく密度をもって設計に向き合うことが、先にあっていいのかなと思いました。

未知の問いを発見する

芦澤｜建築新人戦が建築家としての生き方の第一歩だとすると、そこで重要なのは学生たちがどんな覚悟をもっているのかですよね。今の段階では絶対この方向というのは決めきれないですが、自分をだましてでも一回やってみようとか、チャレンジしようとすることはできると思います。

光嶋｜それが突出っていう言葉に表れていたということですね。自分や課題のリミッターを外すことを期待していたけれどそれがあまり見つからなかったということでしょうか。

芦澤｜俯瞰してみたときに突出している人がいなかったという話と、自分の中でリミッターを外してとことん追及している突出性は少し違います。何かに向かっていくエネルギーや情熱がもう少し見れてもよいのではないでしょうか。

倉方｜やはり人との比較ではないですよね。前のと比べてこれだけ差がありますよとか、ほかの人はこれやってるけど自分は反対にこれやってますよとか。それは回答のうまさでもある。そうでなくて、自分で問題をセットした時には、その問題を掘らざるを得ないわけだから、新しいか新しくないかは関係ないんですよね。比較するものではないから。

小林｜自分なりに課題を見つけるのは高度なので、課題を出すタイミングは重要です。できる人はできるけど、できない人はそこから建築離れしてしまうからです。それで最近課題をビルディングタイプが明確なものへと変えてみました。そうすることで、踏まえるところは踏まえつつ、そこから先の違いを自分なりに意識がしやすくなりました。また、やりたいことが成立しやすいので、評価する側もその問いを気づかせやすい。本人が何も考えていなかったところに新しい問いが発生する機会が生まれたと思っています。

光嶋｜たしかに建築のおもしろさは、本人も気づいていないことが多々あることですね。なぜなら視点がたくさんあるから。新人戦の意義は、その本人すらも気づいていないところを、気づかせることによって、「何だ、俺いけるじゃん!」って思わせることかもしれません。学校での評価はよくなかったけど、「何くそ!」と思って模型を直し、新人戦に出した人が「やっぱこれいけんじゃないの」という作品を拾えるかどうか。前田さんのいう丁寧さ、白須さんのいう密度と、芦澤さんの「なりそう」「変わっていきそう」っていう部分を、いかにすくい取ってあげられるかが大事だと思いました。それが教育の可能性ですよね。そして、その大学内では取りこぼれたかもしれないところに光を当てるのが新人戦が存在している意味だと思います。

Special Interview

学生実行委員特別企画

建築新人たちのあゆみ

昨年10周年を迎えた建築新人戦。過去の新人戦を盛り上げた受賞者・学生実行委員ら建築新人たちに、その後のあゆみ、そして現在何を考え、どこに向かおうとしているのかを、学生実行委員書籍班のメンバーが聞いた。

Interview_01

植村 洋美
（2010年度学生実行委員代表）
安田 康佑
（2010年度学生実行委員副代表）

──第二回の建築新人戦で代表、副代表を務められましたが、卒業後はどのようなお仕事をされていますか?

安田:私は大阪市立大学大学院を卒業し、東畑建築事務所に入社しました。そこで文教施設を中心にいくつかの設計にたずさわりました。5年弱勤めた後、建築家の山口陽登さんが主宰するYAPに転職しました。

植村:武庫川女子大学を卒業した後、伊藤喜三郎建築研究所に入社しました。商業施設や大学病院の設計・現場監理を経験し約4年務めた後、アトリエ事務所で国際的なプロジェクトに一部携わらせていただきました。そして現在は組織設計事務所で中国の病院に関わりつつ、来年の渡英に向けて準備をしています。

──新人戦を運営されたことがその後の仕事に生きたことはありますか?

安田:設計事務所での仕事にリンクする部分がおおいにあったと感じています。どんな仕事もそうですが、一人で物事が完結する仕事などありません。新人戦ではさまざまな大学の先生やスポンサーなど、大学にいては縁のない方々と同じ目標に向かって進みます。そのプロセスに全体の調整役となる副代表という立場で関われたことは、自身のキャパシティーを大きくすることにつながったと思います。

植村:学生時代に異なる立場にある方々の多様な意見をどうまとめあげるか、と試行錯誤し悩んだ経験は今に活きていると思います。病院の設計ではさまざまな部門のヒアリングを重ね、意見を吸い上げ、出し合い、一つのものをつくっていきます。2010年は学生主体の運営に切り替えた最初の年だったため、手探り状態の中、さまざまな意見をいただきながら自分たちで新人戦の骨格をつくっていきました。あの頃は力不足で、うまくいかないこともたくさんありましたが、揉まれながらも若い頃にいろいろ経験できたことはプラスに働いています。また、今でも運営メンバーとプライベートでの交流があり、学外を越えた横のつながりをつくれてよかったと感じています。

──学生主体の運営が10年間続き、自分たちの体験が洗練され後輩たちに受け継がれていることについてはどう思われますか。

植村:言葉が稚拙ですが…純粋に「すごい」と感じています。年を重ねる度に会としての精度も知名度も上がり、新入社員に聞くと「学内の意識高い上位メンバーが出す大会」という位置づけでみんなが建築新人戦を知っています。運営に携わる歴代の学生メンバーをはじめ、支えてくださる先生方や、協賛企業の方々の想いがカタチになっていると思います。

──実行委員として運営側の目線と、設計者としてのプレイヤー目線があると思いますが、どういう気持ちで本戦を見ていましたか?

安田:当日はステラホールで1日中審査会の現場監督をしていたので、正直なところ最優秀新人賞が小島くんだったということぐらいしか記憶が無いんです。審査会が終わり、翌日になって冷静に100選の模型を見て初めて、自分の作品がそのレベルに達していないと理解し、歯がゆく、悔しい思いになりました。学内では頑張ってきたつもりだったのですが、卒業設計までの1年半でこの差をどう埋めればいいのかと、かなり落ち込んだのを覚えています。その後、新人戦がひと段落して、ある種の燃え尽き症候群のような状態で、残りの夏休みを悶々と過ごすうちに、設計から離れる決断をしていました。運営の中で、よい意味で曲者揃いの先生方の強いパーソナリティーに触れ「第一線はこんな環境なのか」と思い知り、その環境で自分が戦っていく気力がなくなったのだと思います。3回生後期は、企業の合同説明会に行ったり、服飾や人材サービス系企業のインターンに参加し、せっせと自己分析シートを書いていました。けれども卒業するためには単位が必要なので設計演習はやらないといけません。片手間なので当然いい作品はできず、自分でもしょうもない案だと分かりつつエスキスを受ける。そうしているうちに、考えないことにしていた挫折感がふつふつと湧いてきました。三回生の終わりになってやっと「建築学科に入ったんだから、ちゃんと設計と向き合って卒業しよう」と思い直しました。とはいえその後も、大学院一回生くらいまでは、プレイヤーとしての挫折感を引きずったまま、もがきながら進むという感じでした。

植村:本戦当日のことは正直あまり覚えていません。緊張と不安でただただ時間が過ぎていきました。なので、学生実行委員のメンバー集めから翌年の引継ぎまでの長い目でみて建築新人戦に対する自分の気持ちを総括させてもらうと、建築設計の道に進むと決心させてくれてありがとうという気持ちです。大学に進学する前から医療福祉に関心を持っていて、建築士ではなく看護師を目指している時期もありました。悩んだ結果、豊かな医療福祉の空間をつくりたいと建築学科へ進みました。しかし、大学2回生を過ぎたころ、建築設計というものがよく分からなくなりました。在籍していた武庫川女子大学の建築学科は開設3年目と新しく、そのためか私にとってはとて

も閉鎖的な環境でした。建築法規や建築史は知識としてはおもしろいものの、そこからは建築設計という世界がみえてこない。そんなモヤモヤを抱えている時に、建築新人戦2009に当日スタッフとして参加しました。そのとき、自由度の高い他大学の課題設定に驚きました。その後、ご縁があり2010年の学生代表を務めさせていただきました。当時は運営側の目線、プレイヤーの目線などの区別なく、いろいろな情報をインプットし自分の中で軸をつくった感じでした。たくさんしんどい思いもしましたが、自分で見て知った経験をもとに、このまま設計職に進もうと決めることができました。社会人になってから設計を辞めようか迷うこともありましたが、毎年更新される新人戦のHPを見て、初心にもどることで前を向かせてもらっています。

─安田さんはプレイヤーとしての感情の揺れ動きが、新人戦を経験したことで生まれたということですね。学ぶ環境を変えようと思いませんでしたか?

安田:当時は学内の周囲にいる人たちを「真剣に設計と向き合っているのか」と批判的に思っていた節があり、外部の大学院に行くことも少し考えていました。ただ、4回生から所属していた建築計画研究室は、浪人の時から興味を持ち、指導していただいた横山先生を尊敬していたので、ここでさらに深く学びたい気持ちが勝りました。卒業設計は日の目を見ずに終わりましたが、その頃には自分の考え方も整理され、建築計画学という普遍性を重んじる学問の理解を深め、自分の設計スタンスを確立したいと思うようになりました。その学びは組織設計事務所での5年間に繋がり、設計の中に生かせたという実感があります。その後アトリエ事務所に転職したことは、もちろん将来的に独立したいという想いがあってのことですが、大きな組織の中で降りかかるさまざまな利害関係から一旦抜け出して、もう少し自由になりたい、横山研究室での学びと純粋に向き合い表現したい思いが生まれたからでもあります。

─安田さんは独立に向けて動いていますが植村さんはどうですか。

植村:一度は独立に憧れを持った時期はありますが、私の場合、建築設計を志したきっかけが視覚障害をもつ祖父の存在と、本屋で偶然見つけた落水荘の写真集との出会いでした。建築ってなんだかすごい。「いい空間をつくることはその環境を豊かにすることだ!」、「医療福祉の場をもっと豊かにしたい!」。そんな思考回路から建築の道を選択したので、独立して建築家になるというよりも、さまざまなものを自分で見て、感じて、その経験をもとに今後の医療福祉環境をよりよくする何かに貢献したい想いが強いです。

─来年の新人戦に関わる学生たちに向けて一言お願いします。

植村:建築学科に進学はしたけれど、さて今後どうしようと、設計の道に進むか迷っている人は、建築新人戦の運営にかかわって、建築の世界を俯瞰するとよいと思います。大学という狭い世界の中での価値観にとらわれず、広く世界を見渡すことができます。設計以外にもこんな仕事があるんだという学びがあり、他大学ではこんな課題が出されていて、こんな人がいるんだと自分の現在地がぼんやりと見えてきます。もちろん、運営だけではなく自分の作品も出してほしい。わたしはそれまで劣等生だと感じていましたが、新人戦参加後に取り組んだ学外コンペで賞をいただき、卒業設計展でも入賞できました。一つの場所ではうまくいかず、評価されなかったとしても、一歩外へ出たらまったく違う結果になることを肌で感じるきっかけになったのは新人戦でした。みなさんにも実感してほしいです。

安田:勝つのは一人なので、とにかく参加して挫折してほしいと思います(笑)。学内より新人戦に参加してダメだった方がダメージが大きい。力不足が浮き彫りになった時に人は深く考えるし、伸びると思います。評価の傾向や流行りに関係なく自分の道を信じて参加し、評価を真摯に受け止めて、這い上がってきてほしいと思います。　取材:(書籍班)沢田・辻

植村洋美
1987年、福岡県生まれ。2013年武庫川女子大学生活環境学部建築学科卒業。2013年~2017年まで株式会社伊藤喜三郎建築研究所勤務。2017年-2018年アトリエ系建築設計事務所勤務。現在、フリーランス。2020年渡英予定。

安田康佑
1988年、岐阜県生まれ。2014年大阪市立大学大学院修士課程修了(建築計画研究室)。2014年から2018年まで株式会社 東畑建築事務所に勤務(文教施設チームに所属)。2019年から株式会社YAP 一級建築士事務所に所属。

Interview_02

小島 衆太
（2010年度建築新人戦 最優秀新人賞受賞）

──大学卒業後、どのようにこの10年間を過ごして来られましたか。

小島:新人戦に参加したのは私が学部2回生と3回生のときです。その後、九州大学を卒業し、横浜国立大学大学院Y-GSAに進学しました。Y-GSAは4つのスタジオをクリアして卒業というスタイルをとっているので、大学でつちかった建築に対する自分なりの考えをもとに、4人の教授それぞれと議論してみようと考えました。最初に小嶋一浩さんのスタジオを選択したのですが、全体講評で厳しい評価を受けました。社会的な観点から批評していただいた記憶がありますが、当時の私にはそれが理解できなかったんです。残り3回のスタジオで勉強すれば理解できるような内容というよりは、社会に出て実務的な仕事を通して学んだ方が手っ取り早いのではないかと感じるようになりました。そのとき、たまたま畝森泰行建築設計事務所とご縁があり、興味のある仕事を担当できる機会をいただけたので大学院は退学することにしました。Y-GSAに在籍していたのは半年だけということになります。

──退学という決断は簡単にはできなかったと思いますが、今後の人生における大きなターニングポイントになったのではないでしょうか。

小島:自分の気持ちに正直に動いただけなので、悩むことはありませんでした。今も後悔はしていません。Y-GSAで唯一受講した小嶋スタジオが「OMA設計のシアトル中央図書館を読み解く」という課題だったので、最初担当した仕事が同じようなプログラムだったこともあり、ある意味「リアルスタジオ課題」でした。その後、担当プロジェクトに約5年間従事していくなかで、当時理解できなかった社会的な感覚も少しずつ養われていったように感じています。設計者だけでなく、ソフト面をサポートする複数のチームメンバーと共にプロジェクトを進めていきました。当時の経験は、私の今の考え方に繋がっていて、建築だけでどうにかするのではなく、もっと幅広い手法や観点から物事を考えたいと思うようになりました。もちろん建築の力によってどうにかしたいという想いはありますが、設計事務所という立場で仕事を続けると、どうしても視野が狭まると感じるようになり、オペレーションサイドに身を転じました。

──オペレーションという以前とは異なる立場に移るときに、設計者としてのジレンマは感じましたか。

小島:全くジレンマは感じていません。価値観を広げたいという気持ちが強く、とても前向きな気持ちです。ホテル業界で仕事をしようと決めていたのですが、仕事に追われていたために消費者としての体験をあまりしていないことに気づき、一ヶ月程度海外を旅しながら約30箇所のホテルをみてきました。高級ホテルから民泊のようなものまで、出来るだけたくさんのホテルを、客の立場として体験しました。

──なぜホテルだったのですか。

小島:建築だけではなくオペレーションやマーケティングという観点でおもしろそうなプログラムを考えていたときに、ホテルに興味が湧いてきました。ホテルは商業施設という性質もありますが、幅広い視点から物事を考える必要性があり、お客様のことはもちろん、まちとの繋がりも考えないといけず、飲食についても知る必要があるなど、今までと違う種類の脳みそを使うような感覚になれるのかなと思いました。

──長い目で見たときに、設計者として今、そのような幅広い経験が必要だと感じたということでしょうか。

小島:そう思うのですが、幅広い知識をただ身につけるだけではクリエイティブではないとも思います。複数ジャンルの経験から新しい価値観を見つけたいです。

──ソフトに関わる仕事を始めて人間関係も変わりましたか。

小島:まだこの業界に入って間もないので、そこまで変化はないですが、意図的に関係者を変えてみようと思っています。普段はSNSなどからも情報を手に入れますが、放っておくと今までと同じような情報が無意識に入ってきているかもと思っていろいろ調整しました。脳の意識を一度切り替えるための工夫が必要なのかなと感じています。例えばどこかのホテルのロビーに着いて、天井を見上げ、空間を確認してよしあしをコメントする、、、って建築関係者あるあるですよね（笑）。今でもつい癖で建築から考えることが多いです。もちろんよいことだと思うのですが、今は全然違う観点で物事を判断する訓練をしてみたい、という意識です。

──少し話は戻りますが実際に仕事を始めて、学生時代の頃とどのようなことにギャップを感じられましたか。

小島:学生の頃との一番の違いは、プロジェクトに対する情報の密度の濃さだと感じます。建築はとても複雑な要素が絡み合うため、一つひとつを丁寧に整理していくスキルが必要になることを痛感しました。学部時代、卒業設計で失敗したのですが、まさにその整理スキルが欠けていたと思います。新人戦以外にもコンペにはたくさん応募しいくつか入賞はしていたので、卒業設計の時はショックを受けました。仕事をしていく中で分かったのですが、コンペはある意味で大喜利的な要素が強く、それは実務でのプロポーザルや基本設計においては重要なスキルになります。しかし実際に建築を実現するにはさらに複雑な条件が絡んでくるため、大喜利的なことの後を一つひとつ整理し、積み上げて設計するスキルが問われます。学生当時、小嶋さんに言われた「一発ギャグ得意なのはよいことだけど、それだけではスランプに陥ったときに困るから、しっかりと積み上げて設計する訓練をしなさい」とのコメントがとても印象的で、自分の弱みを見抜かれていたのだと思います。

──いま当時の新人戦を振り返ってどう思いますか。

小島:約10年前で懐かしいです。当時はなぜ入選したのかもわかりませんでした。たまたま審査員の藤本壮介さんが選んでくださって。一次審査はその一票だけだった。建築の常識を何も理解していなかった分、自由に話ができたのが「新人」戦という場において受けた理由だと思います。

──学内と新人戦では見方も変わると思いますが、学内での評価はどうだったんですか。

小島:実は学内と新人戦では案が全然違います。学内での評価はよくもわるくもという感じでした。何を言われたかもあまり覚えていません。その上で、新人戦という所謂コンペに向けて案を全部変え、プレゼンテーションもブラッシュアップしました。

──最後に学生のうちにやっておけばよかったと思うことと、今の学生に向けてコメントをお願いします。

小島:もっとグローバルな視点をもつ意識を持てていればよかったと思います。海外での仕事につながるとかではなく、情報弱者になることがよくないと思っています。学生時代から最近までずっと建築業界にどっぷり所属してきたため、少し視野がせまいのではないかと不安になりました。環境というのはある種の束縛状態です。何かを学ぶという観点では、一回は入り込むのはよいことだと思いますが、ルールが無意識に染み込むこともあるので、ひととおり学んだと思った時には、ふと客観視することを忘れないでほしいなと思います。

取材:（書籍班）沢田·辻

小島衆太

1989年	奈良県生まれ
2013 年	九州大学 卒業
2013年	横浜国立大学大学院 Y-GSA（中退）
2013-2019年	株式会社畝森泰行建築設計事務所 勤務
2019年~	ホテル運営会社 勤務

Interview_03

木村 陽子
(2010年度建築新人戦 優秀新人賞受賞)

─建築新人戦が始まって10年が経過しました。初期に参加した方々は30代に差し掛かり、社会の第一線で活躍されています。新人戦に参加した3回生の頃から今まで、どのようにお仕事されてきたかをお聞かせ下さい。

木村:新人戦に参加したのは学部3回生のときでした。それまでコンペは応募したことがなかったので、初めての経験でした。その後大学院に進み、研究活動やコンペ、既に独立した先輩の設計活動を手伝ったりしながら、就職活動を経て、現在は組織設計事務所で働いています。大学院1回生の時には好きな建築家の事務所へインターンにいきましたが、悩んだ末に組織事務所を選択し、今の会社に就職しました。

─大学ではどのような研究室に所属されていたのでしょうか。

木村:計画系の研究室に所属していました。そこでは設計というよりも、名古屋市内の街並みや岐阜県にある旧城下町の実地調査をやって、卒業設計も調査地域を敷地に研究での気付きをテーマとして取り組みました。興味のあるコンペや学外の活動は研究室とは別に、個人的にやっていた感じですね。

─新人戦に参加してそれまでと変わったことはありましたか。

木村:当時は学外の人と触れる機会が少ない状況だったので、新人戦をきっかけに名古屋圏外の知り合いがすごく増えて、同時に自分の視野も広がったと思います。3回生の後期からは非常勤講師として建築家の方が来られるようになって、建築を学び考えることに、より本腰を入れるようになりましたが、新人戦はそのモチベーションを生むきっかけにもなったと思います。まわりに負けてられないなと。

─審査会では審査員だった藤本壮介さんが熱心に木村さんの作品を見ておられましたね。

木村:嬉しかったですね。最後うまく説明しきれなかったんですけど、審査員の皆さんが一緒に考えてくださってすごく嬉しかった。集合住宅の課題に対して、ある意味集合住宅とは関係ない部分を建物の価値として提案していて、当時はどう言葉にしたらいいかわからない状態でした。大学の講評会ではその部分に対する否定的なコメントに、自分が納得できる答えが出せなくて悔しい思いをしました。だから新人戦にはもう一度弱い部分のストーリーを組み立て直して提出しました。

─新人戦は再チャレンジという認識だったのでしょうか。

木村:そうですね。このまま終わらせたくないと思っていました。

─最終的に組織設計事務所に進まれたのはどんな理由だったのでしょうか。

木村:就職先はすごく悩みました。インターンやオープンデスクで複数のアトリエ系事務所に行きました。所長と話せる機会は少なかったですが、所員や同じように参加する他大学の学生と話して自分はどうしたいかを考えていました。就活中のあるとき、学部生の授業の非常勤課題で、2015年に亡くなられた久米設計の野口秀世さんが来られて、担当された物件のプレゼンをしてくださったのですが、そのプレゼンする姿がものすごく楽しそうだった。コンセプトや建物自体にももちろん惹かれたんですが、それ以上に設計した本人が楽しそうに、建物のことやユーザーが伸びやかに使っている姿を話していて、この人みたいに建物をつくりたいと思いました。組織設計事務所の「人」を見ていなかった自分としては衝撃的でしたね。それが組組織設計事務所に興味を持つきっかけです。

─いまの自分にとって大きな影響を与えた出来事でしたか。

木村:前述の野口さんとの出会いは大きな出来事でした。当たり前ですが、組織にはそれぞれに信念や興味、価値観を持ったさまざまな設計者が集まっています。三菱地所設計に就職後いくつか物件を担当してきて、やはりとてもおもしろい環境だと実感しています。最近は雑誌に物件が掲載されるとき会社名だけでなく複数人の名前が載ることも多くなりました。ある意味全員が代表設計者。組織ごとの強みや、らしさはありつつも、チームや設計者個人の裁量により完成するものはバラエティに富んでいます。同じ会社の中に多種多様な設計者、技術者がいて、日常的に意見を交わせる環境は刺激的です。逆に、自分の考えが足りなければぼやけたものしか提示できない。クライアントの理想を叶えるにはどうすればよいかをチームで模索する中で、今の環境は上司部下関係なく考えをぶつけられる。一方で、常に何を提示できるのかプレッシャーを感じつつ、それを楽しんで仕事できていると思います。

─学生時代と今とで自分が変わったことはありますか?

木村:設計するなかでの違いは、やはりクライアントの存在が一番大きいと思います。学生のときは課題が与えられつつも、興味のあることを純粋培養してつくるところがあると思うんですけど、今はクライアントが何を考え、求めているかを理解してかたちにすることが求められます。当社は長期間に及ぶプロジェクトが多いですが、設計を進める中でさまざまな想定外の問題にぶつかるたびに、学生時代にはなかった、とにかく提案を考え続ける、ひねり出す耐力みたいなものがついたと思います。ただ自分は学生の時からすぐ顔に出るたちなので、いつも上司に注意されていますが(笑)。社内外に関わらず、信頼関係を築きながら新しい価値を提示している設計者の話し方やプロセスはとても勉強になりますね。

─今、大きな案件を任されるようになって、どのようなビジョンをお持ちですか。

木村:正直言うと明確なビジョンは描けていません。入社してからいくつかの物件を経験してきて、ようやく学生時代から関心のあった教育施設に、構想段階から関わっています。もう現場段階ですが、今はどうやってやり遂げるか、ということがとにかく目前の課題です。2021年には開校するので、それまではあまり他のことは考えないようにしています。事業コンペからスタートして、数えると4年くらい設計し続けていますが、その間に興味関心もさまざまに変わりました。最後は関わっていただいたお客さん一人ひとりが、うちの大学はここが凄いんだ、と自慢できるものにしたいですね。私も自分が就活中に出会った方々のように、担当した物件を社内外や学生に楽しそうに話せるよう、今が頑張りどころだと思っています。

取材:(書籍班)沢田・辻

木村陽子
1989年 愛知県生まれ
2013年 名古屋工業大学大学院 社会工学専攻 卒業
2014年 株式会社三菱地所設計 入社
現在 同社建築設計二部 在籍

Interview_04

飯塚 哲平 (2009年度建築新人戦 優秀新人賞受賞)

──大学卒業後、どのようにこの10年間を過ごして来られましたか。

飯塚:大学3回生の時、第一回の建築新人戦が開催されました。そこで大学以外の価値観があることを知り、早稲田大学の大学院へ進学せずにアメリカの大学院を選択しました。2年間の大学院生活の後、スイスのチューリッヒで1年半ほど働きました。チューリッヒではアーバンデザインをはじめ、都市的な課題を中心に取り組みました。ワークショップ形式の透明性の高い議論を根気よく続けていくプロセスを経験し、スイスにおける建築家の職能、特に社会的、政治的な側面に触れることが出来たのは貴重な経験となりました。一度日本に戻ろうと考えていた際に、隈研吾さんに声をかけていただき、東京に戻りました。2014年から5年ほど隈事務所に在籍しました。隈事務所では、国内プロジェクトに加えて中国、韓国、ベトナム、アメリカなど様々なプロジェクトに携わりました。幼稚園、商業施設、個人の別荘、美術館、アーバンデザインなど規模も様々です。5年という節目で独立を考えていたので2019年の9月に退職し、大学院時代の友人と共同で事務所を設立し、東京とインドのニューデリーの二拠点で本格的に仕事を始めます。新たな挑戦に挑むターニングポイントです。

──学内の教育とは異なるフィールドとして新人戦が働いたという感じですか。

飯塚:そうですね。当時の学部生の目指す先は仙台の卒業設計日本一決定戦だったと思いますが、早稲田大学では卒業設計は三人制だったので、仙台を目指してという雰囲気はあまりなかったと思います。そんな時に建築新人戦というのがあると知り、参加しました。学内とは異なる切り口や価値観でクリティークされるのが新鮮でした。また、他大学の同世代の人たちと議論する中で、これまで当たり前に使っていた建築言語が通じないことを知り、自分の環境を見直したいということにつながっています。

──大学はいい意味でも悪い意味でも学生を囲い込んでしまいますね。学外のコンテストの場がそうした大学の囲いを一旦解除することで、こんな課題がある、こんなすごい奴がいるという発見になる。飯塚さんにとってはそれはある種の危機感を生んだ。

飯塚:3回生というタイミングがよかったと思います。比較的ピュアな状態で、知識や技術的には未熟が、それだけに強い思いが出てきて、それを評価してもらえたと思います。第一回大会だったので、参加する側も一つのコンペくらいの気持ちだったと思うのですが、学内でやっているものがどれくらいの位置にいるかという相対的な手応えはあったと思います。最近は減りましたが、当時のメンバーとの交流は新人戦の後も続いており、お互い刺激しあえる良い関係です。

──新人戦当時の作品と比べて、どのような変化があると思われますか。

飯塚:当時は背伸びをして、社会と建築の接点を探そうとしていた時でした。未熟ながらも、自分が大学を卒業して、社会に出た時にどんな風にやっていくのかということと向き合いながら取り組んでいたと思います。新人戦に出したのは、自分の卒業した小学校を題材にする「ハイパースクール」という課題で、自分の経験的なことにも触れているし、同時にその場所が置かれている社会的な側面の両方にアプローチできる良い課題だと思います。改めて見ると造形的にはやや懐かしい感じがしますが、設計への取り組み姿勢というか、端緒となる部分は10年経っても大きく変わっていないなと思います。

──早稲田大学とアメリカの大学、そしてスイスと東京で働かれたのに、大きな違いがないという印象なのがおもしろいですね。

飯塚:アメリカの大学院では建築以外のバックグラウンドを持つ人や社会人も多く、自発的に課題に取り組んでいる人が多かったです。多様性が前提にある教育のため、この分野だけは誰にも負けないというような核を伸ばす教育でした。そのような環境もあり、マイノリティとして自分の強みを探っている過程で、大学時代の設計姿勢をより強固なものへと育むことが出来たのかもしれません。その後、スイス、東京と環境を変える度に自分を客観視し、常に初心に戻ることで大学時代の設計姿勢が定着していったと思います。

──いよいよ独立ということですが、どのような期待と不安を抱いておられますか。

飯塚:約7年間2つの事務所で働いていた経験を消化し、再度自分の設計スタイルを確立していく事に、やはり期待と不安の両方を抱いています。どちらの事務所もとても良い環境で、ボスが偉大だっただけに強く影響を受けているので、設計を続けていく中で自覚的に自らの立ち位置を確立していきたいです。その点、今の関係を一度断ち切って、インドというまったく異なる環境があるのは良いきっかけになるという期待があります。これまでの常識が通じない環境を楽しみたいです。

──最後に学生たちに一言お願いします。

飯塚:自分がやってきてよかったと感じていることは、意識的にいろいろな場所に身をおいて、環境を変えながら、常に自分を客観視してきたことです。快適で何も考えなくてもいい場所にいると思考が止まってしまいがちなので、あえて自分をいろいろな場所に置くことで、さまざまな人に会い、自分のやりたかったことがだんだん見えてくるということが、僕の中で上手く機能しているという感触があります。もちろん、同じ場所にとどまって特定の人に師事して飛び立っていくことも一つの方法だし、誰にもつかずに一人でという人もいますが、そんな人ばかりではないので。動くだけなら能力に関係なくできるので、取り組みやすい方法だと思います。最近、スイスでもアメリカでも日本人の留学生が少ないようです。中国人も減少傾向にあり、インド人がすごく増えている。多様な選択肢があるために、選択に時間を要して行動しないのは勿体ないですね。いざ選んでしまえばどうにかなるので、やるかやらないかの違いだけではないでしょうか。

──いまはみんな石橋を叩きすぎてなかなか渡りませんが、落ちても泳げば大丈夫ですね。失敗を恐れずに挑戦していけることが建築家として、自分の看板を背負うためには必要ですね。

飯塚:そういう意味では隈事務所は入れ替わりが激しく、身近に独立をした先輩や独立を志す同僚がいたので励みになりましたね。このような節目のタイミングで10年前の自分を振り返ることができてよかったです。

取材:(書籍班)沢田・辻、光嶋裕介

飯塚哲平
STUDIO JUGGERNAUT共同代表。1987年生まれ。2011年早稲田大学創造理工学部建築学科卒業。2013年米国ヴァージニア大学大学院を修了後、スイスのHOSOYA SCHAEFER ARCHITECTS、隈研吾建築都市設計事務所を経て、2019年よりニューデリーと東京の二拠点で設計活動を行う。

学生実行委員企画02

100選選出者アンケート

100選に選ばれた学生たちはどのように作品に向き合い、
また建築新人戦に向けて準備をおこなっているのだろうか。

1：応募のきっかけ

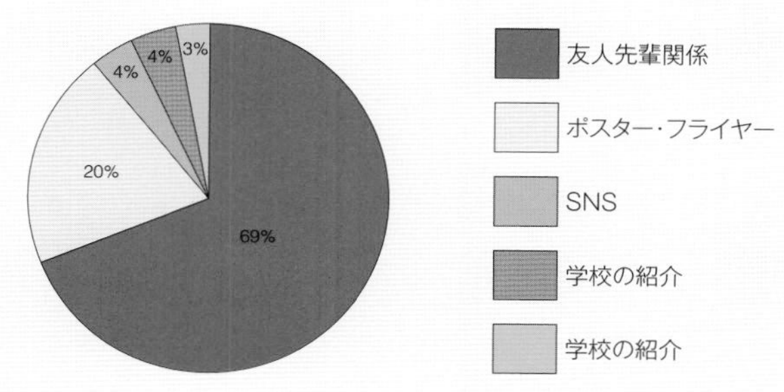

2：作品の満足度

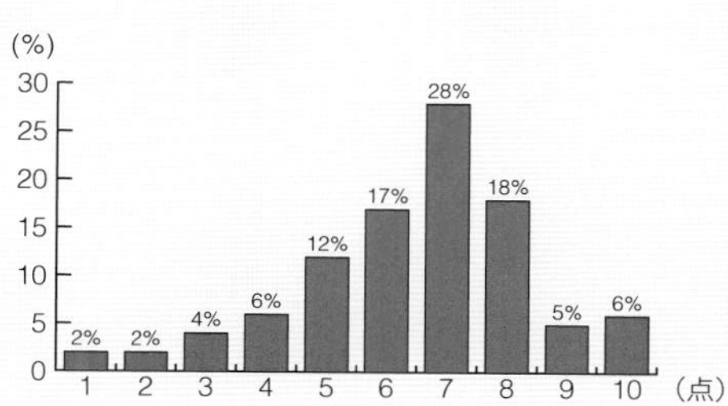

3：作品制作時間

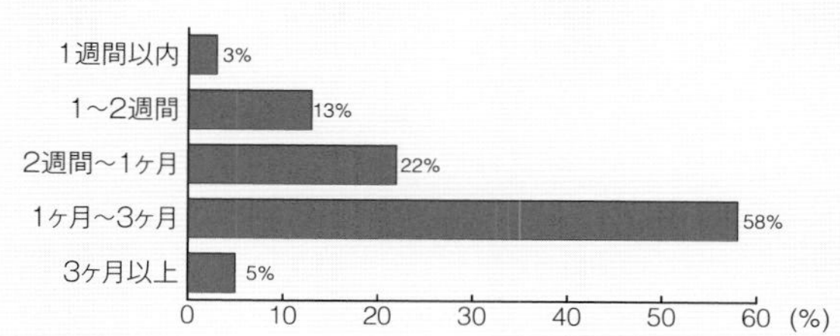

4：過去に参加したコンペの回数

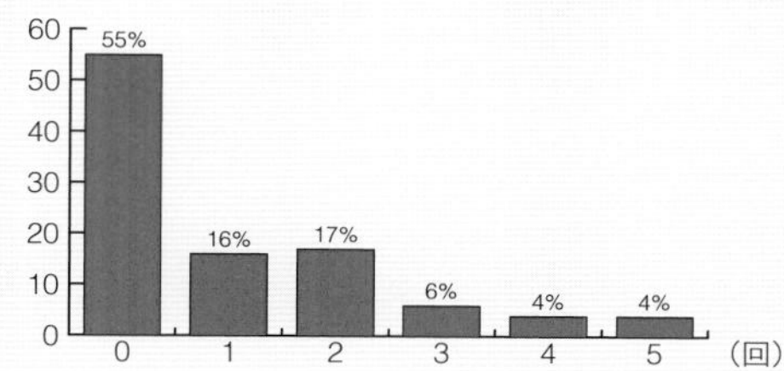

5：自分が感じた学校での評価は？

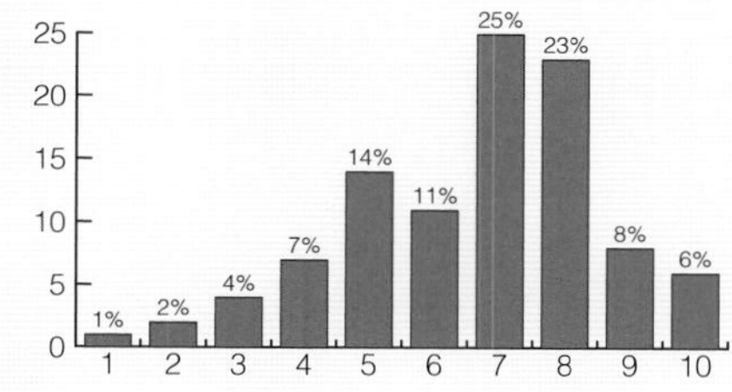

6：模型制作費

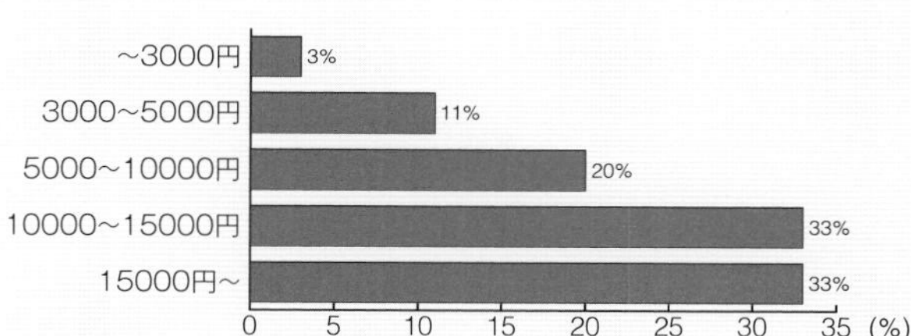

7：使っているCADソフト（複数回答）

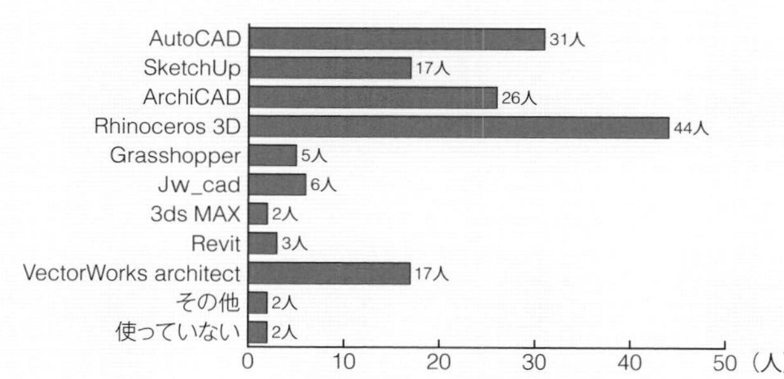

8：希望進路（複数回答）

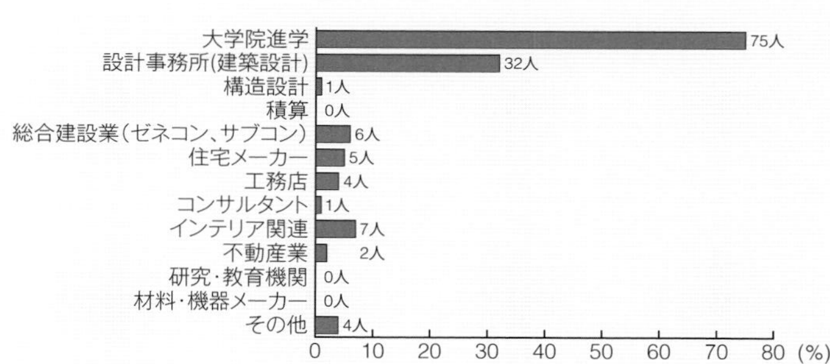

建築新人戦2019
大会データベース

建築新人戦2019

■サブタイトル
「紡ぐ」

■応募概要
登録期間: 2019年6月1日(土)~2019年8月3日(土)
提出期間: 2019年8月6日(火)~2019年8月7日(水)
応募資格: 4年制大学·3年制専門学校: 3年生まで(3年次の前期までの課題作品)
短期大学·2年制専門学校: 2年生まで(2年次の前期までの課題作品)
短期大学専攻科: 1年生まで(1年次の前期までの課題作品)
高等専門学校: 4·5年生(4年次から5年次の前期までの課題作品)
以上の全国の建築学生が対象。※グループでの参加は不可。※1人1作品まで。

■展覧会
来場者数: 約800人
会　期: 2019年9月20日(金)~9月21日(土)
会　場: 梅田スカイビルタワーウエスト3階

■一次審査(100選選出)
日　時: 2019年8月9日(金)
会　場: 総合資格学院 梅田校
応募登録者数: 841作品(応募大学: 99校、応募都道府県: 34)
審査作品数: 553作品
審査委員: **光嶋 裕介**(光嶋裕介建築設計事務所·神戸大学 客員准教授)
芦澤 竜一(芦澤竜一建築設計事務所·滋賀県立大学 教授)
倉方 俊輔(大阪市立大学 准教授)
小林 恵吾(設計事務所NoRA·早稲田大学 准教授)
白須 寛規(design SU·摂南大学 講師)
前田 茂樹(GEO-GRAPHIC DESIGN LAB.)
山口 陽登(株式会社YAP 一級建築士事務所)

■二次審査·公開審査
日　時: 2019年9月21日(土)
会　場: 梅田スカイビルタワーウェスト3階ステラホール
審査委員: **平田 晃久**(平田晃久建築設計事務所·京都大学 教授)
光嶋 裕介(光嶋裕介建築設計事務所·神戸大学 客員准教授)
金野 千恵(teco)
藤原 徹平(フジワラテッペイアーキテクツラボ·横浜国立大学大学院Y-GSA 准教授)
森田 真生(独立研究者)

■主　催: 総合資格学院
■特別協賛: アーキテクツ·スタジオ·ジャパン株式会社

100選 選出者紹介

凡例
ID・氏名／所属大学・応募時の学年
作品タイトル
コンセプト

0001　力安 一樹 ／ 近畿大学・3回生
匣 ～保存の作法～

過去は過ぎ去るのではなく、私たちから隠れているだけ。見えないだけで刻々と蓄積されてゆく。蓄積された過去により生まれた場所性とそれに呼応して生まれるアート、そしてそれを包む建築。この三者の関係性を探る。

0020　山根 滉平 ／ 大阪工業大学・3回生
町の中にマチを作る

この図書館は町の中に小さなマチを形成しており、人々の生活が溶け込む。柔らかな2本の曲線で人を包み込む。本棚の隙間に置かれた椅子や、室内に取り込んだ木々の下で人は思い思いに本の世界へと入っていく。

0026　宮澤 哲平 ／ 法政大学・3回生
都市はフィルムのように ―映画的建築手法で創る公共映画館図書館―

進みゆくデジタルの時代。知の集積である図書館は物語のように流動的であると考える。「出会いの知」をつくる映画的建築手法で銀座の都市を再編集し、新たな図書館の在り方を提案する。

0028　滝田 兼也 ／ 神戸大学・3回生
Mobius Wheel

クラシック作曲家、ドビュッシーのためのメモリアル。屋外の広場でミニコンサートを開催し、クラシックの音で人々を呼び込み、近年のクラシック離れを食い止めたい。また曲の分析により得られた曲の特徴をメビウスの輪を用いることで建築に落とし込む。

0033　赤嶺 圭亮 ／ 大阪大学・3回生
くぐる、感じる、息吹。

中津で感じた1つの感覚を頼りに、身体体験を軸として居場所としての場を創る。この体験の共有は恐らく意識の下で看取し得る事では無いだろう。しかし無意識の内に、中津にて日々営為を共にする共同体として互いを感じ、場の結びを再認識する事を期待する。

0039　中村 幸介 ／ 神戸大学・3回生
トーキョー・リバイバル ～東京再生～

2019年の未来都市を映画『ブレードランナー』で描いたシド・ミード氏のメモリアル空間を新宿区歌舞伎町に設計する。歌舞伎町の雑居ビル、街路空間等の既存要素をメモリアル空間に組み込み、失われつつある東京の雑多な関係性を再構築する。

0043　岡本 純佳 ／ 京都造形芸術大学・3回生
小道のある家

外と中との関係性を考えた時に目の前に公園があるなら自分のニワのような感覚でもいいんじゃないかと考え、まちに開けた家を提案し、外部空間と内部空間を曖昧にさせ、すぐに外に出れる家を作りました。

0045　竹村 寿樹 ／ 千葉工業大学・3回生
水入らずは福入らず ～水害都市における小学校の提案～

敷地は、東京都江東区の0m地帯。ひとたび荒川の氾濫が起これば敷地周辺は最大5mの浸水被害が予想される低層木造住宅街である。そこで小学校としての機能はもちろん水害から人々を守る防災拠点としての小学校のあり方から、地域に開かれた新しい小学校を提案する。

0048　藤谷 優太 / 神戸大学・3回生
with cloud.

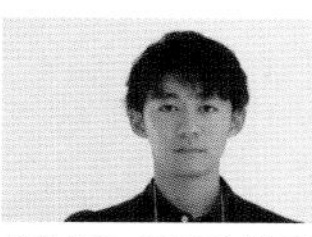

少なくなってきている子供たちの走り回れる遊び場を創出することを目的とした。保育室等の必要室内空間を格子により浮かせ、地下部分のフロアレベルも変えたりと立体的にあそびまわれる空間を目標とした。これにより大人と子供が関わりあい、いま問題となっている社会との関わりの希薄化を解消する。

0059　井上 了太 / 日本大学・3回生
DIAGONAL CHANGE

人口減少による労働力不足を背景に働き方改革が重要視されている。長時間労働の解消など形のない改善案は存在するが、形によって生まれる改善案は軽視される。そこで当たり前となった四角いオフィスビルの形状を変化させ、その形でしか生まれない働き方改革を計画する。

0070　秋田 美空 / 工学院大学・2回生
Violodge

普段の快適な環境からかけ離れた自然の中で「人間」としての自分ではなく「ヒト」としての新たな自分を見つける。普段考えることのない生きることについて考える。自然からの「生命のエネルギー＝Vitality」は人々の心に生命を宿す。そんな宿を提案する。

0072　海老原 耀 / 芝浦工業大学・3回生
知層

知層の中を掘り探す。本を読む時、自分の世界に入り込んでいくような感覚を覚える。そんな時に、どんな場所でどんな本を読みたいだろうか。賑やかさや光の高低差によって生まれる、多様で折々と変わる空間の中で、自分の読みたい本と場所を掘り探す空間体験を設計する。

0078　山崎 健太郎 / 東北工業大学・3回生
建築の抽象化

“もの”が生み出す空間の不透明性を明確にし、設計を進めることにしました。本設計では、建築空間を面的不透明性と線的不透明性に分けて考えることとします。角度や人々の活動によって空間の不透明度は風景としてどのように移ろいでゆくのかということを考えました。

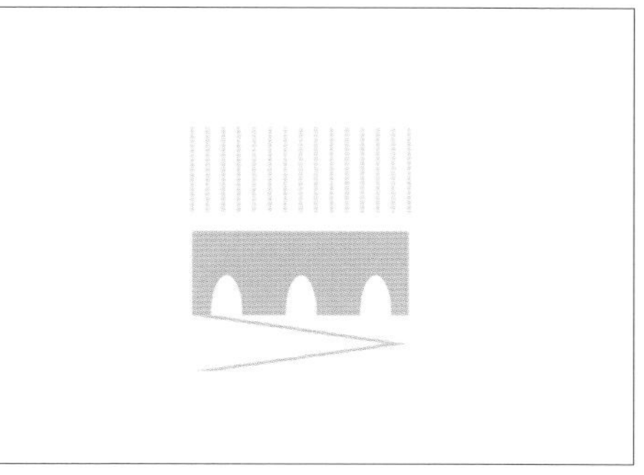

0089　原 和暉 / 愛知工業大学・3回生
DOMINO MUSEUM群像劇「ドミノ」の空間化

恩田陸「ドミノ」が言及したことは、街中の人々は無機質な背景、人格のない群れではなく、みな感情を持った人間だ、ということの再認識であり、今の日本の都市への皮肉だと考え、本提案では都市の人のふるまいを建築内部へ呼び込み、繋がる瞬間を設け、ドミノをさせる。

0109　夏目 亜利紗 / 大阪工業大学・3回生
little forest

街の中心となるこの小さな森のような図書館には多くの居場所が存在する。図書館としての機能を果たす上に、公園、休憩所、コミュニケーションスペースなど多くの役割を持ち、地域の人々の生活に溶け込む。

0116　太田 大貴 / 立命館大学・3回生
縁 ～活動溢れる中間領域～

多様化した子供と老人の交流を受け止め促進する装置として縁側を用いる。縁側の受容力で幼と老の交流をまとめあげ、建築の内と外を曖昧に繋ぐことで、アクティビティ・コミュニティ・文化の伝承の場・地域との関わりの場としてこの施設に価値を与える。

0127　逆井 美紅 ／神戸電子専門学校・2回生
not fixed apartment

気に入らなかったら、次の場所へ移動する。「ゆるい」集合住宅。

0149　前田 汐理 ／武蔵野美術大学・3回生
縫い道

隣家に挟まれた鰻の寝床の敷地に、私はこのジグザグと縫う空間を考えた。光、風を取り込みつつ隣家の窓を避け、縫うように進むこの空間は、斜めに入る壁が構造を強め、且つ中と外が交互に現れることで外壁が内壁として見えてくるなど、新しい発見につながった。

0157　神笠 莉子 ／安田女子大学・3回生
mush-room

プライバシー重視の考えが行き過ぎて人間関係が閉鎖的になってしまいがちな現代の集合住宅で、「人々が集まり支えあう中で暮らしの空間が生まれる」ようなプランを提供する。機械的ではなく、有機生命体的に溶け合うような"キノコ"からヒントを受けた空間作り。

0161　松本 玖留光 ／早稲田大学・3回生
東京の時間軸〈所蔵の塔〉

東京の要となる4つの地域が平面状に交わる交差点。ここに東京の時間軸となる美術館を設計した。この美術館では所蔵庫をガラス張りのエレベーターと階段の間に配置することで浮世絵だけでなく東京の歴史などを所蔵しながら展示することができる。

0182　平山 龍太郎 ／名古屋工業大学・3回生
終わりを迎えるための減築 ― 生まれる都市のヴォイドと残るモノ ―

高度経済成長期に建てられたビル群が約50～60年の歳月を経て終わりを迎え、更新されようとしている。減築する終わりの形式を都市の新陳代謝に組み込むことによって、都市のヴォイドを形成していく。余白によって繋がる建物・人・モノの関係を構築する。

0198　松原 成佳 ／大同大学・3回生
アートを紡ぐ

ここは、来訪者が「アーティスト」となり、美術の価値やレストランの文化を生み出す。そして人々がアーティストとなるため時間とともに、そして人の流れとともに、作品が出来上がる。そのため、いつでも出会いのきっかけとなり新しい発見につながる。

0220　加藤 邦望 ／東洋大学・3回生
繕いの場 ―文化から紐解く川越更新計画―

現在の川越では蔵造りの形態のみを継承し、培われてきた時間を断絶する改修が行われている。そこで日本固有の"繕いの文化"に着目し、そのプロセスを踏襲した改修方法「＝繕いの手法」を提案することで、歴史の継承と時間軸の可視化を行い、新たな街の姿を構想する。

0223　加藤 亜海 ／神戸大学・3回生
裏表をつなぐ ―清川あさみミュージアム―

清川あさみは、物事の表裏を貫き、糸を通して刺繍を施すアーティスト。この美術館は、コードをもつ3つの帯が複雑に重なり合ってできる曖昧な空間を利用し、彼女の作品を魅せる。同時に、彼女を育てた淡路島のコミュニティに寄り添う、新しい美術館の在り方を提案する。

0227 秋山 宏介 / 神戸電子専門学校・2回生
具現化するSNS

SNSを基軸とし既存の集合住宅で希薄となっているコミュニティの回復に着目したものである。

0234 澤田 恒希 / 日本工業大学・3回生
杭柱

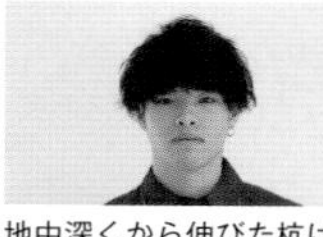

地中深くから伸びた杭は神楽坂に混在する多様なスケール感を抽象的に捉え、様々な空間を明確に作り出すのではなく、その人の動きや使い方、また移動するルート、視線の運び方によってスケール感が変化する、そんな建築を作り出す。

0237 周戸 南々香 / 京都大学・3回生
交響的高架楽堂

本設計は音楽堂を高尚なタテモノからより人間の素朴な生活に接近した音楽の場とする。日々を生きる人間の熱情から自然発生的にステージが、そしてホールができる。音は生活の中に溶ける。

0265 掛布 竣也 / 名古屋工業大学・3回生
堀城橋 ～HORIJOUBASI～

名古屋城を取り囲む堀は用途を失い、過去に取り残されている。人と城との関わりを隔てるこの場所に、人と城の接点となる拠点を計画した。名古屋城と名古屋の街をつなぐ橋としての機能を持ちつつ、名古屋城と堀の魅力を感じられ、人の活動が溢れる城を提案する。

0286 寺西 遥夏 / 横浜国立大学・3回生
芸術アカデミーの庭 ―私と前川國男の対話による紅葉ヶ丘文化エリアの再構築―

前川國男が設計した神奈川県立音楽堂および図書館、劇場を含む文化施設にそれぞれアカデミックな空間を付加することで芸術アカデミーとして再構築する。前川國男の平面計画を再読し、エリア全体の計画に応用することで新旧の空間の調和とエリアの一体感を生む。

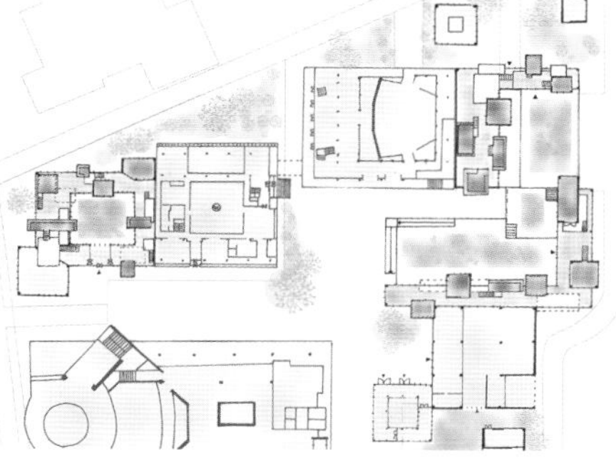

0296 三谷 啓人 / 近畿大学・3回生
相和 ―対が織り成す空間―

本案では、相対するものがもつ多面性を利用して、シンプルな要素で不均一かつ複雑な空間を創造することで、非日常を楽しめ、かつ、それぞれの現代美術品に込められた社会的な背景や複雑な理念について、思索に耽ることができる空間を計画した。

0297 飯田 夢 / 法政大学・2回生
空間を折る

屋根の様々な振り方によって生まれる、園児にとっての空間や、地域の人にとっての空間がこの設計の主となる。このように屋根を折る、平面を折るなどの操作が「空間を折る」である。

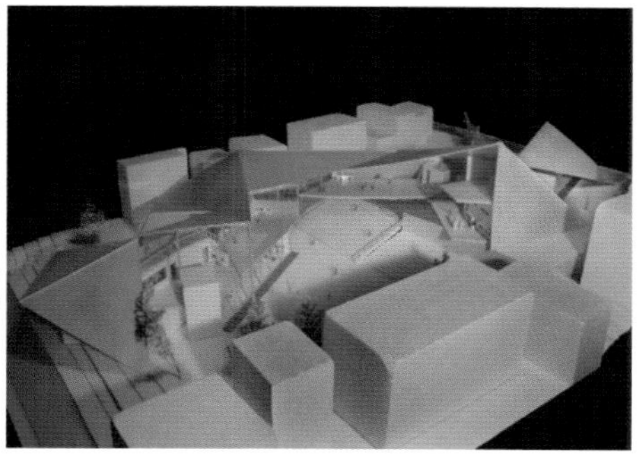

0298 川島 史也 / 京都府立大学・3回生
子どもの村小学校

かつてこの土地にあった寺子屋での自由な学びを参考に、各学年による発達段階に合わせた新しい教室の形式へと再構成する。地域の共同体の延長線上にあり、子どもたちが第二の家としての教室に愛着を持つことができる、一つの村のような小学校を計画する。

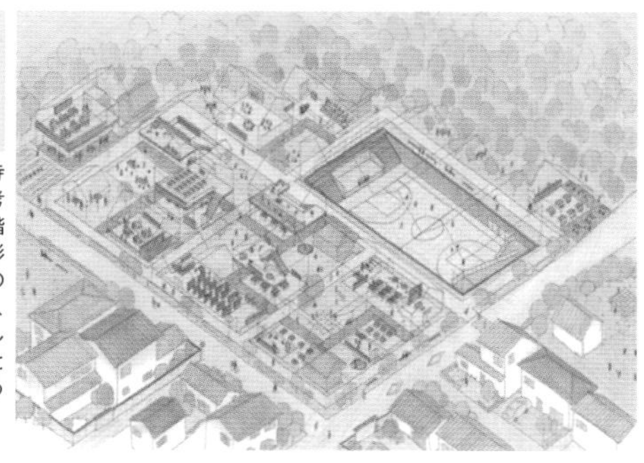

0302 今津 唯登 / 近畿大学・2回生
山と人の記憶の螺旋

内部の螺旋と外部の螺旋。螺旋が重なることで、内部と外部を断片的につなぐ。そのつながりにより、個室以外の「居場所」が生まれる。私は今回、居場所であるが常に家族とつながっている住宅の在り方を提案する。

0303 加納 健一 / 名古屋工業大学・3回生
return to the ground. ―建築が土地に還るとき―

その土地のディティールとなる建築を設計する。そのためには、敷地を肯定しその土地が持つポテンシャルに寄り添わなければならない。そこで、建築を構成する梁・屋根・瓦に自然が介入できる余白を設計し、不完全な建築をここにつくる。

0304 西 那巳子 / 早稲田大学・3回生
学生自治の第二の大隈講堂

早稲田大学にある大隈講堂は、早大生にとって象徴的で神秘的な建物である。その大隈講堂をより身近に感じるための「第二の大隈講堂」を設計し、学生自治としての劇場運営システムを構築する。早大生の自主的かつ主体的な協議・意思決定・実施をすることが期待できる。

0307 井口 翔太 / 神奈川大学・3回生
捲り巡る学び舎 ～居場所となるたくさんの小さなカタチを持つ回遊型中学校の提案～

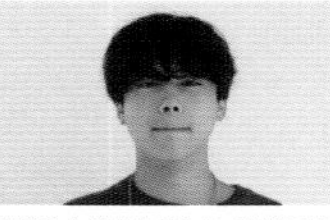

現代の中学生は忙しい。朝練に始まり、授業を受け、放課後に部活動を勤しみ塾へ向かう、そして眠りにつく。従来の閉じた教室空間や、断絶した棟ではなく大きな学校という領域を巡ることで、他者との関わりを生む。様々な居場所のカタチが自分のお気に入りの場所を生む。地域との柔らかい関わりが、中学生に自由をもたらす。そんな、柔らかい領域を持つ学び舎の提案である。

0311 大塚 竣揮 / 名古屋工業大学・3回生
Skeleton Village ～巨大な壁からの脱却～

住民だけでなく地域の人々にも圧迫感を与える巨大な壁から脱却するため「スケルトン建築」を提案する。これにより、開放的で立体的集落のような集合住宅となるであろう。

0383 野田 夢乃 / 早稲田大学・3回生
表裏一体を獲得する

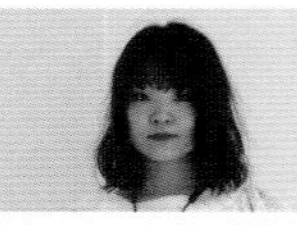

まちの人の表現の場としてひらかれた劇場とは、訪れるすべての人が劇場にとっての主体と客体どちらにもなり得る場所である。観客と表現者の双方が互いに発信する側とも受信する側ともなる要素をもつ空間。その表裏一体性を、傾斜地を活かし建築化することを試みる。

0385 柴田 美緒 / 東京都市大学・3回生
渋谷街路的空間 ―混在する要素から生まれる新たな教育の場―

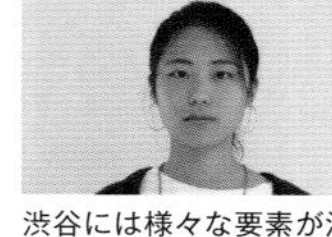

渋谷には様々な要素が混在し、それらは互いに干渉し合い雑多な街を形成する。それが渋谷らしさだ。変化の街である渋谷で変わらないものである路が渋谷らしさを生み出す。それをキャンパス内にも取り入れることで個々の空間は独立したものでなく、より多様なものとなる。

0389 岡田 真紀 / 東京工業大学・3回生
color of place

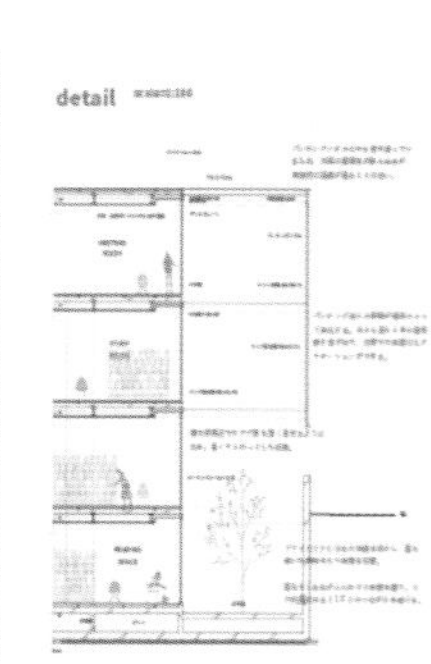

「公共の場」という空間はたくさんの人の居場所があったらいいんじゃないかと考えた。その一つの手段として私は一つの敷地に出来るだけたくさんの空間を作ろうと思った。本を媒体に人々がここで居場所を見つけ、地域の人々が集まり拠点となるような空間の設計を試みた。

0390 小林 龍弥 / 日本大学・3回生
Gap ～ずれによって生まれる空間～

この作品は大きさの違う立方体がそれぞれ地面を基準として3次元のレベルでずれています。立方体のずれによる空間の強弱や演出、採光に注目してください。

0394 西村 琢真 / 芝浦工業大学・3回生
森に宿す

集まって住むことは他者との距離を縮め、親密なコミュニティを築くことができる環境であるべきである。そのとき建築は空間を囲いとるのではなく、樹木のように他者を受け入れ周辺環境とシームレスに繋がっていくようなものが良いのではないか。敷地である佃の地域性と樹木の持つ要素を用いて森のような集合住宅を提案する。

0398 大沼 聖子 / 早稲田大学・3回生
まちに溶ける劇場

神田川沿いに、散歩をするまちの住人のための劇場を設計する。敷地は、自然と人工の境界に位置するため、劇場によってこれら二つが溶け合い、住人が無意識のうちに劇場の内外、緑と都市の間を行き来し、劇場空間がまちの中の道として機能することを目指す。

0424 関根 大輔 / 日本工業大学・2回生
壁間から抜けていく空間

近所の人たちが気軽に立ち寄れる場所になっていて、勉強をする場所、走り回ることができる道、ゴロゴロと横になったりと休める空間など、町の人達の自由な空間場として使いながら住人の生活空間を感じることもできます。そして住人は町の人達との交流を感じながら生活することができます。

0455 田上 源士 / 名古屋工業大学・3回生
Space Exploration

名古屋の街を歩く人たちは街の中心に立つ建物の大きなスケール感、人と人がすれ違う小さなスケール感をつかめているだろうか。視覚、聴覚による空間認知のズレ、ギャップはないだろうか。名古屋の違った一面を発見し空間認知能力を刺激するような空間を提案する。

0467 比嘉 七海 / 大阪工業大学・2回生
イデア

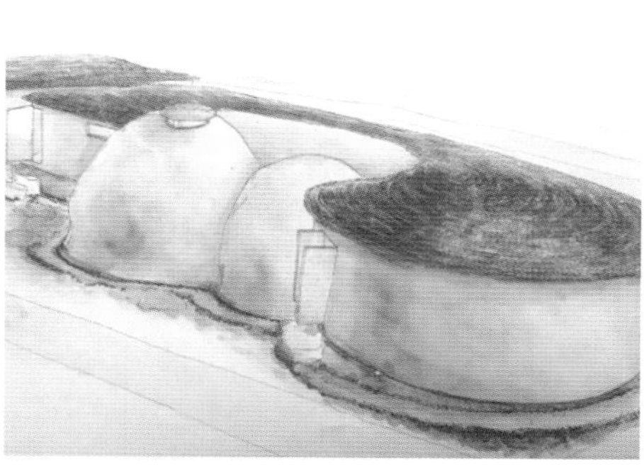

多様化社会において人々の考えを尊重するには物事について知り、考えることが大切である。そこで、思考の芸術家であるマルセル・デュシャンの作品を通して考えることを楽しむことができる器を設計する。思考することの大切さを再認識できる。

0472 小原 寛史 / 慶應義塾大学・3回生
物騒とした蝮谷を建築で照らすことで人が繋がり生活をより豊かにする

分析を通して大学の入り口とそれに続く道が1つに防犯上の問題、2つに研究、スポーツ、地域の関係を分断させてしまう問題を抱えていると考察した。この入り口と道を適切にデザインすることで安全面の問題解決、新たな3者の関係を築くことでの価値創造の2点を目指す。

0480 小竹 隼人 / 芝浦工業大学・3回生
昔ばなしと美術館 ～縫い合わせ的部分コンバージョンの提案～

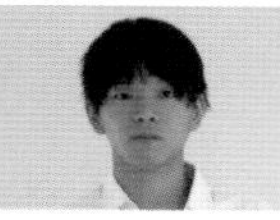

住宅の使われてない場所を部分的にコンバージョンした作品。学生がここで住みながら作品を作り、見せる。既存住宅の老人は生きがいとなる繋がりができ学生は既存の町に下宿するように住む。ここに外部の人が入り込むことで町は活性化し学生がバトロンと出会う場となる。

0491　安達 慶祐 / 東洋大学・3回生
多元的世界の再構築 —Philosophy and Architecture—

哲学者である井上円了は哲学を基礎から布教するために77場を哲学堂公園につくった。この公園に哲学者の博物館を設計する。77場の概念からモンタージュされた展示空間構成や動線は人々を日常(一元的世界)から哲学の世界(多元的世界)に誘うのである。

0493　長岡 杏佳 / 法政大学・3回生
ときに繋がれ、ときに区切られ

各階を繋ぐ従来の階段にユカ、カベの役割を加えた新しいカイダンを提案し、壁とカイダンを隙間を空けながら配置することで、同一の空間が歩きながら本を探す繋がる空間とイベントなどを行う区切られた空間の二つの見え方がつくられ、時と場合によって使われ方が変化する。

0495　吉田 悠真 / 大阪市立大学・3回生
～隠顕的空間線描による創造性～

彫刻家稲葉友宏のための美術館。彼が行う空間にドローイングするという行為を建築全体で表現する。それにより、人、アート、美術館が流動的に可視化、不可視化を繰り返し、アメリカ村という空間をドローイングしていく。

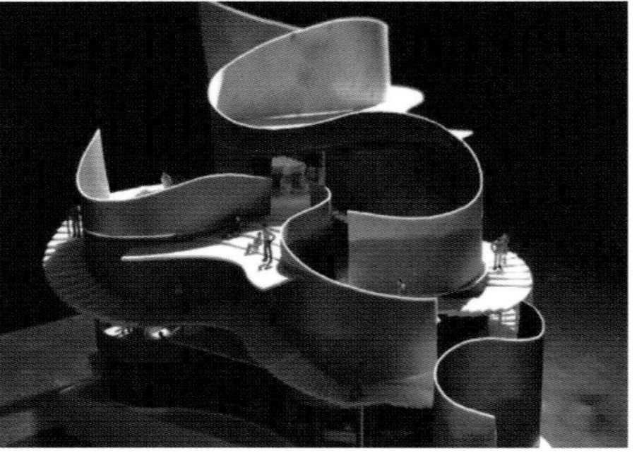

0505　竹内 渉 / 名古屋工業大学・3回生
まちを貫く憩いの隙間

名古屋中心に位置する対象敷地は各階が狭く高層のビルが密集しているため各階・各ビルのアクティビティが閉じられている。この問題を解決するために、密集して建っているビルを繋ぎ、それらを繋ぐヴォイドを設ける事で各ビルの機能が動線的・視線的に繋がるようになる。

0508　箭内 一輝 / 芝浦工業大学・3回生
重なり合う葉の回廊

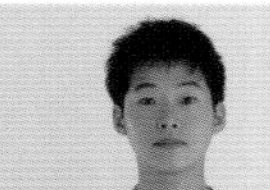

「図書館では静かにするものだ」。この考えは人々の活動や交流を妨げていると考え、「賑わいが続く図書館」を提案する。動線化した読書空間がつながりあい、周囲の環境に即した目的空間へと辿り着く。やがて清澄白河に点在する活気は混ざり合い化学反応を起こしていく。

0511　髙橋 昂大 / 近畿大学・3回生
光の動線

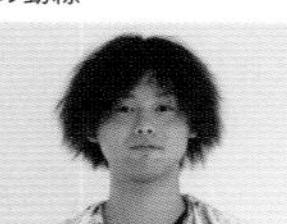

光によって動線を作り出す美術館を設計した。光にはモノの見方を変えたり、人に感動を与えることができる。建物全てをルーバーで作り上げることで光を操作し、それを可能にした。芸術家の作品だけでなくこの光によって完成するこの建築も一つの芸術作品である。

0531　甘中 円雅 / 近畿大学・3回生
年輪

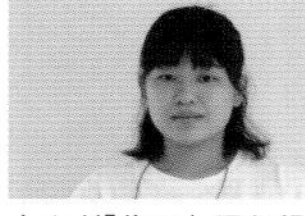

人々が「集い」、同じ場所で「住まう」ことが集合住宅の存在意義であると考える。近年、近隣住民や住戸内での会話もなくなり、閑散とした集合住宅が増加している。そこで、壁の形態を変えることで新たなコミュニケーションをとることが可能な集合住宅を提案する。

0536　増田 耕平 / 近畿大学・3回生
供存し、供感す

一人や身内だけで生活していくのではなく、他人から受ける刺激を積極的に生活に取り入れ新しい暮らしを実現する集合住宅。

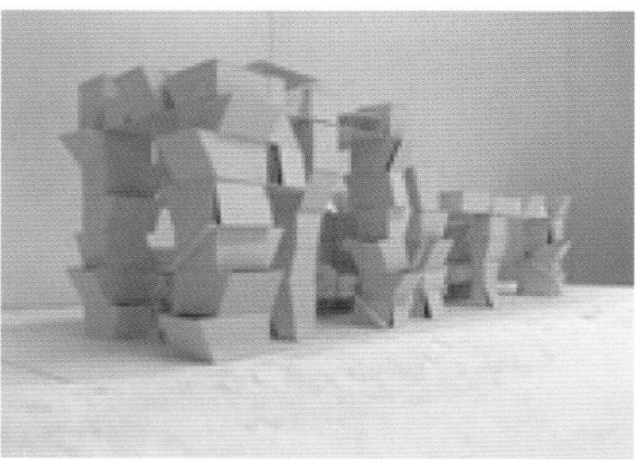

0538 原田 隼 / 近畿大学・3回生
"潜„から生まれる場所

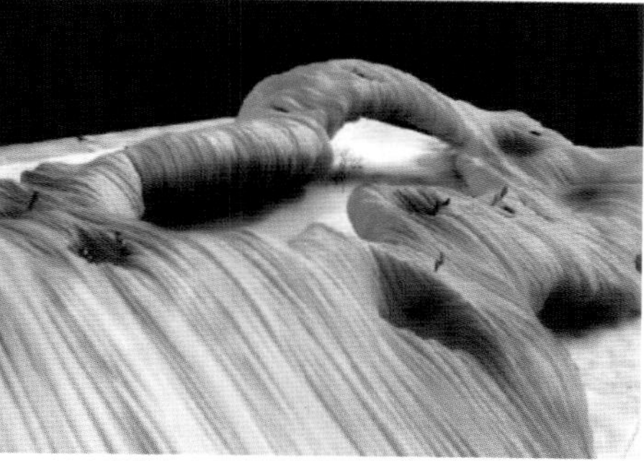

作品を鑑賞する人・しない人、それに関係無くさまざまな目的で訪れてほしいと考えた。憩いの場や、あらゆる観光地への導線をもとに設計することによって、美術館が作品を鑑賞するための場だけでなく、安らぎの場・交流の場、つまり都市のオアシスとなる存在になる。

0551 谷本 かな穂 / 近畿大学・3回生
一目散から散歩へ

せかせかと目的へと一目散な日々。目的と目的の間は空白である。"一目散"な日々に"散歩"から導く空間体験を考える。ぶらぶら歩いたり、ふと佇んだり、少し寄り道したり、なんとなく向こうに意識を向ける空間が散歩をするようなゆったりとした時間の流れを生み出す。

0556 林 駿哉 / 大阪市立大学・3回生
fall × produce × lead

自然光が繋ぐ空間では管理された都市の空間とは違い、季節や日々そして時間ごとに雰囲気が変動する。人工照明にない光の微妙な変化やその都度生み出される雰囲気の違いの中で自分の気分や用途、性格から自分に合った居場所を探し、自分独自の本との向き合い方を探す。

0585 竹田 稔幸 / 大阪市立大学・3回生
思考への旅路

現代のホワイトキューブ・ミュージアムはアートの発信の場としての機能は十分に満たしているが、受信の場としては不十分である。新しい現代美術館はアートの受け手である鑑賞者にアートが伝わる場であることが求められるだろう。

0592 中野 慶仁 / 東京都市大学・3回生
多中心立体放射空間

人の溜まり方を形式化し、大学院の機能と溜まりの「カタ」を合わせたもの一つ一つを中心に、放射状に空間が広がっていく。大学院の建築教育における積層建築の新たな空間の提案。

0595 神林 慶彦 / 日本大学・3回生
とけあう岩礁

海に開けた街における水生生物を生きたまま展示する水族館。そこで私は人が海に近づくことが大切であると考えた。そのため、自然界の「岩礁」に注目し、陸と海の境界をなくす様々な空間の連なりを生む水族館を提案する。

0654 櫻井 悠樹 / 早稲田大学・3回生
反り立つ広場を持つ劇場

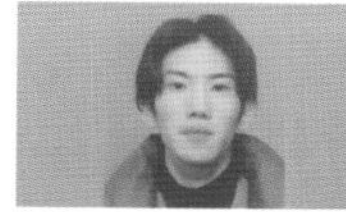

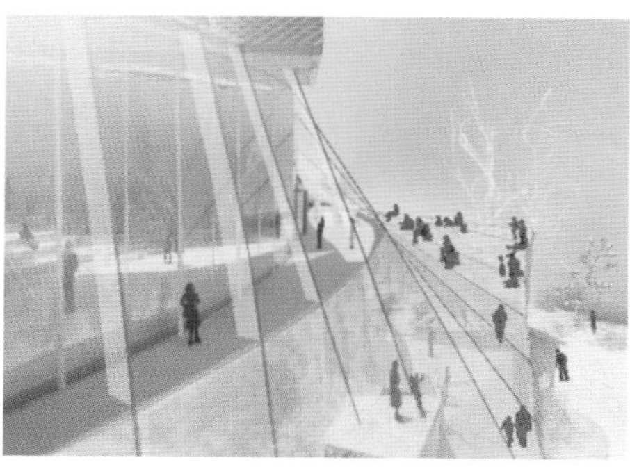

古くから街の中の劇場的な場の代表は広場であった。目白大地の傾斜地に合わせて、反り立つ広場を持つ劇場を設計することにより、江戸川公園に横断的な人の流れを生み出すと同時に、人々のアクティビティが収斂し、街に映し出されていく劇場を構想する。

0660 前田 稜太 / 神戸大学・3回生
Genealogy ～名和晃平のメモリアル～

名和晃平の作品の一貫したコンセプトである「Cell」の概念を敷地情報とともに再構築し建築に落とし込んだ。北側に御所、南側に幼稚園があるが、その2つの特殊な要素を敷地に取り込む。今回は「Cell」の持つ様々な要素のうち、特に「成長」に主眼を置き建築を考える。

0662　山口 真奈美　/ 大阪工業大学・3回生
Whirl

大きな広場の木漏れ日の中に心地の良い場所を見つけたひと時を楽しみ、従来の積層建築におけるコアのあり方を変え必要に応じた自由自在な空間を作る。梅田に大きな渦を巻きおこす人の流れと、自由な居場所を作り、移り行く自然と人を結ぶ都会のオアシスとなる庁舎へ。

0667　山内 峻平　/ 東京電機大学・2回生
開錠の森図書館

現代の図書館は「森」であるべきではないだろうか。インターネットが普及し簡単に調べ物が出来てしまう今、図書館は機能だけではいけない。従来の本が整然と並んでいる図書館ではなくぶらぶらと歩くうちに発見にであう場所、新しい世界の扉を開錠する図書館を提案する。

0681　酒井 賢一　/ 東海大学・3回生
価値の還元

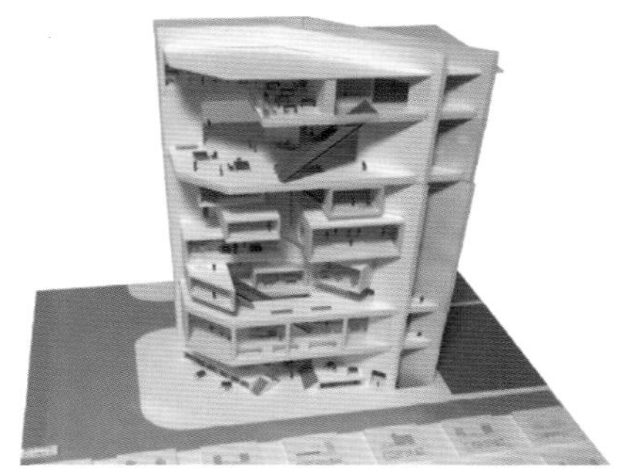

銀座。この言葉を聞くだけで高級なイメージが膨らんでくる今日。銀座がブランドの街として知られていくことで本質的な街の魅力に異なる仮面が被さってしまった。この施設に訪れた人々に対してその仮面が少しでもずらしてみえるような建築の提案を行う。

0706　雨宮 巧　/ 東海大学・3回生
弓矢の杜

アーチェリーは世界中で親しまれているスポーツだが、日本では弓道の方が親しまれている。そこでこの二つを「見て」「体験して」、文化に触れ「比較」ができる施設を提案する。凹凸のある空間を巡っていく中で交流が生まれ、互いの文化を知るきっかけになると考える。

0747　宮川 詩布　/ 名古屋工業大学・3回生
移りゆくナリカタチ

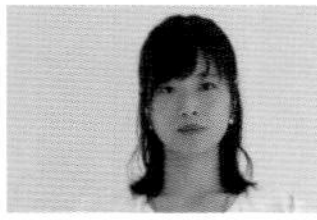

日常では踏み込むことのないお堀の中に入り込み、普段とは違った目線から自然の美しさを感じ取る。一年を通して変わりゆく土地の植物により、この建築は覆われ、その姿を変えてゆく。

0664　松葉 大吾　/ 近畿大学・3回生
UPLIFT

UPLIFTは"地形の隆起"と"感情の起伏"を意味する。地盤の隆起から生まれた空間には様々な高さ、広さ、明るさがあり、この空間の変化から人々の様々な動作が生まれる。動作に従い人々の感情は「高揚、不安」などの要素を持つ。即ち、地形のUPLIFTが人々の感情にUPLIFTをもたらす。

0674　柴田 章一郎　/ 名古屋工業大学・3回生
信号を用いた新たな展示方法とそれに伴う空間体験の提案

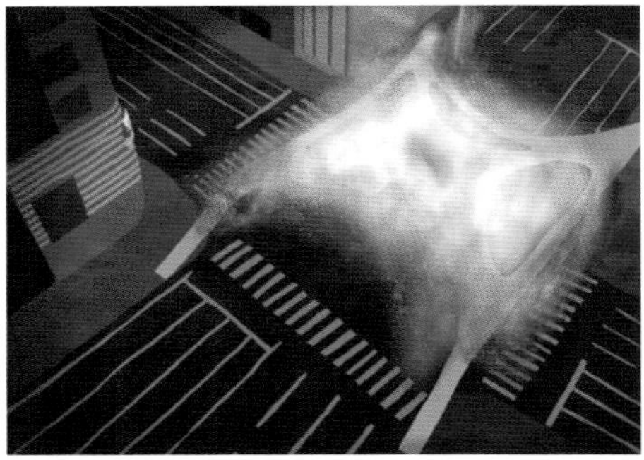

グリッド状に大通りが通っているという栄の特徴を考慮し、信号をアートの展示場として利用することで、不特定多数の人々の日常に自然とアートが入り込んでいく、特定の人々しかアートに触れることのできなかった従来の展示方法に代わる新たな展示方法を提案する。

0697　森元 英里奈　/ 安田女子大学・3回生
音楽と棲む

音楽が好きな人のために、様々な音楽に関する施設を入れ込んだ集合住宅。日常の生活の中に音楽が溢れ、この集合住宅に棲むことで今まで触れる機会のなかった新しいジャンルの音楽に出会うことができるような住宅を目指し設計した。

0740　園部 裕子　/ 名古屋工業大学・3回生
植物が住む集合住宅 ―植物のために設計した建築が人々に与えるもの―

植物のために設計した形が人間に与えるものは何だろう。植物と人が支えあい、同じように生きる空間、それは植物と人間のコミュニティ。庭が人と人を繋ぎ、コミュニティを作る。都会の賑わいが交わる場所にある緑に包まれた憩いの場は100年先も植物と共に生き続ける。

0788　長田 遥哉　/ 神戸大学・3回生
Contour cafe ～街で育む子育ての巣～

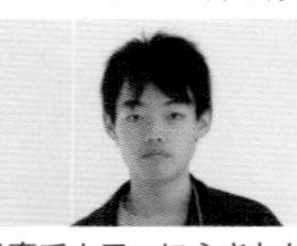

子育てカフェにふさわしい空間とは？ボリュームを層にすることで、内部空間の豊かさ、ことさで空間に要求される見通しの良さ、人々の関わりが生まれる透明感のある空間を目指した。そして大通り・河原の賑わいを取り込みつつ、子育てのプライベート性を守ることを意識した。

0792 森田 雅大 / 千葉大学・3回生
umbrellas in city

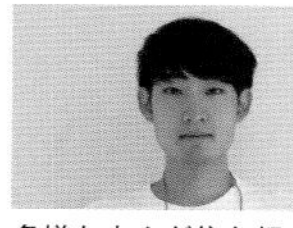

多様な人々が住む都市部において求められるのは、付かず離れずの適度な関係。「目が合わず、距離を保ちつつ、周囲と関わりを持つ」という傘の空間性は、都市部の集合住宅に求められる空間性と一致するのではないか。

0804 小林 奈央 / 京都府立大学・3回生
Mingle

各住戸は横にも縦にも広がり、同フロアの住人とは"お隣さん"の関係となる。そうして繋がっていくと、全体が"お隣さんのお隣さん"の関係で結びつく。また、用途自由な独立個室や共有テラスを作り、建物全体を、皆が親しい場所として感じられる集合住宅を提案する。

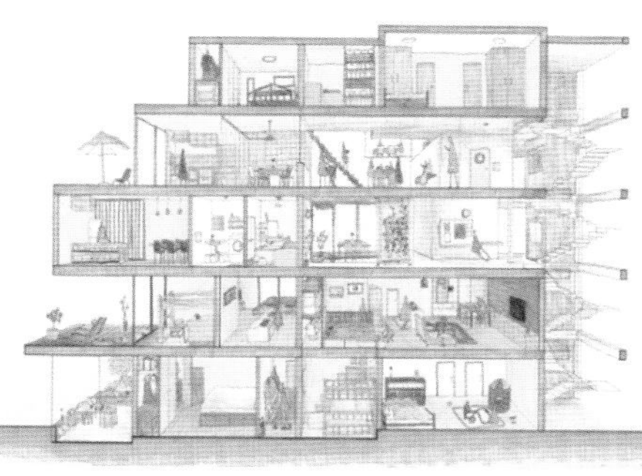

0810 瀬谷 祐人 / 法政大学・3回生
知覚網立体

暮らし方の変化するこれからに必要なのは、柔軟であり強すぎず弱すぎないネットワークを生み出す住まいだ。ブロックを切る・ずらすことで何通りもの他者の存在・活動を知覚させる"ヌケ"が生成される。それが暮らす人・訪れる人を網のように繋いでいく。

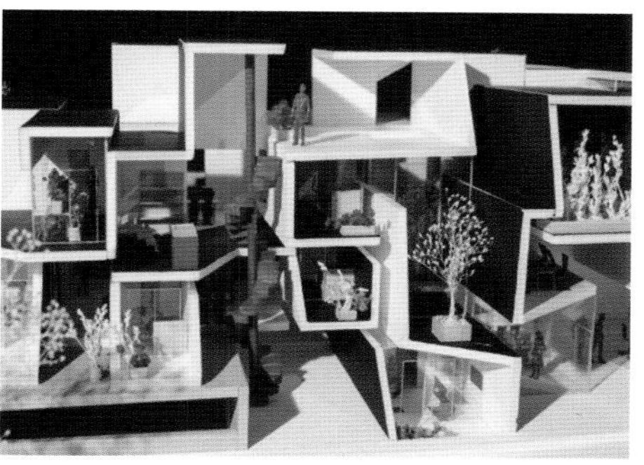

0817 近藤 宏樹 / 名古屋工業大学・3回生
OPEN ～密室的住環境を打破する開く建築。住民間での経済を生み出す集合住宅。～

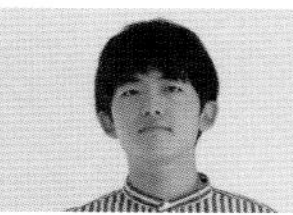

現状の密室型住戸プランに対し、小さな集合住宅の集合体とし公共の廊下から各共有スペースを見せる。個人の生活よりも住民の趣味や個性がみえる活動を見せ合うことで住民間の活動を生み出す集合住宅の提案。

0831 谷 俊栄 / 名古屋工業大学・3回生
都市の内臓

私たちの生活を支える様々なインフラ。現代になると機能性を重視するあまり都市の奥へ。と同時に人は都市の成長や自然の広がりを感じづらくなり、表面上だけの都市を知ることになった。都市の内臓を顕在化させることで、"本当"の都市を再考させる。

0833 坪田 怜子 / 早稲田大学・3回生
坂が生み出す劇場

「見る・見られる」の関係が生じる坂はそれ自体がひとつの劇場である。そしてその関係は坂を歩くことで絶え間なく変化し、様々な物語がうまれる。そのような坂を軸にし、傾斜地である敷地に、分断された上下の地域を結ぶような劇場施設を設計した。

0842 松野 泰己 / 立命館大学・3回生
食と学びの環形

保育所、児童館、老人福祉センターは家族から離れた環境下である。そこで互いの施設を学びと食で支えあう複合施設を提案する。また、その生活感を動線とともに感じ取り、そこから学びも生まれる施設を計画する。

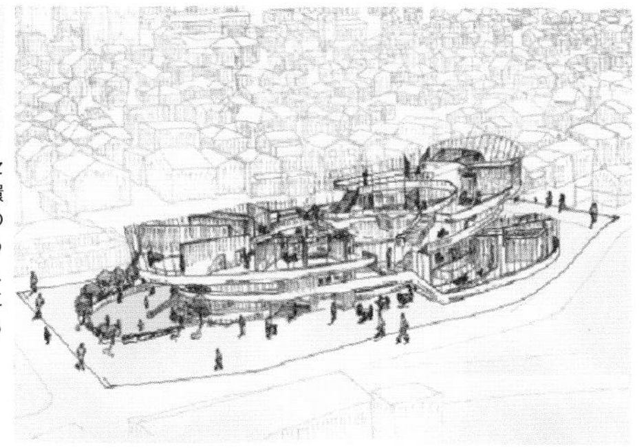

0845 豊田 遼夏 / 東京電機大学・3回生
繋がる切り妻屋根の小学校

人にあってAIにないもの好奇心と創造力を育てる。そのために回遊性のある空間の中に桜の花びら、雪などの自然を取り込む。これらの風景を美しく強調するため和風のファサードや滑らかな曲線を描く屋根を用いる。

0859 川崎 玲央奈 / 立命館大学・3回生
紡ぎ紡がれ、積み積まれ ── 成長のカケラ探しの旅 ──

異なる曲率の3用途の糸が紡ぎ合い、帯となって積み上がることで建築は完成する。1階は1用途交流を中心とし、2階はラウンジでの2用途交流があり、屋外に多世代の遊びの場が広がる。3階は3用途交流であり、地域住民を交えたワークショップなどの芸術の場となる。

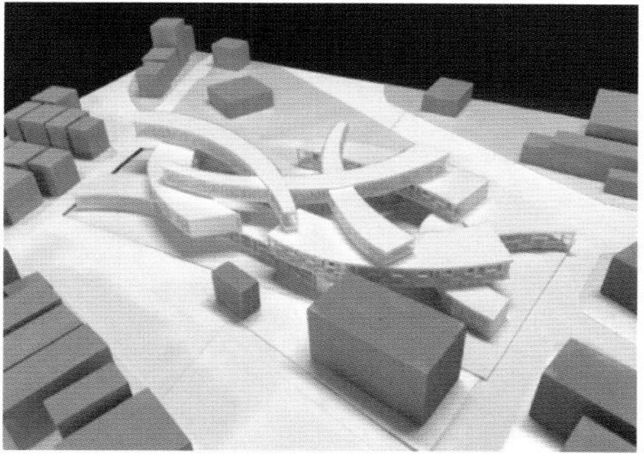

0880 宮本 美咲輝 / 神戸大学・3回生
Geometric Architecture ～Claude Monetメモリアル空間～

印象派を代表する画家、Claude Monetのメモリアル空間。自然光に満ちた空間で彼が描いた自然の光の移ろいを見て、感じる。作品の背後に広がる美しい地中海の景色が建築によって切り取られ一つの作品のように感じられることが期待される。

審査対象者一覧（100選以外）

凡例
ID・氏名／所属大学・応募時の学年
設計課題（取り組み時の学年）

1・力安 一樹／近畿大学・3回生
美術館 museum（3回生）

2・沖野 瞭太郎／京都大学・3回生
Con-tempo-rary Museum（3回生）

6・東條 鴻介／金沢工業大学・3回生
せせらぎ通りの集住体（3回生）

9・原 和奏／武庫川女子大学・3回生
歴史都市に建つ美術館（2回生）

10・北村 諒太郎／近畿大学・2回生
21世紀の＜家族＞のための＜住宅＞（2回生）

11・窪田 啓吾／近畿大学・2回生
21世紀の＜家族＞のための＜住宅＞（2回生）

12・田原 一成／西日本工業大学・3回生
地域の文化拠点となるミュージアム（3回生）

13・梶山 奈恵／武庫川女子大学・3回生
膜屋根を架けた阪神甲子園駅（3回生）

14・柳 雄貴／九州大学・3回生
人が集まる空間（2回生）

15・三上 麗／室蘭工業大学・3回生
中島公園の幼稚園（3回生）

18・奥 亜莉沙／熊本大学・3回生
ホールを併設した滞在型小規模ホテルの設計（3回生）

19・竹重 莉奈／安田女子大学・3回生
キャンパスギャラリー（2回生）

20・山根 滉平／大阪工業大学・3回生
旭区図書館（3回生）

21・武田 大輝／近畿大学・3回生
美術館 museum（3回生）

23・國弘 朝葉／立命館大学・3回生
幼老複合施設（3回生）

25・西谷 匠平／大阪工業大学・2回生
ギャラリーのある彫刻家のアトリエ（2回生）

26・宮澤 哲平／法政大学・3回生
NEW CINEMA LIBRARY（3回生）

28・滝田 兼也／神戸大学・3回生
面構造によるメモリアル空間（3回生）

29・勝野 楓未／法政大学・3回生
発見し続けられる住宅（3回生）

30・佐藤 桃佳／大阪工業大学・3回生
都市近郊住宅地に建つ幼稚園（2回生）

33・赤嶺 圭亮／大阪大学・3回生
地域の「広場」としての運動施設の提案（3回生）

34・山田 航士／日本大学・3回生
大久保の多様性を育む集合住宅（2回生）

35・酒井 佑美／大阪工業大学・2回生
都市型住宅の設計（2回生）

36・富士 輝／首都大学東京・3回生
名作から考える（3回生）

38・伊與田 なつみ／室蘭工業大学・3回生
幼稚園・子育て支援センター（3回生）

39・中村 幸介／神戸大学・3回生
面構造によるメモリアル空間（3回生）

40・福原 草雅／神戸大学・3回生
面構造によるメモリアル空間（3回生）

41・石黒 花梨／日本大学・3回生
水族館（3回生）

42・宇野 香ナバラトゥナ／大阪工業大学・2回生
ギャラリーのある彫刻家のアトリエ（2回生）

43・岡本 純佳／京都造形芸術大学・3回生
knot house（3回生）

45・竹村 寿樹／千葉工業大学・3回生
地域と結びついた学びの場としての小学校（3回生）

46・林 昭妤／大阪市立大学・3回生
現代アートのための小美術館（3回生）

47・兵頭 璃季／早稲田大学・3回生
早稲田のまちのキャンパス・プロポーザル（3回生）

48・藤谷 優太／神戸大学・3回生
都賀川沿いに建つ＜子育てスクエア＞（3回生）

49・篠原 敬佑／神戸大学・3回生
面構造によるメモリアル空間（3回生）

50・古川 誼人／京都精華大学・2回生
〇〇のための展示空間（1回生）

52・阿部 倫／九州大学・3回生
21世紀の会所（2回生）

53・村西 凱／名古屋市立大学・3回生
ちいきとお店ーエリアリノベーションー（3回生）

54・筒井 泰西／神戸電子専門学校・2回生
山手に建つ集合住宅（2回生）

55・福島 彩羽／神戸電子専門学校・2回生
集合住宅をテーマに新しい住まい方を提案する（2回生）

58・新名 冴来／神戸電子専門学校・2回生
山手に建つ集合住宅（2回生）

59・井上 了太／日本大学・3回生
設計事務所の本社オフィス～クリエイティブワークプレイス（働く環境）の創造～（2回生）

61・山地 雄統／神戸大学・3回生
面構造によるメモリアル空間（3回生）

62・田島 広大／神戸大学・3回生
都賀川沿いに建つ＜子育てスクエア＞（3回生）

64・平田 颯彦／九州大学・3回生
都市・建築設計演習A「機能とプログラム」（3回生）

66・元野 真衣子／鹿児島大学・3回生
街の五叉路のアートプレイス（3回生）

67・田中 美海／岡山県立大学・3回生
倉敷川沿いの集合住宅（3回生）

68・内野 佳音／日本大学・3回生
8mキューブの小住宅（2回生）

69・内田 龍一／日本大学・3回生
身体から建築をつくる（2回生）

70・秋田 美空／工学院大学・2回生
森の中の小さなキャンパスロッジ（1回生）

71・森下 大成／大同大学・3回生
光と風の建築ー小学校（3回生）

72・海老原 耀／芝浦工業大学・3回生
成熟社会における市民の文化活動拠点としての図書館（3回生）

73・櫻木 綾子／芝浦工業大学・3回生
成熟社会における市民の文化活動拠点としての図書館（3回生）

74・小川 晃由／東京都市大学・3回生
本に住まう（2回生）

75・合田 裕貴／神戸電子専門学校・2回生
高架下の再考（2回生）

77・岡 優大／神戸電子専門学校・2回生
高架下の再考（2回生）

78・山崎 健太郎／東北工業大学・3回生
八木山ライブラリー（3回生）

79・菖蒲 薫／京都工芸繊維大学・3回生
メディアと建築（3回生）

80・綿利 晟弥／神戸電子専門学校・2回生
山手に建つ集合住宅（2回生）

82・山野 直樹／九州大学・3回生
人が住む空間（2回生）

83・常田 朋弥／九州大学・3回生
スラッシャーの家（2回生）

85・木村 太智／広島工業大学・3回生
広島21世紀美術館～立体の森ミュージアム～（3回生）

86・原村 涼加／安田女子大学・3回生
地域にひらかれた幼稚園（3回生）

87・富山 春佳／関西大学・3回生
千里ニュータウンこども園（3回生）

88・野瀬 ひかり／近畿大学・3回生
地域交流図書施設（2回生）

89・原 和暉／愛知工業大学・3回生
都心に建つ独創的芸術家のための建築（2回生）

90・岩田 有哉／鹿児島大学・3回生
超高齢社会の集合住宅 地方都市のシニアタウンハウス（3回生）

91・今野 隆哉／東北工業大学・3回生
都市部に建つ小規模小学校の設計（3回生）

92・中野 紗希／立命館大学・3回生
アクティビティと場の構築 人と、そして地域とつながる国際学生寮（2回生）

93・荻野 汐香／日本大学・3回生
まちの図書館（3回生）

96・林 嵩之／立命館大学・3回生
地域の魅力を高める駅前広場（3回生）

97・北村 海斗／日本大学・3回生
設計事務所の本社オフィス～クリエイティブワークプレイス（働く環境）の創造～（2回生）

98・中川 晃都／日本大学・3回生
設計事務所の本社オフィス～クリエイティブワークプレイス（働く環境）の創造～（2回生）

101・福井 開登／神戸電子専門学校・2回生
山手に建つ集合住宅（2回生）

105・熊谷 拓也／日本大学・3回生
「コンパクトシティの中の美術館」ー多世代が集う絵本・アニメ（マンガ）の原画展ー（2回生）

107・戎谷 貴仁／東北大学・3回生
SOS School (symbol・openspace・sustainable)（3回生）

109・夏目 亜利紗／大阪工業大学・3回生
旭区図書館（3回生）

110・駒形 吏紗／日本大学・3回生
水族館（3回生）

111・臼杵 葵／日本大学・3回生
水族館（3回生）

114・鈴木 勇佑／近畿大学・2回生
21世紀の＜家族＞のための＜住宅＞（2回生）

116・太田 大貴／立命館大学・3回生
養老複合施設（3回生）

120・西岡 里美／立命館大学・3回生
人と、そして地域とつながる国際学生寮（2回生）

121・二又 大瑚／武蔵野美術大学・3回生
都市の環境単位ー武蔵新城（3回生）

123・矢野 桂都／安田女子大学・3回生
地域に開かれた幼稚園（3回生）

125・髙森 京佳／神戸芸術工科大学・3回生
新しいメディアスペース～これからの公共空間を考える～（3回生）

126・吉田 雄輝／神戸電子専門学校・2回生
山手に建つ集合住宅（2回生）

127・逆井 美紅／神戸電子専門学校・2回生
山手に建つ集合住宅（2回生）

128・小川 璃子／大阪大学・3回生
地域の「広場」としての運動施設の提案（3回生）

130・中野 沙紀／日本大学・3回生
海の駅（3回生）

131・吉田 宗世／神戸電子専門学校・2回生
山手に建つ集合住宅（2回生）

132・本徳 麻菜／神戸電子専門学校・2回生
山手に建つ集合住宅（2回生）

133・酒向 正都／信州大学・3回生
公園に建つ図書館／若里公園県立長野図書館建替計画（3回生）

134・増澤 頌／千葉工業大学・3回生
地域と結びついた学びの場としての小学校（3回生）

137・中川 祐輔／広島工業大学・3回生
広島21世紀美術館（3回生）

138・松井 優也／広島工業大学・3回生
小学校（3回生）

140・有吉 慶太／立命館大学・2回生
風景のパヴィリオン（2回生）

142・ZHOU YINGQI／横浜国立大学・3回生
都市の中のサテライトスタジオ（2回生）

143・砥堀 祐希／武蔵野美術大学・3回生
集積する構造によって劇場のある複合施設を設計する（3回生）

144・西藤 悠悟／日本大学・2回生
園児のための遊び場・学び舎（2回生）

145・磯和 耕太朗／北海道大学・3回生
「小中一貫校」豊かな学びの場をつくる（3回生）

146・沢田 直人／近畿大学・3回生
美術館 museum（3回生）

147・甲斐 遥也／近畿大学・3回生
美術館 museum（3回生）

149・前田 汐理／武蔵野美術大学・3回生
都市の環境単位ー武蔵新城（3回生）

150・永井 博章／金沢工業大学・3回生
せせらぎ通りの集合体（3回生）

152・村山 香菜子／千葉大学・3回生
住宅+アトリエ（3回生）

153・長井 彩夏／安田女子大学・3回生
集合住宅（3回生）

154・杖抜 亜未／安田女子大学・3回生
地域に開かれた幼稚園（3回生）

155・有村 比与利／安田女子大学・3回生
地域に開かれた幼稚園園（3回生）

156・橋本 苑佳／安田女子大学・3回生
地域に開かれた幼稚園園（3回生）

157・神笠 莉子／安田女子大学・3回生
集合住宅（3回生）

159·力石 真奈 / 安田女子大学·3回生
幼稚園（3回生）

161·松本 玖留光 / 早稲田大学·3回生
皇居沿いの浮世絵博物館（3回生）

164·木下 一花 / 武庫川女子大学·3回生
歴史的都市に建つ宿泊施設（3回生）

166·和田 誠太 / 大阪芸術大学·2回生
環境と向き合う家（2回生）

167·瀬戸山 優希 / 信州大学·3回生
子どもの居場所としての公園と集合住宅（3回生）

168·濱口 優介 / 三重大学·3回生
地方都市の小学校（3回生）

170·松岡 桜子 / 関西大学·3回生
コンテンポラリーアートミュージアム（3回生）

171·財部 彩美 / 関東学院大学·3回生
ステューデント·ハウス（3回生）

172·松本 侑也 / 西日本工業大学·3回生
場所性を表現する空間（3回生）

174·目片 大揮 / 近畿大学·2回生
21世紀の<家族>のための<住宅>（2回生）

177·LEE WEITING / 神戸電子専門学校·2回生
集合住宅における新しい住まい方の提案（2回生）

178·馬場 夏月 / 関東学院大学·3回生
コーポラティブ+α（3回生）

179·森 美七海 / 神戸電子専門学校·2回生
集合住宅における新しい住まい方の提案（2回生）

180·山田 紘一 / 近畿大学·2回生
21世紀の<家族>のための<住宅>（2回生）

181·大貫 友瑞 / 東京理科大学·3回生
これからの公共図書館（2回生）

182·平山 龍太郎 / 名古屋工業大学·3回生
既存の都市と建築に寄生する都心特区のまなびのアルカディア（3回生）

184·山根 啓昂 / 広島工業大学·3回生
広島21世紀美術館（3回生）

185·楠田 翔汰 / 広島工業大学·3回生
三世代が共に暮らす家（2回生）

186·新庄 美月 / 広島工業大学·3回生
広島21世紀美術館（3回生）

187·葛城 亜美 / 近畿大学·2回生
21世紀の<家族>のための<住宅>（2回生）

188·石田 泰寛 / 関西学院大学·3回生
新三田駅前プロジェクト【新三田Base】（3回生）

189·北口 あすか / 近畿大学·2回生
21世紀の<家族>のための<住宅>（2回生）

190·鈴木 亜実 / 日本大学·3回生
海の駅（3回生）

191·濱口 悠 / 関西大学·3回生
コンテンポラリーアートミュージアム（3回生）

194·伊原 明伸 / 日本大学·3回生
建築ミュージアムの設計（3回生）

196·上原 のどか / 日本大学·3回生
水族館（3回生）

197·小林 柊野 / 大阪市立大学·3回生
地域に開かれた保育園（2回生）

198·松原 成佳 / 大同大学·3回生
アートセンター内のレストラン（3回生）

200·飯田 颯生 / 千葉大学·3回生
小学校+図書館（3回生）

201·呉屋 慎二郎 / 青山製図専門学校·2回生
街つながる美術館（2回生）

202·小野澤 正人 / 千葉工業大学·3回生
上野公園に建つ現代美術館の提案（3回生）

203·岩穴口 颯音 / 武蔵野美術大学·3回生
集積する構造によって劇場のある複合施設を設計する（3回生）

205·川口 真緒 / 武庫川女子大学·3回生
歴史的都市に建つ宿泊施設（3回生）

207·尾添 真純 / 関西学院大学·3回生
新三田駅前プロジェクト（関学 新三田 Base）（3回生）

209·森 晴哉 / 大阪工業大学·3回生
旭区図書館（3回生）

211·古内 一成 / 東北工業大学·3回生
都市部に建つ小規模小学校の設計（3回生）

212·永山 千夏 / 関東学院大学·2回生
海辺に建つ現代アートギャラリー（2回生）

213·野中 美奈 / 神奈川大学·2回生
光·風·自然を感じるセカンドハウス（1回生）

215·星野 雄一 / 東洋大学·3回生
川越の新しい文化と賑わいの拠点[敷地C]
様々な人が集まり交流する拠点（3回生）

216·野村 晃紀 / 関西学院大学·3回生
風の彫刻家のための美術館
ー自然とアートの風景化ー（3回生）

217·小森 颯 / 関西大学·3回生
コンテンポラリーアートミュージアム（3回生）

219·岩崎 琢朗 / 日本大学·3回生
街に開く集合住宅（3回生）

220·加藤 邦望 / 東洋大学·3回生
川越の新しい文化と賑わいの拠点[敷地C]
様々な人が集まり交流する拠点（3回生）

223·加藤 亜海 / 神戸大学·3回生
面構造によるメモリアル空間（3回生）

224·恩田 凜太郎 / 武蔵野美術大学·2回生
小規模集合住宅（2回生）

226·松本 七海 / 立命館大学·3回生
幼老複合施設（3回生）

227·秋山 宏介 / 神戸電子専門学校·2回生
集合住宅における新しい住まい方の提案（2回生）

232·西 健介 / 京都工芸繊維大学·3回生
元待賢小学校コンバージョン課題（3回生）

234·澤田 恒希 / 日本工業大学·3回生
ポスト東京オリンピックの働く場（3回生）

235·安部 誉人 / 大阪電気通信大学·2回生
水辺の集合住宅（2回生）

236·会田 恵 / 日本大学·3回生
水族館（3回生）

237·周戸 南々香 / 京都大学·3回生
音楽堂課題（3回生）

238·川上 芳輝 / 東洋大学·3回生
川越の新しい文化と賑わいの拠点（3回生）

243·横田 大貴 / 金沢工業大学·3回生
せせらぎ通りの集住体（3回生）

251·高橋 侑里 / 大阪電気通信大学·2回生
水辺の集合住宅（2回生）

252·田矢 曉光 / 大阪電気通信大学·2回生
水辺の集合住宅（2回生）

253·武田 剛 / 大阪電気通信大学·2回生
水辺の集合住宅（2回生）

254·岐部 晃彦 / 大阪電気通信大学·2回生
文化複合施設（2回生）

256·髙田 稜太郎 / 大阪電気通信大学·2回生
水辺の集合住宅（2回生）

257·北山 貴也 / 大阪市立大学·3回生
文化複合施設（3回生）

259·清水 海斗 / 東洋大学·3回生
川越の新しい文化と賑わいの拠点（3回生）

260·高瀬 暁大 / 東京理科大学·3回生
これからの公共図書館（2回生）

263·鹿 圭登 / 佐賀大学·3回生
集まって住むかたち（3回生）

264·井上 愛理 / 神戸芸術工科大学·3回生
新しいメディアスペース（3回生）

265·掛布 竣也 / 名古屋工業大学·3回生
既存の都市と建築に寄生する都心特区のまなびのアルカディア（3回生）

267·人見 凌 / 神奈川大学·3回生
「六角橋ミニシアターコンプレックス」と広場の設計（3回生）

269·森 暉理 / 武庫川女子大学·3回生
膜屋根を架けた阪神甲子園駅（3回生）

270·中村 正基 / 日本大学·3回生
水族館（3回生）

271·山戸 善伸 / 日本大学·3回生
水族館（3回生）

272·石谷 慶 / 神奈川大学·3回生
「六角橋ミニシアターコンプレックス」と広場の設計（3回生）

275·森本 純平 / 近畿大学·3回生
美術館（3回生）

276·山田 大貴 / 愛知工業大学·3回生
市民の創造的活動を推進する
「コミュニティビジネス拠点」（3回生）

279·河野 岳歩 / 東海大学·3回生
銀座パーク（3回生）

283·佐々木 翼 / 青山製図専門学校·2回生
街と繋がる美術館（2回生）

284·興梠 卓人 / 京都大学·3回生
音楽堂と公共空間（3回生）

285·樋口 琴美 / 京都工芸繊維大学·3回生
メディアと建築（3回生）

286·寺西 遥夏 / 横浜国立大学·3回生
紅葉ヶ丘アートセンター
（モダニズム建築·歴史的環境との共生）（3回生）

287·吉永 広野 / 九州産業大学·3回生
独立住宅（3回生）

288·山田 康太 / 東海大学·3回生
銀座パーク（3回生）

291·林 志伸 / 東京電機大学·2回生
図書館の設計（2回生）

292·柿島 静哉 / 明治大学·3回生
単位空間をつなぐ:高密な市街地の中の小学校（3回生）

293·北垣 直輝 / 京都大学·3回生
室内楽のためのコンサートホール（3回生）

294·野中 郁弥 / 東京工業大学·3回生
都市の密度と速度に呼応する建築:300人実験劇場を含んだ第2ヒカリデパート（3回生）

296·三谷 啓人 / 近畿大学·3回生
現代美術のための美術館（3回生）

297·飯田 夢 / 法政大学·2回生
絵本ライブラリーをもつ幼稚園（2回生）

298·川島 史也 / 京都府立大学·3回生
2035年、あなたの子供のための小学校（3回生）

301·大渕 光佑 / 東海大学·3回生
銀座パーク（3回生）

302·今津 唯登 / 近畿大学·2回生
21世紀の家族のための住宅（2回生）

303·加納 健一 / 名古屋工業大学·3回生
既存の都市と建築に寄生する都心特区のまなびのアルカディア（3回生）

304·西 那巳子 / 早稲田大学·3回生
まちの新しい劇場（3回生）

306·田中 陽登 / 神戸電子専門学校·2回生
山手に建つ集合住宅（2回生）

307·井口 翔太 / 神奈川大学·3回生
地域に開かれた中学校（3回生）

311·大塚 竣揮 / 名古屋工業大学·3回生
集合住宅（3回生）

312·平 遼太 / 神奈川大学·3回生
地域とつながる集合住宅（2回生）

314·黄 裕貴 / 神戸芸術工科大学·3回生
新しいメディアスペース ~これからの公共空間を考える~（3回生）

315·保井 なるみ / 神戸芸術工科大学·3回生
新しいメディアスペース
~これからの公共空間を考える~（3回生）

317·半井 雄汰 / 神奈川大学·3回生
「六角橋ミニシアターコンプレックス」と広場の設計（3回生）

318·芝山 真理 / 神戸芸術工科大学·3回生
新しいメディアスペース（3回生）

319·遠山 大輝 / 法政大学·3回生
Library in Town Scape
ー新しいパブリックスペースを考えるー（3回生）

320·中島 未貴 / 京都精華大学·3回生
原風景の建築（3回生）

321·永野 由芳 / 京都精華大学·3回生
原風景の建築（3回生）

323·諸江 龍聖 / 豊橋技術科学大学·3回生
道の駅（3回生）

329·髙嶋 春葉 / 日本大学·3回生
まちの図書館（3回生）

331·小原 令 / 大阪電気通信大学·2回生
水辺の集合住宅（2回生）

332·松本 康平 / 大阪電気通信大学·2回生
水辺の集合住宅（2回生）

333·藤井 乃彩 / 大阪電気通信大学·2回生
水辺の集合住宅（2回生）

334·浮田 実穂 / 安田女子大学·3回生
都市に棲む（3回生）

335·森岡 日菜子 / 京都府立大学·3回生
2035年、あなたの子どものための小学校（3回生）

338·古荘 衣理 / 立命館大学·2回生
風景のパヴィリオン（2回生）

340·永田 廉 / 愛知工業大学·3回生
まちにひらく/まちにすむ（2回生）

341·北條 達也 / 兵庫県立大学·3回生
キャンパス·ミュージアム（3回生）

343・小栗 由梨乃 / 慶應義塾大学・3回生
外室(ソトシツ)のある家 (2回生)

345・原澤 里奈 / 宇都宮大学・3回生
まちの図書館 (3回生)

348・爲我井 雅揮 / 前橋工科大学・3回生
Qのひろば再開発プロジェクト (3回生)

349・横谷 奈緒子 / 東京都市大学・3回生
大学院キャンパス (3回生)

350・寺澤 基輝 / 宇都宮大学・3回生
まちの図書館 (3回生)

351・森口 真衣 / 安田女子大学・3回生
地域に開かれた幼稚園 (3回生)

354・服部 晃依 / 宇都宮大学・3回生
まちの図書館 (3回生)

366・内藤 晶 / 大阪電気通信大学・2回生
水辺の集合住宅 (2回生)

376・中嶋 響 / 大阪電気通信大学・2回生
水辺の集合住宅 (2回生)

379・近藤 誠之介 / 京都工芸繊維大学・2回生
20世紀の住宅:箱からの脱出 (1回生)

380・中山 翔貴 / 立命館大学・3回生
地域の魅力を高める駅前広場 (3回生)

381・藤木 大真 / 立命館大学・3回生
幼老複合施設 (3回生)

382・谷本 優斗 / 神奈川大学・3回生
地域に開かれた中学校 (3回生)

383・野田 夢乃 / 早稲田大学・3回生
まちの新しい劇場 (3回生)

384・西津 尚紀 / 武蔵野美術大学・3回生
都市の環境単位 武蔵新城 (3回生)

385・柴田 美緒 / 東京都市大学・3回生
都市大キャンパス (3回生)

389・岡田 真紀 / 東京工業大学・3回生
緑が丘コミュニティ・ライブラリー (2回生)

390・小林 龍弥 / 日本大学・2回生
8mキューブの空間をデザインする (2回生)

391・佐伯 加奈 / 安田女子大学・3回生
幼稚園 (3回生)

392・板村 萌恵 / 安田女子大学・3回生
地域に開かれた幼稚園 (3回生)

393・鈴木 碧衣 / 神奈川大学・3回生
公園の一角に建つ地域の図書館 (2回生)

394・西村 琢真 / 芝浦工業大学・3回生
地域を"あげる"集合住宅
~コンテクストを質へ転換する~ (2回生)

395・沢田 雄基 / 名古屋工業大学・3回生
既存の都市と建築に寄生する都心特区のまなびのアルカディア (3回生)

398・大沼 聖子 / 早稲田大学・3回生
まちの新しい劇場 (3回生)

399・小林 みなみ / 宇都宮大学・3回生
町の図書館 (3回生)

400・新安 萌音 / 明治大学・3回生
木造密集市街地に隣接する小学校 (3回生)

401・依藤 一二三 / 関西大学・3回生
コンテンポラリー・アート・ミュージアム (3回生)

403・逢坂 涼平 / 関西大学・3回生
千里ニュータウンこども園 (3回生)

407・原口 真央 / 東京電機大学・3回生
「未来の小学校」を設計する (3回生)

408・二見 陸 / 神奈川大学・3回生
地域に開かれた中学校 (3回生)

409・小山 利奈 / 京都精華大学・3回生
原風景の建築 (3回生)

411・黒田 尚幹 / 工学院大学・3回生
彫刻の美術館 (3回生)

414・井上 玉貴 / 愛知工業大学・3回生
AITラーニングメディア (3回生)

415・萩小田 大我 / 早稲田大学・3回生
皇居沿い 浮世絵美術館 (3回生)

417・中山 晋吾 / 名古屋工業大学・3回生
既存の都市と建築に寄生する都心特区のまなびのアルカディア (3回生)

418・小倉 琴音 / 京都精華大学・3回生
原風景の建築 (3回生)

423・東 明里 / 名古屋工業大学・3回生
既存の都市と建築に寄生する都心特区のまなびのアルカディア (3回生)

424・関根 大輔 / 日本工業大学・2回生
地域と関わるシェアハウス (2回生)

425・竹中 樹 / 金沢工業大学・3回生
せせらぎ通りの集住体 (3回生)

426・高橋 克典 / 金沢工業大学・3回生
せせらぎ通りの集住体 (3回生)

427・津田 倫大 / 金沢工業大学・3回生
せせらぎ通りの集住体 (3回生)

428・重政 幸一朗 / 首都大学東京・3回生
名作から考える (3回生)

429・手柴 智佳 / 佐賀大学・3回生
集まって住むかたち (3回生)

430・奥山 幸歩 / 慶應義塾大学・3回生
外室のある家 (2回生)

431・林 奈々緒 / 東洋大学・3回生
川越の新しい文化と賑わいの拠点 (3回生)

434・外山 真永 / 工学院大学・3回生
彫刻の美術館 (3回生)

440・中島 優輝 / 大阪電気通信大学・2回生
水辺の集合住宅 (2回生)

443・長橋 佳穂 / 関東学院大学・3回生
あり続ける住宅 (3回生)

444・藤井 洸輔 / 関西学院大学・3回生
新三田駅前プロジェクト【新三田Base】(3回生)

446・和久井 亘 / 日本大学・3回生
建築ミュージアム・資料館の設計 (3回生)

447・池田 流風 / 北海道科学大学・3回生
大通公園に作る美術館 (2回生)

448・萩原 良太 / 東京都市大学・3回生
都市大キャンパス (3回生)

450・山崎 伽菜 / 神奈川大学・3回生
地域に開かれた中学校 (3回生)

451・立田 大喜 / 神奈川大学・3回生
関内に建つオフィス (2回生)

452・高塚 玲菜 / 東京電機大学・2回生
図書館の設計 (2回生)

455・田上 源士 / 名古屋工業大学・3回生
既存の都市と建築に寄生する都心特区のまなびのアルカディア (3回生)

456・小林 みらの / 東洋大学・3回生
東洋大学サテライト施設(メディアセンター) (3回生)

457・小林 美月 / 東京電機大学・3回生
「未来の小学校」を設計する (3回生)

458・東野 有希 / 横浜国立大学・3回生
紅葉ヶ丘アートセンター (3回生)

459・長谷 真彩 / 名古屋工業大学・3回生
―名古屋に住む―未来へとつながる都市住居の提案 (3回生)

461・水口 峰志 / 日本大学・3回生
水族館 (3回生)

463・高岡 まりあ / 岡山県立大学・3回生
Trash Art Gallery (3回生)

464・金原 武尊 / 九州大学・3回生
都市・建築設計演習A「機能とプログラム」 (3回生)

466・高田 椋 / 金沢工業大学・3回生
せせらぎ通りの集住体 (3回生)

467・比嘉 七海 / 大阪工業大学・2回生
ギャラリーのある彫刻家のアトリエ (2回生)

468・栗田 雄大 / 青山製図専門学校・2回生
街とつながる美術館 (2回生)

470・田中 大也 / 近畿大学・2回生
21世紀の<家族>のための<住宅> (2回生)

472・小原 寛史 / 慶應義塾大学・3回生
SFC デザインスタジオ(都市と建築) (2回生)

473・若杉 陸 / 武蔵野美術大学・3回生
小規模集合住宅 (2回生)

474・三原 陽莉 / 金城学院大学・3回生
身体性と幼稚園 (3回生)

475・辻本 卯咲 / 京都大学・2回生
都市を捉えるための一客一夜の宿 (2回生)

476・斉藤 早也花 / 金城学院大学・3回生
身体性と幼稚園 (3回生)

480・小竹 隼人 / 芝浦工業大学・3回生
光と対話する現代美術館 (3回生)

481・千葉 大地 / 東京電機大学・3回生
「未来の小学校」を設計する (3回生)

485・稲垣 信紀 / 京都精華大学・3回生
街のOPERATION (3回生)

486・浜島 涼平 / 千葉工業大学・3回生
集合住宅 (2回生)

487・進 卓郷 / 西日本工業大学・3回生
場所性を表現する空間 (3回生)

488・湯川 智咲 / 日本大学・2回生
園児のための遊び場・学び (2回生)

489・石川 直樹 / 東京理科大学・3回生
これからの公共図書館 (2回生)

490・梶田 海斗 / 近畿大学・3回生
現代美術のための美術館 (3回生)

491・安達 慶祐 / 東洋大学・3回生
哲学堂公園博物館 (3回生)

492・柴田 貴美子 / 神戸大学・3回生
面構造によるメモリアル空間 (3回生)

493・長岡 杏佳 / 法政大学・3回生
図書館+α (3回生)

495・吉田 悠真 / 大阪市立大学・3回生
現代アートのための美術館~アートとは何か? (3回生)

496・山内 祐人 / 明治大学・3回生
木造密集市街地に隣接する小学校 (3回生)

497・鈴木 媛子 / 名古屋工業大学・3回生
既存の都市と建築に寄生する都心特区のまなびのアルカディア (3回生)

498・神原 夏穂 / 立命館大学・2回生
風景のパビリオン (2回生)

499・大本 裕也 / 熊本大学・3回生
ホールを併設した滞在型小規模ホテルの設計(3回生)

500・今津 俊佑 / 法政大学・2回生
絵本ライブラリーを持つ幼稚園 (2回生)

501・CHIU YUN YA / 武蔵野美術大学・3回生
都市の環境単位-武蔵新城 (3回生)

502・増川 夕真 / 富山大学・3回生
SOHOと庭を持つ集合住宅 (3回生)

503・松家 雅大 / 新潟大学・3回生
コンタクトセンター 一楽しくリラックスして働けるオフィス空間の提案一 (3回生)

504・山口 波大 / 東京都市大学・3回生
都市大キャンパス (3回生)

505・竹内 渉 / 名古屋工業大学・3回生
既存の都市と建築に寄生する都心特区のまなびのアルカディア (3回生)

506・古澤 太晟 / 島根大学・3回生
小規模店舗を持つオフィスビル (3回生)

508・箭内 一輝 / 芝浦工業大学・3回生
成熟社会における市民の文化活動拠点としての図書館 (3回生)

509・八尾 陽香 / 関西大学・2回生
公園に建つ 地域図書情報館 (2回生)

511・高橋 昂大 / 近畿大学・3回生
美術館 (3回生)

512・向山 詩歩 / 早稲田大学芸術学校・3回生
Micropelago 一わたしたちの空隙一 (3回生)

513・山村 茉奈 / 広島工業大学・3回生
小学校 (3回生)

514・波多 剛広 / 芝浦工業大学・3回生
地域を'あげる'集合住宅
一コンテクストを質へ転換する一 (3回生)

515・高橋 侑里 / 愛知工業大学・3回生
学校と地域でつくる学びの場 (3回生)

516・古岡 ひなの / 東京電機大学・3回生
未来の小学校 (3回生)

517・下村 悟 / 関西大学・2回生
公園に建つ 地域図書情報館 (2回生)

518・松田 康平 / 大阪産業大学・3回生
住宅の設計 (3回生)

519・河上 朝乃 / 法政大学・3回生
集合住宅課題<アーバンサバーブ> (3回生)

520・山田 海 / 大阪産業大学・3回生
Design of Car gallery (3回生)

521・難波 豪一 / 東海大学・3回生
代官山スポーツ・カルチャーパーク (3回生)

524・後藤 梨乃 / 愛知工業大学・3回生
まちかどライブラリー (3回生)

525・金 沙希 / 関西学院大学・3回生
Museum for a Wind Sculptor 風の彫刻家のための美術館 一自然とアートの風景化一 (3回生)

526・太田 隼人 / 鹿児島大学・2回生
街角のこども園 (2回生)

527·前田 迅人 / 神戸芸術工科大学·3回生
新しいメディアスペース（3回生）

528·渡邉 魁杜 / 東洋大学·3回生
哲学堂公園博物館（3回生）

531·甘中 円雅 / 近畿大学·3回生
集合住宅（3回生）

532·饗庭 優樹 / 立命館大学·2回生
風景のパビリオン（2回生）

533·春口 真由 / 京都工芸繊維大学·3回生
メディアと建築（3回生）

534·伊藤 健生 / 室蘭工業大学·3回生
中島公園の幼稚園（3回生）

535·藤井 明日翔 / 九州大学·3回生
「つなぐデザイン」:芸工ギャラリーラボ（3回生）

536·増田 耕平 / 近畿大学·3回生
集合住宅（3回生）

538·原田 隼 / 近畿大学·3回生
現代美術のための美術館（3回生）

539·近藤 爽子 / 名古屋工業大学·3回生
ー名古屋に住むー未来へとつながる都市住居の提案（3回生）

540·桐山 三奈 / 名古屋工業大学·3回生
ー名古屋に住むー未来へとつながる都市住居の提案（3回生）

541·谷嵜 音花 / 明治大学·3回生
公園に隣接する小学校（3回生）

542·東山 悠空 / 国士舘大学·3回生
未来へ向けた図書館と都市の広場（3回生）

544·中山 結衣 / 京都工芸繊維大学·3回生
メディアと建築（3回生）

548·新谷 彩月 / 青山製図専門学校·2回生
町とつながる美術館（2回生）

551·谷本 かな穂 / 近畿大学·3回生
地域交流図書施設（3回生）

552·阪上 由佳 / 関西大学·2回生
公園に建つ 地域図書情報館（2回生）

553·朝子 陸矢 / 関西大学·2回生
独立住宅の設計（2回生）

554·小林 弘樹 / 岡山県立大学·3回生
倉敷川沿いの集合住宅（3回生）

555·栗栖 捷太 / 立命館大学·2回生
風景のパビリオン（2回生）

556·林 駿哉 / 大阪市立大学·3回生
中之島21世紀ライブラリー（3回生）

557·松尾 和弥 / 早稲田大学·3回生
捏造による創造〜アトリエ付き住まいの設計〜（3回生）

561·佐藤 駿介 / 日本大学·3回生
水族館（3回生）

562·黒木 雄一朗 / 東京都市大学·3回生
都市大キャンパス（3回生）

564·堀江 亮太 / 千葉大学·3回生
検見川の浜沿いに建つサイクリストのための休憩施設（3回生）

565·吉田 亜紀 / 愛知工業大学·3回生
市民の創造的活動を推進する
「コミュニティビジネス拠点」（3回生）

566·木村 美月 / 京都府立大学·2回生
清水坂のアトリエ（2回生）

567·塩見 悠一郎 / 京都府立大学·2回生
清水坂のアトリエ（2回生）

568·小山田 陽太 / 東北工業大学·3回生
八木山ライブラリー（3回生）

571·盛合 一功 / 宇都宮大学·3回生
まちの図書館（3回生）

572·田中 竣 / 東京都市大学·3回生
都市大キャンパス（3回生）

573·井川 直樹 / 東京都市大学·3回生
都市大キャンパス（3回生）

574·谷田部 僚太 / 東京都市大学·3回生
都市大キャンパス（3回生）

575·五十嵐 聖人 / 東北工業大学·2回生
都傾斜地に建つ二世帯住宅（2回生）

576·高巣 文里 / 関東学院大学·3回生
あり続ける住宅（3回生）

578·杉岡 和 / 鹿児島大学·3回生
街の五叉路のアートプレイス（3回生）

579·藤原 飛悠梧 / 早稲田大学·3回生
まちの新しい劇場（3回生）

580·東 龍太郎 / 芝浦工業大学·3回生
大学セミナー会館（3回生）

581·三宅 一歩 / 京都工芸繊維大学·3回生
こどもたちの育ち舎（2回生）

583·古谷 雛子 / 京都精華大学·3回生
街のOPERATION（3回生）

584·山中 菜月 / 京都精華大学·3回生
街のOPERATION（3回生）

585·竹田 稔幸 / 大阪市立大学·3回生
現代アートのための美術館〜アートとは何か?（3回生）

586·増田 悠人 / 神戸大学·3回生
面構造によるメモリアル空間（3回生）

587·廣 将孝 / 九州工業大学·3回生
みんなと居場所:新九州工業大学付属図書館の設計（3回生）

589·瀬戸 恒治郎 / 佐賀大学·3回生
集まって住むかたち（3回生）

590·馬渡 侑那 / 日本大学·3回生
小学校（3回生）

591·山澤 卓也 / 早稲田大学·3回生
皇居沿いの浮世絵美術館（3回生）

592·中野 慶仁 / 東京都市大学·3回生
都市大キャンパス（3回生）

594·尾崎 景星 / 東北大学·3回生
SOS SCHOOL（3回生）

595·神林 慶彦 / 日本大学·3回生
水族館（3回生）

596·松崎 優佑 / 関東学院大学·3回生
コーポラティブハウス（3回生）

597·中野 宏道 / 近畿大学·2回生
21世紀の<家族>のための<住宅>（2回生）

599·平尾 彩乃 / 岡山県立大学·2回生
芦屋の小屋（2回生）

600·野間 結葵 / 安田女子大学·3回生
地域に開かれた幼稚園（3回生）

601·高宮 弥 / 日本工業大学·2回生
地域と関わるシェアハウス（2回生）

602·原田 康平 / 名古屋工業大学·2回生
美しき木造住宅（2回生）

603·佐多 慶秋 / 大阪市立大学·3回生
現代アートのための小美術館〜アートとは何か?（3回生）

604·中島 慶樹 / 早稲田大学·3回生
まちの新しい劇場（3回生）

605·岩松 端 / 芝浦工業大学·3回生
木造密集市街地に立つまちに開かれた
コミュニティ施設を内包する集合住宅（3回生）

608·加藤 利基 / 芝浦工業大学·3回生
地域に生かす小学校（2回生）

611·永田 智陽 / 九州産業大学·3回生
独立住宅（2回生）

613·西野 綾華 / 佐賀大学·3回生
「集まって住むかたち」（3回生）

614·蒲田 峻大 / 神戸大学·3回生
面構造によるメモリアル空間（3回生）

615·柳澤 嵩人 / 近畿大学·3回生
現代美術のための美術館（3回生）

616·飯島 あゆみ / 武蔵野美術大学·2回生
玉川上水沿いの住宅（2回生）

617·片山 志乃 / 岡山県立大学·2回生
芦屋の小屋（2回生）

618·飯塚 ちひろ / 神奈川大学·3回生
関内に建つオフィス（2回生）

619·星野 創 / 首都大学東京·3回生
都市設計（3回生）

620·岩根 大生 / 関西学院大学·3回生
新三田駅前プロジェクト〔関学 新三田 Base〕（3回生）

621·萩原 一真 / 近畿大学·2回生
21世紀の<家族>のための<住宅>（2回生）

622·北村 美佳 / 岡山県立大学·2回生
芦屋の小屋（2回生）

623·小笹 美羽 / 岡山県立大学·2回生
芦屋の小屋（2回生）

624·味生 優花 / 岡山県立大学·2回生
芦屋の小屋（2回生）

625·神田 朋美 / 金城学院大学·3回生
身体性と幼稚園（3回生）

626·高坂 啓太 / 神戸大学·3回生
面構造によるメモリアル空間（3回生）

627·柳田 健登 / 日本文理大学·3回生
べっぷ シーサイド·ミュージアム（3回生）

628·岡林 海叶 / 日本文理大学·3回生
べっぷ シーサイド·ミュージアム（3回生）

629·岩崎 伸治 / 京都大学·3回生
二条城南の音楽堂（3回生）

630·久保 雪乃 / 近畿大学·3回生
現代美術のための美術館（3回生）

631·畑山 宗嵯 / 大阪産業大学·3回生
第3課題 住宅の設計（3回生）

633·三野 紗理奈 / 東京都市大学·3回生
本に住まう（2回生）

634·杉浦 侑里 / 愛知工業大学·3回生
学校と地域でつくる学びの場（3回生）

635·中野 美実佳 / 近畿大学·3回生
現代美術のための美術館（3回生）

636·中村 隼平 / 近畿大学·3回生
集合住宅（3回生）

637·末廣 龍樹 / 九州工業大学·3回生
みんなの家、みんなのまち、みんなのアーケード（3回生）

638·中川 琳太郎 / 近畿大学·3回生
集合住宅（3回生）

639·河村 悠太 / 宇都宮大学·3回生
まちの図書館（3回生）

640·橋本 拓磨 / 岡山県立大学·3回生
中州のアーバンギャラリー（3回生）

641·阿部 ほなみ / 横浜国立大学·3回生
鎌倉のマーケット（2回生）

644·肝付 成美 / 京都府立大学·3回生
2035年、あなたの子どものための小学校（3回生）

646·福田 晃平 / 日本大学·3回生
海の駅（3回生）

648·境 祐人 / 鹿児島大学·3回生
街の五叉路のアートプレイス（3回生）

649·安藤 凜乃 / 東京大学·3回生
多摩NT豊ヶ丘 見取団地一部再生計画（3回生）

651·大竹 多惠 / 愛知工業大学·3回生
都市のオアシスの在り方
ブランド·ビルを計画する（3回生）

653·安原 樹 / 芝浦工業大学·3回生
「光と対話する現代美術館」（3回生）

654·櫻井 悠樹 / 早稲田大学·3回生
まちの新しい劇場（3回生）

655·宗藤 菜乃子 / 岡山県立大学·3回生
trash art gallery（3回生）

656·柴田 智帆 / 九州産業大学·2回生
高齢者が同居する戸建て住宅の設計（2回生）

657·米倉 捺生 / 九州産業大学·2回生
高齢者が同居する戸建て住宅の設計（2回生）

658·渡邉 大祐 / 千葉大学·3回生
西千葉 CORE（3回生）

659·新間 敬秀 / 岡山県立大学·2回生
マイハウス（2回生）

660·前田 稜太 / 神戸大学·3回生
面構造によるメモリアル空間（3回生）

661·嶋谷 勇希 / 神奈川大学·3回生
地域に開かれた中学校（3回生）

662·山口 真奈美 / 大阪工業大学·3回生
区 庁舎（3回生）

663·井川 美星 / 近畿大学·3回生
美術館 museum（3回生）

664·松葉 大吾 / 近畿大学·3回生
現代美術館のための美術館（3回生）

665·淡中 潤子 / 岡山県立大学·3回生
倉敷川沿いの集合住宅（3回生）

666·前田 将平 / 京都工芸繊維大学·2回生
20世紀の住宅:箱からの脱出（1回生）

667·山内 峻平 / 東京電機大学·2回生
図書館の設計（2回生）

669·小山 大輝 / 関東学院大学·3回生
あり続ける住宅（3回生）

670·長岡 佑佳 / 東洋大学·3回生
川越の新しい文化と賑わいの拠点（3回生）

674·柴田 章一郎 / 名古屋工業大学·3回生
既存の都市と建築に寄生する都心特区のまなびのアルカディア（3回生）

675·中川 愛美 / 奈良女子大学·3回生
法隆寺 一三つの仏像のための空間（3回生）

677·岩間 創吉 / 近畿大学·3回生
現代美術のための美術館（3回生）

679·成定 由香沙 / 明治大学·3回生
単位空間をつなぐ:高密な市街地の中の小学校（3回生）

681·酒井 賢一 / 東海大学·3回生
銀座パーク（3回生）

682·松井 太寿 / 近畿大学·3回生
美術館（3回生）

684·服部 佳聖 / 首都大学東京·3回生
名作から考える（3回生）

685·岩本 あかり / 東京都市大学·3回生
集合住宅（2回生）

687·櫻井 慶明 / 日本大学·3回生
建築ミュージアムの設計（3回生）

688·堀尾 海斗 / 京都工芸繊維大学·3回生
メディアと建築（3回生）

690·米澤 実紗 / 早稲田大学·3回生
町の新しい劇場 傾斜地に住民のための舞台をデザインする（3回生）

691·西村 康佑 / 関西学院大学·3回生
新三田駅前プロジェクト【新三田Base】（3回生）

692·林 娉宇 / 早稲田大学·3回生
町の新しい劇場 傾斜地に住民のための舞台をデザインする（3回生）

693·菅原 陸 / 千葉工業大学·3回生
地域と結びついた学びの場としての小学校（3回生）

694·大石 慎太朗 / 神戸大学·3回生
面構造によるメモリアル空間（3回生）

696·加藤 朱里 / 岡山理科大学·3回生
住む人が自己実現ができる住宅（2回生）

697·森元 英里奈 / 安田女子大学·3回生
集住空間の設計（3回生）

701·八木 和 / 神戸大学·3回生
面構造によるメモリアル空間（3回生）

704·長妻 昂佑 / 名古屋工業大学·3回生
まなびのアルカディア（3回生）

705·佐藤 伶香 / 千葉工業大学·3回生
上野公園に立つ現代美術館の提案（3回生）

706·雨宮 巧 / 東海大学·3回生
代官山スポーツ·カルチャーパーク（3回生）

707·中谷 阿未 / 岡山県立大学·2回生
芦屋の小屋（2回生）

711·中野 翔太 / 近畿大学·3回生
美術館（3回生）

714·大石 譲 / 西日本工業大学·3回生
場所性を表現する空間（3回生）

715·吉田 悠哉 / 早稲田大学·3回生
皇居沿いの浮世絵美術館（3回生）

716·古結 敬広 / 近畿大学·3回生
美術館（3回生）

720·所 すず / 佐賀大学·3回生
「集まって住むかたち」（3回生）

722·生川 美里 / 岡山県立大学·3回生
Trash Art Gallery（3回生）

723·内田 彩寧 / 岡山県立大学·3回生
Trash Art Gallery（3回生）

724·山下 大翔 / 関西大学·2回生
公園に建つ地域図書情報館（2回生）

726·金井 裕也 / 青山製図専門学校·3回生
アトリウムと交流施設をもつ図書館（2回生）

727·岩尾 優輝 / 広島工業大学·3回生
小学校（3回生）

729·森内 計雄 / 京都大学·3回生
疎水に浮かぶ音楽堂（3回生）

730·吉沢 十紀 / 東京都市大学·3回生
都市大キャンパス（3回生）

732·太田 健吾 / 兵庫県立大学·3回生
キャンパス·ミュージアム（3回生）

734·藤田 大輝 / 日本大学·3回生
水族館（3回生）

736·間宮 里咲 / 明治大学·3回生
これからの集住のかたち:多様な世帯が暮らす集合住宅（3回生）

737·安部 遥香 / 東京電機大学·2回生
図書館の設計（2回生）

738·宮西 夏里武 / 信州大学·3回生
公園に建つ図書館（3回生）

740·園部 裕子 / 名古屋工業大学·3回生
一名古屋に住む一未来へとつながる都市住居の提案（3回生）

741·岡田 創 / 京都工芸繊維大学·2回生
キャンパスの中のカフェ（2回生）

742·古角 虎之介 / 日本大学·3回生
水族館（3回生）

745·東 麻奈 / 京都造形芸術大学·3回生
町家コンバージョン（3回生）

746·高垣 崚 / 京都工芸繊維大学·3回生
老人ホーム（3回生）

747·宮川 詩布 / 名古屋工業大学·3回生
既存の都市と建築に寄生する都市特区のまなびのアルカディア（3回生）

748·清水 祐介 / 近畿大学·2回生
21世紀の<家族>のための<住宅>（2回生）

750·塚本 貴文 / 明治大学·3回生
こどものための空間（2回生）

751·趙 文昊 / 東京大学·3回生
多摩NT豊ケ丘·貝取団地一部再生計画（3回生）

752·赤間 怜音 / 日本大学·2回生
8mキューブ（2回生）

754·梅原 慎太郎 / 首都大学東京·3回生
都市施設（3回生）

756·遊橋 涼 / 日本大学·2回生
8mキューブ（2回生）

759·濱津 のぞみ / 九州産業大学·3回生
親子二世帯居住の住宅（2回生）

762·山中 岳 / 佐賀大学·3回生
SAGA STATION LIBRARY（3回生）

765·水野 雄大 / 東北大学·3回生
SOS SCHOOL（3回生）

768·藤井 美希 / 岡山県立大学·2回生
住宅（2回生）

771·布谷 健太郎 / 神戸芸術工科大学·3回生
まちなかファクトリー（2回生）

774·杉江 一騰 / 名古屋工業大学·3回生
既存の都市と建築に寄生する都市特区のまなびのアルカディア（2回生）

775·竹内 実帆子 / 大阪市立大学·3回生
現代アートのための小美術館 ～アートとは何か?（3回生）

778·鈴木 裕香 / 明治大学·3回生
公演に隣接する小学校（3回生）

780·磯村 香奈 / 京都造形芸術大学·3回生
町家コンバージョン（3回生）

781·稲葉 樹 / 佐賀大学·3回生
集まって住むかたち（3回生）

783·新井 菜緒 / 日本大学·3回生
まちの図書館（3回生）

785·櫻庭 裕士 / 千葉工業大学·3回生
上野公園に立つ現代美術館の提案（3回生）

787·大山 亮 / 京都大学·2回生
都市を捉えるための一客一夜の宿（2回生）

788·長田 遥哉 / 神戸大学·3回生
都賀川沿いに建つ<子育てスクエア>（3回生）

790·佐藤 慎也 / 東洋大学·3回生
川越の新しい文化と賑わい拠点（3回生）

792·森田 雅大 / 千葉大学·3回生
集住とコミュニティ～集まって暮らす住戸のカタチの再考～（3回生）

795·足立 祐花 / 関西大学·3回生
コンテンポラリー·アート·ミュージアム（3回生）

799·林 佑樹 / 愛知工業大学·3回生
まちかどライブラリー（3回生）

801·小林 優里 / 関西大学·2回生
公園に建つ 地域図書情報館（2回生）

802·中澤 実那 / 神奈川大学·3回生
地域に開かれた中学校（3回生）

803·鋤田 絢子 / 九州産業大学·3回生
住宅設計「独立住宅」（2回生）

804·小林 奈央 / 京都府立大学·3回生
左大文字山を望む集合住宅（2回生）

805·若林 瑞穂 / 近畿大学·3回生
集合住宅（3回生）

808·国貞 佑弥 / 室蘭工業大学·3回生
中島公園の幼稚園（3回生）

810·瀬谷 祐人 / 法政大学·3回生
集合住宅（3回生）

811·安田 千夏 / 大阪工業大学·2回生
ギャラリーのある彫刻家のアトリエ（2回生）

812·饒 元豪 / 青山製図専門学校·3回生
地域に開放する美術館（2回生）

813·高橋 菖 / 神奈川大学·3回生
地域に開かれた中学校（3回生）

814·北村 海卯 / 大同大学·2回生
物語の建築（2回生）

816·今岡 智輝 / 名古屋工業大学·3回生
既存の都市と建築に寄生する都心特区の学びのアルカディア（3回生）

817·近藤 宏樹 / 名古屋工業大学·3回生
一名古屋に住む一未来へとつながる都市住居の提案（3回生）

818·東屋 京夏 / 近畿大学·3回生
美術館（3回生）

821·鈴木 一平 / 京都工芸繊維大学·3回生
地域交流機能を有した都市型高齢者介護施設（3回生）

830·遠山 諒 / 東京都市大学·3回生
都市大キャンパス（3回生）

831·谷 俊栄 / 名古屋工業大学·3回生
既存の都市と建築に寄生する都心特区の学びのアルカディア（3回生）

832·野口 航 / 関東学院大学·3回生
コーポラティブハウス+α（3回生）

833·坪田 怜子 / 早稲田大学·3回生
まちの新しい劇場（3回生）

835·酒村 祐志 / 工学院大学·3回生
彫刻の美術館（3回生）

839·川勝 寛也 / 大阪芸術大学·1回生
寺内町の家（1回生）

841·佐野 湧樹 / 室蘭工業大学·3回生
中島公園の幼稚園（3回生）

842·松野 泰己 / 立命館大学·3回生
幼老複合施設一多世代交流を促進する空間の創造一（3回生）

844·野村 美友奈 / 神戸芸術工科大学·3回生
すまいのデザイン（2回生）

845·豊田 遼夏 / 東京電機大学·3回生
「未来の小学校」を設計する（3回生）

849·村社 俊介 / 東京大学·3回生
都市の流れの中にある美術館
〈留まる〉と〈流れる〉（3回生）

851·久保川 優 / 東京都市大学·3回生
大学院（3回生）

859·川崎 玲央奈 / 立命館大学·3回生
幼老複合施設（3回生）

863·豊島 葵 / 東京電機大学·2回生
公共に開かれた小規模空間の設計（2回生）

865·三好 拓真 / 京都造形芸術大学·3回生
21世紀の公共性を考える（3回生）

867·冨永 万由 / 早稲田大学·3回生
まちの新しい劇場（3回生）

868·清水 勇佑 / 日本大学·3回生
サードプレイス（3回生）

870·林 深音 / 日本大学·2回生
住宅（2回生）

875·村井 遥 / 早稲田大学·3回生
早稲田のまちに染み出すキャンパスと住まい（2回生）

877·玉井 亮輔 / 関西学院大学·3回生
風のと彫刻家のための美術館一自然とアートの風景化（3回生）

879·小坂 将太 / 近畿大学·3回生
集合住宅（3回生）

880·宮本 美咲輝 / 神戸大学·3回生
面構造によるメモリアル空間（3回生）

883·富田 隼人 / 東京都市大学·3回生
都市大キャンパス（3回生）

886·山下 雄太 / 芝浦工業大学·3回生
木造密集市街地に立つまちに開かれたコミュニティ施設を内包する集合住宅（3回生）

888·宮岡 一樹 / 東京都市大学·3回生
都市大キャンパス（3回生）

都道府県別応募登録者数

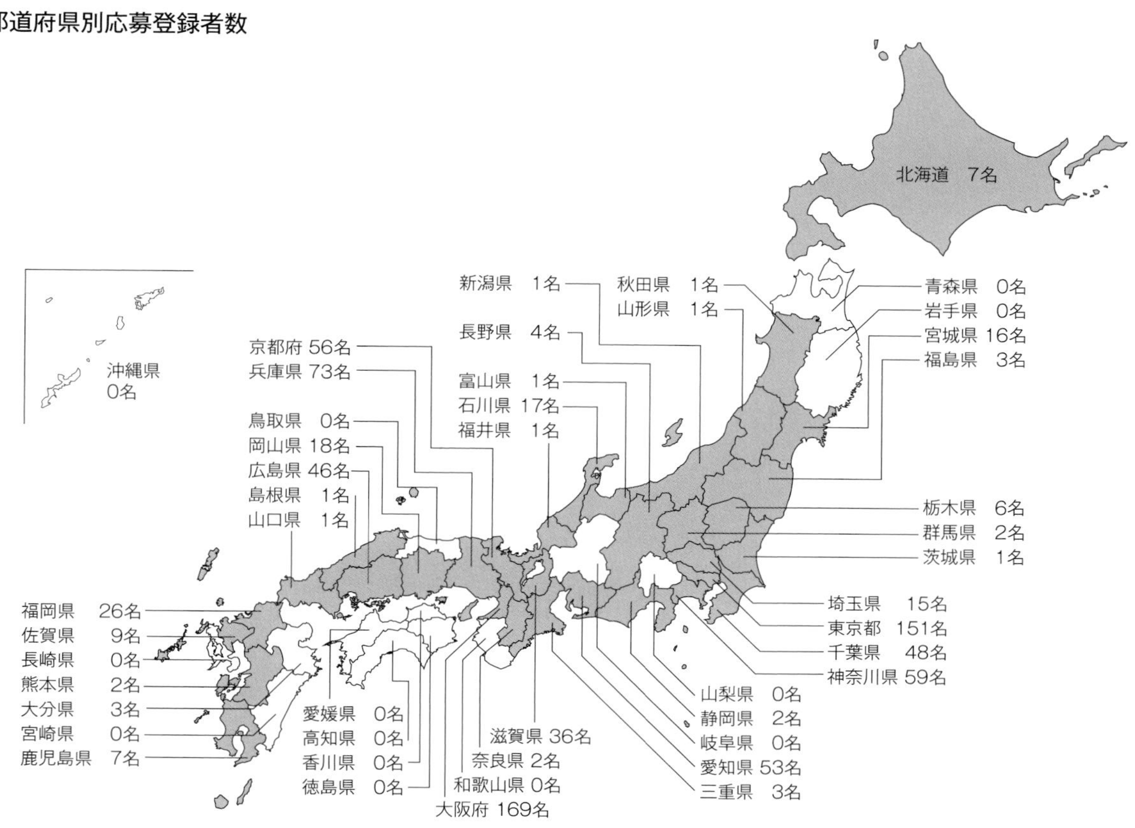

大学別応募登録者数

学校名	人数						
大阪電気通信大学	70	京都大学	10	滋賀県立大学	5	京都橘大学	1
近畿大学	52	広島工業大学	10	室蘭工業大学	5	京都女子大学	1
日本大学	46	神戸芸術工科大学	10	大阪芸術大学	5	山形大学	1
立命館大学	31	法政大学	10	東北大学	5	山口大学	1
早稲田大学	24	関東学院大学	9	愛知産業大学	4	秋田県立大学	1
神奈川大学	23	京都精華大学	9	慶應義塾大学	4	新潟大学	1
大阪工業大学	23	九州産業大学	9	信州大学	4	静岡理工科大学	1
東京都市大学	23	佐賀大学	9	大阪産業大学	4	摂南大学	1
名古屋工業大学	23	大阪市立大学	9	大阪大学	4	早稲田大学芸術学校	1
神戸大学	22	九州大学	8	大同大学	4	多摩美術大学	1
京都工芸繊維大学	21	武庫川女子大学	8	国士舘大学	3	大阪工業技術専門学校	1
関西大学	19	京都造形芸術大学	7	三重大学	3	中部大学	1
神戸電子専門学校	19	京都府立大学	7	日本工業大学	3	帝塚山大学	1
安田女子大学	17	鹿児島大学	7	日本文理大学	3	島根大学	1
岡山県立大学	17	千葉工業大学	7	兵庫県立大学	3	読売理工医療福祉専門学校	1
金沢工業大学	17	千葉大学	7	九州工業大学	2	奈良女子大学	1
芝浦工業大学	14	宇都宮大学	6	熊本大学	2	富山大学	1
武蔵野美術大学	14	横浜国立大学	6	職業能力開発総合大学校	2	福井工業大学	1
青山製図専門学校	13	首都大学東京	6	前橋工科大学	2	北海道科学大学	1
関西学院大学	11	西日本工業大学	6	東京工業大学	2	北海道大学	1
東京電機大学	11	東海大学	6	豊橋技術科学大学	2	麻生建築&デザイン専門学校	1
東北工業大学	11	東京大学	6	名城大学	2	名古屋市立大学	1
東洋大学	11	東京理科大学	6	お茶の水女子大学	1	名古屋造形大学	1
明治大学	11	金城学院大学	5	茨城大学	1	名古屋大学	1
愛知工業大学	10	工学院大学	5	岡山理科大学	1		

2019年度 運営組織について

関西の建築系大学の学生による任意組織

建築新人戦実行委員会（学生）

■「建築新人戦」の運営

実行委員長、副実行委員長、審査委員長、
実行委員5～10名程度により構成

建築新人戦実行委員会（教員）

■「建築新人戦」の審査・運営　■ 学生実行委員への協力

建築関係の資格スクール「総合資格学院」を運営。
「建築新人戦」の主催者

総合資格学院

■「建築新人戦」の主催　■ 学生実行委員への協力
■「建築新人戦」の告知　■ 運営資金の提供

▼

ゲスト審査委員

▼

建築新人戦の開催

▼

『建築新人戦オフィシャルブック』の出版（株式会社 総合資格）

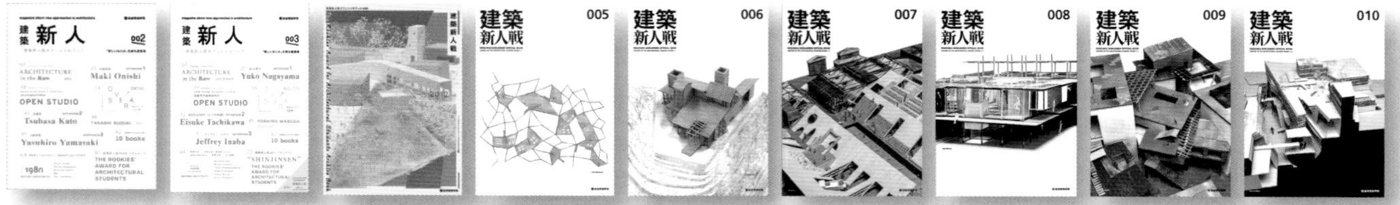

建築新人戦 2019 実行委員会

委員長
光嶋 裕介　（光嶋裕介建築設計事務所・神戸大学客員准教授）

副委員長
山口 陽登　（株式会社YAP 一級建築士事務所）

幹事委員
芦澤 竜一　（芦澤竜一建築設計事務所・滋賀県立大学教授）
倉方 俊輔　（大阪市立大学准教授）
小林 恵吾　（設計事務所NoRA・早稲田大学准教授）
白須 寛規　（design SU・摂南大学講師）
堀口 徹　（近畿大学准教授）
前田 茂樹　（GEO-GRAPHIC DESIGN LAB.）

建築新人戦2019
実行委員会(学生)

代表／原 和奏(武庫川女子大学)
副代表／沖野 瞭太郎(京都大学)
会計／中川 愛美(奈良女子大学)
総務代表／力安 一樹(近畿大学)
総務／國吉 海斗(大阪工業大学)
総務／久保 瑞季(武庫川女子大学)
執行部補佐／大畠 悠希(大阪大学)
執行部補佐／日高 葵香(大阪工業大学)
執行部補佐／前田 菜摘(神戸大学)
執行部補佐／田中 恭子(武庫川女子大学)

映像班
班長／西野 恵実(近畿大学)
副班長／上田 千晶(武庫川女子大学)
副班長／大前 凜華(大阪工業大学)
副班長／鷹取 ほのか(武庫川女子大学)
竹ノ内 美桜(大阪工業大学)
川端 歩実(近畿大学)
永田 拓未(三重大学)
佐藤 綾香(三重大学)
梅澤 愛琴(武庫川女子大学)

会場班
班長／迫田 雄大(大阪工業大学)
副班長／大濱 帆乃佳(大阪工業大学)
副班長／櫻本 聖成(大阪工業大学)
副班長／岡部 朱音(近畿大学)
荒川 樹(大阪産業大学)
植田 理子(大阪産業大学)
宇谷 賢人(大阪産業大学)
梅津 憂剛(大阪産業大学)
遠藤 愛(大阪産業大学)
音部 綾奈(大阪産業大学)
岸崎 将大(大阪工業大学)
小林 美穂(大阪工業大学)
阪田 悠樹(大阪工業大学)
杉本 育世(大阪産業大学)
田村 美咲希(大阪産業大学)
坪井 瑠花(大阪産業大学)
播本 直樹(大阪工業大学)
堀 涼太(大阪産業大学)
神本 隼門(関西大学)
村上 雄哉(関西大学)
阿比留 汐織(京都造形芸術大学)
多良間 涼太(京都造形芸術大学)
森田 健斗(京都大学)
上田 望海(近畿大学)
加藤 大地(近畿大学)
鈴木 颯(近畿大学)
瀬川 太希(近畿大学)
林 舞衣(近畿大学)
山口 由喜(神戸大学)
伊藤 沙弥香(奈良女子大学)
中川 結貴(奈良女子大学)
中村 彩乃(奈良女子大学)
吉岡 桃子(奈良女子大学)
市丸 美帆(武庫川女子大学)
神野 友紀子(武庫川女子大学)
崎山 朋実(武庫川女子大学)
竹村 美咲(武庫川女子大学)
田中 咲帆(武庫川女子大学)
檀上 咲季(武庫川女子大学)
菱川 陽香(武庫川女子大学)
前田 朱音(武庫川女子大学)

向 菜那(武庫川女子大学)
盛影 聖(武庫川女子大学)
山本 有結吏(武庫川女子大学)
和田 花音(武庫川女子大学)

広報班
班長／黒川 晴菜(近畿大学)
副班長／北野 ユミ(京都工芸繊維大学)
川口 赳司(関西大学)
秋山 大樹(近畿大学)
榊 敦仁(近畿大学)
柴田 貴美子(神戸大学)
沼田 悠(神戸大学)
小川 璃子(大阪大学)
稲井 佳那子(奈良女子大学)
杉本 湖都(武庫川女子大学)

書籍班
班長／沢田 直人(近畿大学)
副班長／広瀬 匡基(近畿大学)
石原 慶大(大阪芸術大学)
辻 京佑(京都大学)
今井 陽美(京都府立大学)
小宮田 麻里(近畿大学)
中山 愛花(近畿大学)
那谷 空良(三重大学)
古田 湧輝人(三重大学)
原口 奈々(武庫川女子大学)
吉田 雅蓮(武庫川女子大学)
平野 裕大(立命館大学)

審査班
班長／宮本 燎(大阪工業大学)
副班長／星野 佳恋(近畿大学)
班長補佐／興梠 卓人(京都大学)
伊藤 育実(関西大学)
神村 実来(京都工芸繊維大学)
増井 柚香子(京都工芸繊維大学)
平松 那奈子(京都大学)
足立 優太(大阪工業大学)
儀間 優太(大阪工業大学)
林 晃希(大阪工業大学)
赤嶺 圭亮(大阪大学)
大阪 直也(大阪大学)
西野 杏香(奈良女子大学)
池田 怜(武庫川女子大学)
岩佐 夏樹(武庫川女子大学)
川口 真緒(武庫川女子大学)
清川 明純(武庫川女子大学)
中井 彩有里(武庫川女子大学)
平松 花梨(武庫川女子大学)
新谷 彩(立命館大学)

制作班
班長／梶山 奈恵(武庫川女子大学)
副班長／森 暉理(武庫川女子大学)
副班長／川村 泰雅(大阪工業大学)
大峯 知佳(京都工芸繊維大学)
秋山 友秀(京都大学)
石原 早織(神戸大学)
坂本 すず(神戸大学)
清水 理佳(神戸大学)
田上 一希(大阪工業大学)
勝山 七海(武庫川女子大学)

佐藤 由梨(武庫川女子大学)
ジョン マリィ 花子(武庫川女子大学)
杉村 歩美(武庫川女子大学)
大佐田 奈波(兵庫県立大学)

舞台班
班長／北村 諒太郎(近畿大学)
副班長／大西 芹佳(大阪工業大学)
副班長／真壁 智生(大阪工業大学)
副班長／上田 彬人(大阪工業大学)
井上 奏音(関西学院大学)
筒井 翔大(京都大学)
関谷 百花(近畿大学)
松下 暉佳(近畿大学)
坂本 真結(三重大学)
舘 知花(三重大学)
加藤 あまね(神戸芸術工科大学)
割石 光絵(神戸芸術工科大学)
松本 京華(神戸芸術工科大学)
大和 明日香(神戸芸術工科大学)
保井 なるみ(神戸芸術工科大学)
上野 日奈子(大阪芸術大学)
児玉 芽依(大阪工業大学)
小川 千尋(奈良女子大学)
鈴木 乙葉(奈良女子大学)
内藤 碧音(奈良女子大学)
沼田 真緒(奈良女子大学)
本間 楓子(奈良女子大学)
山口 麻裕子(奈良女子大学)
岩田 栞奈(武庫川女子大学)
沖田 奈美(武庫川女子大学)
鎌田 彩那(武庫川女子大学)
北野 琴音(武庫川女子大学)
酒井 春佳(武庫川女子大学)
橙 麻実(武庫川女子大学)
中谷 友維(武庫川女子大学)
馬場 裕実子(武庫川女子大学)
西岡 里実(立命館大学)

主催

総合資格学院

特別協賛

協賛

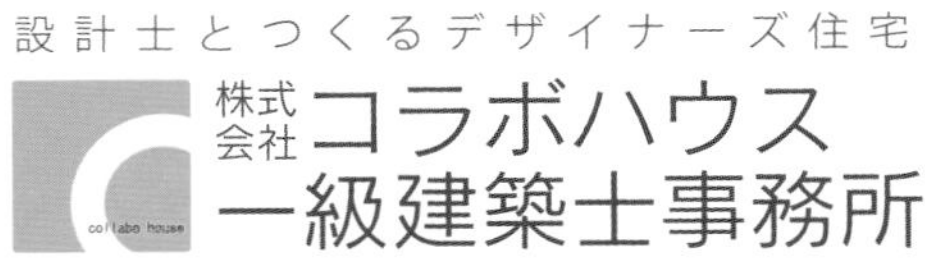

株式会社類設計室

X-Knowledge

真実一路 株式会社吉住工務店

総合防水材料メーカー
日新工業株式会社

建設通信新聞

おかげさまで創刊90周年。
日刊建設工業新聞

IAO竹田設計

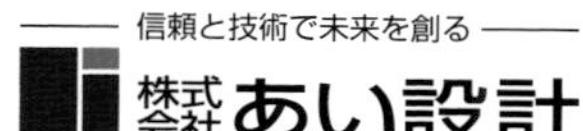

東畑建築事務所
TOHATA ARCHITECTS & ENGINEERS

安井建築設計事務所

株式会社
伸構造事務所

100年をつくる会社
鹿島

SHIMIZU CORPORATION
清水建設

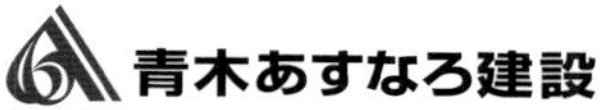

Shelter®

MakMax 太陽工業株式会社

大塚オーミ陶業株式会社

JKホールディングス株式会社

株式会社 創美建築企画

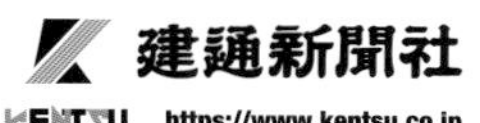

協力

建築新人戦のあゆみ

建築新人戦2009

日時: 2009年10月10日(土)
会場: 京都工芸繊維大学伝統工芸資料館、講義室

審査委員: 竹山 聖 (委員長・京都大学 准教授)
遠藤 秀平 (神戸大学 教授)
陶器 浩一 (滋賀県立大学 教授)
長坂 大 (京都工芸繊維大学 教授)

審査作品数: 171作品 応募登録者数: 177人
来場者数: 約250人(公開審査会)
主 催: 日本建築学会アーキニアリング・デザイン展IN京都 実行委員会
委員長 松隈洋(京都工芸繊維大学教授)
建築新人戦実行委員会
実行委員長 竹山聖(京都大学准教授)
最優秀新人賞:『触+こども+アート』 植松千明(信州大学3回生)

建築新人戦2010

日時: 2010年10月1日(金)~3日(日)〔公開審査会: 2日(土)〕
会場: 梅田スカイビル

審査委員: 竹山 聖 (委員長・京都大学 准教授)
大西 麻貴 (東京大学 博士課程)
中村 勇大 (京都造形芸術大学 教授)
藤本 壮介 (藤本壮介建築設計事務所)
宮本 佳明 (大阪市立大学 教授)
李 暎一 (宝塚大学 教授)

コメンテーター: 五十嵐太郎 (東北大学教授)
松田達 (松田達建築設計事務所)
審査作品数: 454作品 応募登録者数: 730人
来場者数: 約1,000人
主 催: 建築新人戦実行委員会
実行委員長 遠藤秀平(神戸大学教授)
学生代表 植村洋美(武庫川女子大学3回生)

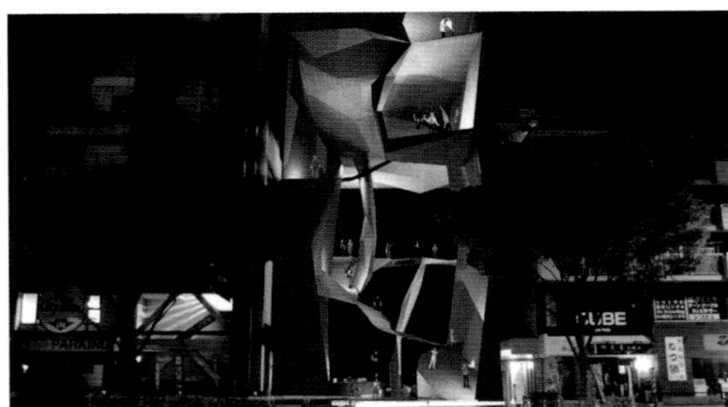

最優秀新人賞
『urban cave』 小島衆太(九州大学2回生)

海外招待作品展2010

日時: 2010年10月1日(金)~3日(日)
会場: 梅田スカイビル
審査委員: 遠藤 秀平 (神戸大学 教授)
李 暎一 (宝塚大学 教授)
招待作品数: 27作品(中国16作品、韓国10作品、インド1作品)
受賞: 青竜賞 浦陳宇(中国・東南大学)
白虎賞 Lee Jong Deok(韓国・漢陽大学校)

※各年、開催当時の肩書きを記載

建築新人戦2011

日時: 2011年10月7日(金)~9日(日)〔公開審査会: 8日(土)〕
会場: 梅田スカイビル

審査委員: 宮本 佳明 (委員長・大阪市立大学 教授)
谷尻 誠 (Suppose design office)
千葉 学 (東京大学 准教授)
槻橋 修 (神戸大学 准教授)
永山 祐子 (永山祐子建築設計)

コメンテーター: 倉方俊輔 (大阪市立大学准教授)
松田達 (東京大学助教)
審査作品数: 533作品
応募登録者数: 1,013人
来場者数: 約1,300人
主 催: 建築新人戦実行委員会
実行委員長 中村勇大(京都造形芸術大学教授)
学生代表 石井優香(大阪市立大学3回生)

最優秀新人賞
『ふたつの壁と隅の家』 石川睦(愛知工業大学3回生)

海外招待作品展2011

日時: 2011年10月7日(金)~9日(日)
会場: 梅田スカイビル

審査委員: 竹山 聖 (委員長・京都大学 准教授)
遠藤 秀平 (神戸大学 教授)
李 暎一 (宝塚大学 教授)

招待作品数: 16作品(中国9作品、韓国5作品、ベトナム2作品)
受賞

青竜賞
王晨雪(中国・合肥工業大学) ほか2名

白虎賞
Kim Hae Ree(韓国・弘益大学) ほか1名

朱雀賞
Kim Vo(ベトナム・ホーチミン市建築大学)

建築新人戦2012

日時：2012年10月5日(金)~7日(日)〔公開審査会：6日(土)〕
会場：梅田スカイビル

審査委員：**遠藤　秀平**（委員長·神戸大学 教授）
五十嵐　太郎（東北大学 教授）
キドサキナギサ（神戸大学 客員教授）
手塚　貴晴（東京都市大学 教授）
長坂　大（京都工芸繊維大学 教授）

コメンテーター：倉方俊輔（大阪市立大学准教授）
審査作品数：570作品
応募登録者数：1,008名
来場者数：約1,200人
主　催：建築新人戦実行委員会
実行委員長 中村勇大（京都造形芸術大学教授）
学生代表 小池真貴（神戸大学3回生）

最優秀新人賞
『ある時間、ある風景』　田代晶子（早稲田大学3回生）

第1回アジア建築新人戦

日時（公開審査会）：2012年11月3日（土）
会場：大宇プルジオバレー（ソウル市江南区大峙洞968-3）

審査委員：**鄭振国**（漢陽大学校 教授）
千宜令（京畿大学校 教授）
竹山　聖（京都大学 准教授）
遠藤　秀平（神戸大学 教授）
孔宇航（天津大学 教授）
王輝（中国建築学会建築家支会理事）
ホーディンチュー（ホーチミン市建築大学 教授）

出展作品数：17作品（韓国5作品、日本5作品、中国5作品、ベトナム2作品）
受賞：最優秀新人賞1作品、優秀新人賞4作品
主催：アジア建築新人戦実行委員会〔実行委員長／李暎一（宝塚大学教授）〕
（社）韓国建築設計教授会[韓国]、建築新人戦実行委員会[日本]
UED都市環境設計[中国]

アジア最優秀新人賞
『詩的世界 田村隆一をたどる』　中川寛之（神戸大学3回生）

建築新人戦2013

日時：2013年10月4日（金）~6日（日）〔公開審査会：5日（土）〕
会場：梅田スカイビル

審査委員：**竹山　聖**（委員長·京都大学 准教授）
五十嵐　淳（五十嵐淳建築設計事務所）
末廣　香織（九州大学 准教授）
陶器　浩一（滋賀県立大学 教授）
西沢　立衛（横浜国立大学 教授）
前田　茂樹（大阪工業大学 専任講師）

コメンテーター：倉方俊輔（大阪市立大学准教授）
審査作品数：614作品　応募登録者数：1,104名
来場者数：約1,200人
主　催：建築新人戦実行委員会
実行委員長 中村勇大（京都造形芸術大学教授）
学生代表 岡ひかる（近畿大学3回生）

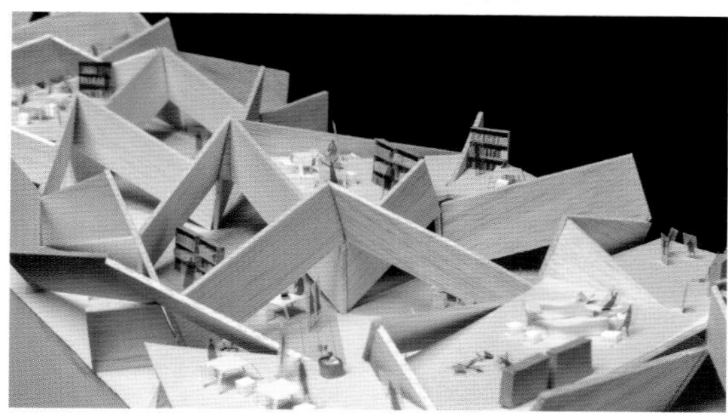

最優秀新人賞
『木陰のさんぽみち 街のみんなのコミュニティ・スクール』
若月優希（東海大学3回生）

第2回アジア建築新人戦

日時：2013年10月5日（土）~6日（日）〔公開審査会：6日（日）〕
会場：ASJ UMEDA CELL（日本·大阪）
審査委員：
委員長　**李　暎一**
[日本]　**遠藤　秀平**（神戸大学 教授）
團　紀彦（神戸大学 客員教授）
松本　明（近畿大学 教授）
[韓国]　**鄭振国**（漢陽大学）
具英敏（仁荷大学）
白鎭（ソウル大学）
[中国]　**仲徳昆**（東南大学）
張頎（天津大学）
孫一民（華南理工大学）
[ベトナム]**LE THANH SON**（ホーチミン市建築大学）
HO DINH CHIEU（ホーチミン市建築大学）
[インド]　**YASHWANT PITKAR**（ムンバイ大学）

出展作品数：23作品（日本5、カンボジア1、中国5、インド2、インドネシア1、マレーシア1、ミャンマー1、韓国4、タイ1、ベトナム2）
主催：アジア建築新人戦実行委員会
実行委員長 李暎一
学生代表 李清揚（神戸大学3回生）

アジア最優秀新人賞
『雪舟 光の境』　崔秋韵（神戸大学3回生）

建築新人戦2014

日時: 2014年10月4日(金)~6日(日)〔公開審査会:5日(土)〕
会場: 梅田スカイビル

審査委員: **團 紀彦** (委員長/神戸大学 客員教授)
倉方 俊輔 (大阪市立大学 准教授)
竹口 健太郎 (大阪産業大学 特任教授)
平田 晃久 (平田晃久建築設計事務所)
松岡 恭子 (スピングラス・アーキテクツ)
吉村 靖孝 (明治大学 特任教授)

コメンテーター: 槻橋修(神戸大学 准教授)
宗本晋作(立命館大学 准教授)
審査作品数: 507作品 応募登録者数: 914名
来場者数: 約1,268人
主 催: 建築新人戦実行委員会
実行委員長 中村勇大(京都造形芸術大学教授)
学生代表 池田みさき

最優秀新人賞
『青葉の笛と塔の家』
鈴江佑弥(大阪工業大学3回生)

第3回アジア建築新人戦

日時: 2014年10月25日(日)
会場: 大連理工大学(中国・大連)
審査委員:

委員長 **李 暎一**
[日本] **遠藤 秀平** (神戸大学)
長坂 大 (京都工芸繊維大学)
[中国] **王建国** (東南大学)
范悦 (大連理工大学)
李文海 (大連都市発展設計会社)
[カンボジア] **Karno Chhay** (王立芸術大学)
[インド] **Prasanna Desai** (プネー大学PVP建築校)
[インドネシア] **Teguh Utomo Atmoko** (インドネシア大学)
[韓国] **Park JInho** (仁荷大学校)
Lee Yunhie (梨花女子大学)
Huang Chulho (延世大学校)
[ベトナム] **Cuong Ha Nguyen** (ホーチミン市建築大学)

出展作品数: 22作品(カンボジア1、中国5、インド2、インドネシア1、マレーシア1、ミャンマー1、韓国5、タイ1、ベトナム1、台湾2、ラオス1、モンゴル1)
主催: アジア建築新人戦実行委員会
実行委員長 李暎一
学生代表 王隽斉

アジア最優秀新人賞
『WALLS HAVE EARS』 袁希程(中国美術学院)

建築新人戦2015

日時:2015年10月2日(金)~4日(日)〔公開審査会:3日(土)〕
会場: 梅田スカイビル

審査委員: **遠藤 秀平** (委員長/神戸大学 教授)
工藤 和美 (シーラカンスKai&H代表取締役/東洋大学建築学科 教授)
島田 陽 (タトアーキテクツ/島田陽建築設計事務所
前田 圭介 (UID)
松本 明 (近畿大学 教授)
マニュエル・タルディッツ (明治大学 特任教授)

審査作品数: 577作品 応募登録者数: 899名
来場者数: 約1,241人
主 催: 建築新人戦実行委員会
実行委員長 中村勇大(京都造形芸術大学教授)
学生代表 田中翔子

最優秀新人賞
『筋交い壁のある町家』
伊藤高基(九州大学3回生)

第4回アジア建築新人戦

日時: 2015年10月24日
会場: ベトナム・統一会堂
審査委員:

[日本] **李 暎一** (委員長/グエンタットタイン大学)
團 紀彦 (神戸大学)
陶器 浩一 (滋賀県立大学)
[中国] **Gong Kai** (東南大学)
Kong Yuhang (天津大学)
[韓国] **Roh Seungbom** (漢陽大学校)
John Yongseok (弘益大学校)
[モンゴル] **Gonchigbat Ishjamts** (モンゴル科学技術大学)
[ベトナム] **Trinh Duy Anh** (ホーチミン市建築大学)
Pham Ahn Tuan (ダナン建築大学)
[ミャンマー] **Thet Oo** (西ヤンゴン工科大学)
[シンガポール] **WongYunnChii** (シンガポール国立大学)
[台湾] **Gene Kwang-Yu King** (金光裕建築事務所)

出展作品数: 25作品(中国3、日本3、韓国3、インド2、インドネシア2、ベトナム2、台湾2、ラオス1、モンゴル1、スリランカ1、ネパール1、シンガポール1、カンボジア1、ミャンマー1、タイ1)
主催: アジア建築新人戦実行委員会
実行委員長 李暎一
主催国実行委員長:Trinh Duy Anh

アジア最優秀新人賞
『The Tea House -My Way Back Home』 林雨嵐(西安建築科技大学)

建築新人戦2016

日時:2016年9月24日(土)~26日(月)〔公開審査会: 25日(日)〕
会場: 梅田スカイビル

審査委員: **小川　晋一** (委員長/近畿大学 教授)
芦澤　竜一 (滋賀県立大学 教授)
乾　久美子 (横浜国立大学　教授)
加藤　耕一 (東京大学 准教授)
武井　誠 (TNA)
福岡　孝則 (神戸大学 特命准教授)

審査作品数: 607作品　応募登録者数: 905名
来場者数: 約1,311人
主　催: 建築新人戦実行委員会
実行委員長 中村勇大(京都造形芸術大学教授)
学生代表 草川望

最優秀新人賞
『茶の湯 - 光露地 Complex』
塩浦 一彗(UCL, Bartlett school of architecture 3回生)

建築新人戦2017

日時:2017年9月21日(木)~23日(土)〔公開審査会: 23日(土)〕
会場: 梅田スカイビル

審査委員: **乾　久美子** (委員長/横浜国立大学 教授)
光嶋　裕介 (神戸大学 客員准教授)
佐藤　淳 (東京大学 准教授)
武田　史朗 (立命館大学 教授)
畑　友洋 (神戸芸術工科大学 准教授)
増田　信吾 (増田信吾+大坪克亘)

審査作品数: 583作品　応募登録者数: 902名
来場者数: 約1,019人
主　催: 建築新人戦実行委員会
実行委員長 中村勇大(京都造形芸術大学 教授)
学生代表 森谷友香(武庫川女子大学)
共　催: 株式会社総合資格(総合資格学院)

最優秀新人賞
『DISORDERLY SPACE ~雑多性に伴う展示空間の提案~』
渡辺 拓海(近畿大学3回生)

建築新人戦2018
「10th Anniversary」

日時: 2018年9月20日(木)~22日(土)〔公開審査会: 22日(土)〕
会場: 梅田スカイビル

審査委員: **中村　勇大** (委員長/京都造形芸術大学 教授)
遠藤　秀平 (神戸大学 教授)
小川　晋一 (近畿大学 教授)
竹山　聖 (京都大学 教授)
團　紀彦 (青山学院大学 教授)
萬田　隆 (神戸芸術工科大学 准教授)
宮本　佳明 (大阪市立大学 教授)

審査作品数: 514作品　応募登録者数: 902名
来場者数: 約1,049人
主　催: 建築新人戦実行委員会
実行委員長 中村勇大(京都造形芸術大学 教授)
学生代表 村瀬怜奈(武庫川女子大学)
共　催: 株式会社総合資格(総合資格学院)

最優秀新人賞
『IMPRESSING MUSEUM』
村井 諄美(近畿大学3回生)

第8回 アジア建築新人戦
8th Asian Contest of Architectural Rookie' s Award

2019年11月1日(金)~3日(日)にわたり、8回目となるアジア建築新人戦が東京有楽町にて行われた。本大会では、アジアの大学で建築設計を学ぶ学生の作品を審査し評価する。出展者は国内大会から選ばれ、日本からは建築新人戦の入賞者3名が代表として参加した。開催国はアジア各国を巡る形式で、2019年のホスト国は日本。1日目のワークショップはスポンサーである総合資格学院の新宿校で、2日目の公開審査会は同じくスポンサーであるASJのギャラリー「ASJ TOKYO CELL」(有楽町)で行われた。その様子をレポートする。

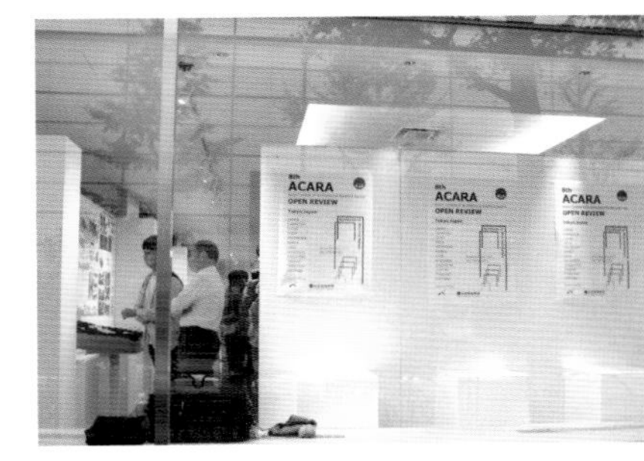

1日目:模型搬入と会場設営

2019年11月1日(金)のお昼から、東京駅と有楽町駅の間に建つ「東京国際フォーラム」近くに位置する「ASJ TOKYO CELL」に、大きな荷物を抱えた学生たちが訪れ始めた。彼らは2019年のアジア建築新人戦の参加者。12カ国から22人が集い、自身の作品を競い合う。大きな荷物は模型やプレゼンテーションのパネル。受付を済ませると、移動の疲れは見せずに、さっそく割り当てられたスペースで黙々と模型の設営を進めていた。参加者は国内大会で選出された国の代表者であり、責任や期待、不安などさまざまな想いを抱いていたのだろう、それもあってか当初会場には緊張感が張り詰めていた。しかし、時間が進み設営が済めば他の出展者の模型を覗き込んだり、他国の参加者に質問をしたりと、打ちとけていった。同じアジアとは言え、国によって風土や文化が異なり、それが作品にも自然と反映される。出展学生たちは他国の作品を見ながらその違いに気づき、これから始まる大会への期待を膨らませたことだろう。

夕刻には、主催者であるアジア建築集合体の李会長や林国際交流委員長、また各国の審査員やスポンサーとなる総合資格とASJの代表者によるミーティングが開かれた。審査員はアジア各国で活躍する建築家であり、教育者でもある。彼らが一堂に会することは珍しく、そこにも本大会の意義がある。ミーティングでは翌日のワークショップ、翌々日の公開審査会の運営やレギュレーションについて確認を行った。

飛行機の到着時間によって模型設営の時間は異なり、遅くまで設営がかかる学生も

大会の運営について打ち合わせをする実行委員や審査員、スポンサー企業

大会概要

日　　時：2019年11月1日（金）　会場設営・審査員ミーティング
　　　　　11月2日（土）　ワークショップ
　　　　　11月3日（日）　公開審査会
会　　場：ASJ TOKYO CELL（展示・公開審査会）
　　　　　総合資格学院　新宿校（ワークショップ）
参 加 国：日本（3人）、カンボジア（1人）、中国（3人）、インド（2人）、
　　　　　インドネシア（2人）、韓国（2人）、ラオス（1人）、ミャンマー（1人）、
　　　　　シンガポール（1人）、台湾（2人）、タイ（1人）、ベトナム（3人）
審 査 員：李暎一（日本）、小堀哲夫（日本）、ZHANG,TONG（中国）、
　　　　　TIMOTICIN,KWANDA（インドネシア）、
　　　　　KANG,CHUL HEE（韓国）、SOUKANH,CHITHPANYA（ラオス）、
　　　　　WANG,CHUN HSIUNG（台湾）、TRUONG,QUOC SU（ベトナム）
主　　催：アジア建築集合体（AUA）
協賛企業：株式会社 総合資格、アーキテクツ・スタジオ・ジャパン 株式会社

ワークショップ参加校＆プログラム

テーマ「Symbiosis of Man and Nature」
会場：総合資格学院 新宿校
参加者・参加校：アジア建築新人戦出展者および芝浦工業大学、千葉工業大学、
　　　　　　　　法政大学、明治大学、早稲田大学

9:30 - 9:40　開会挨拶・参加者紹介
9:40 - 10:00　グループ分け
10:00 - 10:20　テーマおよびトピック説明
10:20 - 12:00　西新宿見学（サーベイ）
12:00 - 12:40　ランチ
13:00 - 17:00　ディスカッション＆プレゼンボードの作成
17:00 - 18:00　プレゼンテーション

見学で訪れた新宿三井ビルの公開空地「55（ゴーゴー）広場」

会場である総合資格学院の複数の教室で各グループに分かれて案を作成した

1等を受賞したGグループのプレゼンテーション

左はシンポジウムのテーマを作成した山代悟教授（芝浦工業大学）、真ん中が李暎一会長、右が審査員として招待された小林正美教授（明治大学）

2日目：ワークショップ

アジア建築新人戦の2日目は、総合資格学院の新宿校でワークショップが行われた。テーマは「共生 Symbiosis of Man and Nature 新宿で共生を考える」。課題文はビルディングランドスケープの共同主宰者である一方、かつて中国の大連理工大学で教鞭を執り、現在は芝浦工業大学の教授である山代悟氏が作成した。このテーマのもと、淀橋浄水場の跡地に広がり、人工的な自然である「新宿中央公園」、足元にランドスケープと植栽が成熟した公開空地を有する「新宿三井ビルディング」、そして戦後の闇市として始まり、現在もカオス的な風景をつくり出している「思い出横丁」を参加者全員で見学。その後、会場に戻りワークショップの会場である新宿野村ビルの改修計画を作成し提案する。

ワークショップの参加者は、海外の学生はもちろん、首都圏の5大学から20名が加わり、合計43名。午前中にA～Gの7グループに分かれ、グループごとに3地点を巡った。西新宿には、丹下健三が設計した東京都庁舎や、丹下の後を継いだ丹下都市建築設計のモード学園コクーンタワーなど有名な高層建築が多い。学生たちは新宿中央公園の木々の間から東京都庁舎を眺め写真を撮ったり、新宿三井ビルの公開空地をスケッチしたりと、熱心に敷地の特性を読み込もうとしていた。また、見学中、日本の学生が海外の学生に新宿の街や建物について説明する姿が見られ、国際交流も十分に図られたようだ。

会場に戻りランチをとった後、グループに分かれ案の作成が行われた。最初からPCとプロジェクターを使い、素材を集め議論を進めるグループもあれば、まずはブレインストーミングでA1の用紙にアイデアを書き込んでいくグループ、また屋外に出てビル周辺をリサーチするグループなど、進め方はさまざま。しかし、17時の締切の時間が迫ると、どのグループも作業を分担して、必死に取り組む姿が見られた。

プレゼンテーションではパワーポイントはもちろんのこと、短時間で動画を作成するグループも見られ、日本に比べてプレゼンテーション技術の先進性が見られた。各グループの提案は、午前中の見学を踏まえ、短時間で作成したとは思えないほどのクオリティの高いものばかり。人工的な要素の強い駅側と、自然的な要素の強い公園側、その中間に位置する高層ビル群のエリアと3区分して、3エリアをつなぐ道をSymbiosis（共生）Streetとして提案する案、あるいは新宿野村ビルを中心に、ビル群の低層部分をピロティとして開放し、ランドスケープ化する案、同じくランドスケープの案だが、等質な風景を避けて、具体的に植生や季節による見え方を手掛かりに計画した案など多様な提案がなされた。7グループのプレゼンが終わった後、グランプリを決める審査員の投票が行われた。見事、グランプリに選ばれたのはGグループ。「自然と人間との共生」を外ではなく風景の中にいることと位置づけ、新宿野村ビルの地上1階をセンターコアのみ残し解放するとともに、地表をめくるような操作を行い、立体的なランドスケープを創出。そこには緑とともに公園やカフェ、ショップなどの機能を配置した。また、午前中の思い出横丁の見学から、都市における人間と自然の関係は、ヒューマンスケールに従うという考えを導き出し、ランドスケープ上で生まれるアクティビティの詳細まで丁寧に計画されていた。

最後に、会場を提供した総合資格の岸隆司代表から参加者全員に賞状と副賞が贈られ、2日目のワークショップは幕を閉じた。

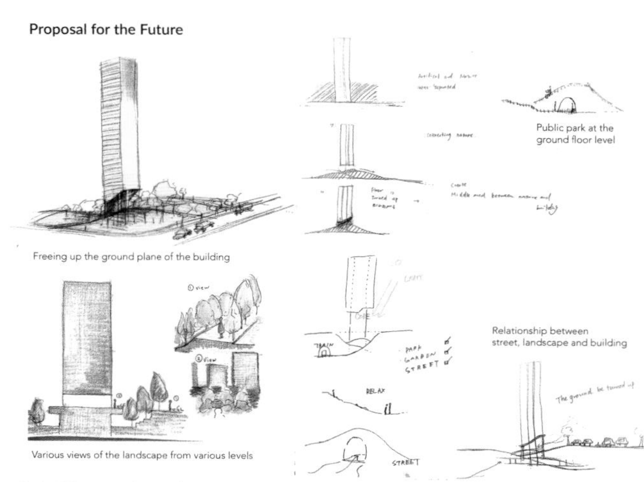

1等を受賞したGグループの提案

審査員

李暎一氏 Dr.LEE, YOUNGIL
(日本 / AUA会長)

小堀哲夫氏 Ar.KOBORI, TETSUO
(日本 / 小堀哲夫建築設計事務所代表)

ZHANG,TONG
(中国 / Dean of Scool of Architecture,SEU)

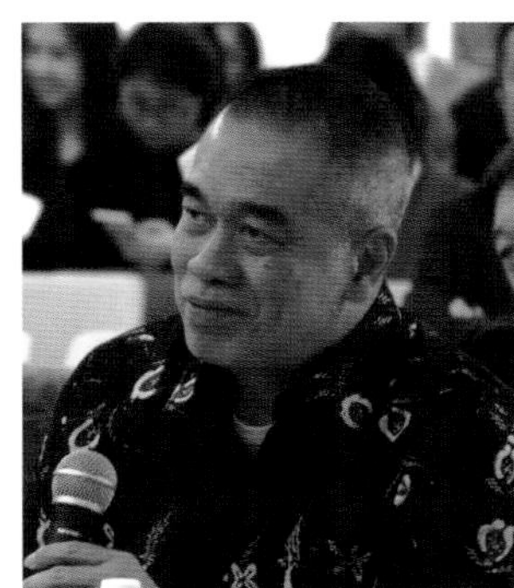
TIMOTICIN,KWANDA
(インドネシア / Associate Professor Petra Christian University)

大会3日目は、アジア建築新人戦のメインイベントとなる公開審査会が開催された。12カ国22人の出展学生、そして7カ国8人の審査員、加えて海外からの関係者と、会場は国際色で彩られた。スタートは恒例となっている参加者全員による署名式。壁に貼られたA1サイズのポスター3枚にサインし、今日の大会の記録を刻んだ。記念撮影、開会式と続いた後、いよいよ参加者全員によるプレゼンテーション。英語のスキルの違いはあるものの、各自、持ち時間と質疑応答の時間を使い、必死に自身の作品の意図や魅力を伝えようとしていた。作品では、トウモロコシをはじめとした穀物の種を模型材料に使用した作品、日常の瞑想の部屋を設計した作品、雨乞いの際の祈りの手の形を住宅のモチーフにした作品などなど、日本国内の大会では決して出展されることのないであろう、その国の文化と風土に根差した作品が数多く見受けられた。日本からは2019年9月の国内大会で最優秀新人賞に輝いた長橋佳穂さん(P.10)、優秀新人賞に輝いた國弘朝葉さん(P.20)、米澤実紗さん(P.42)の3人が代表として参加。3人とも国際大会という舞台で、しかも慣れない英語によるプレゼンテーションで緊張が窺われたが、審査員との質疑応答で何とか自身の意図を伝えようとする姿が印象的であった。この経験が今後の糧になることは間違いないだろう。

プレゼンテーションの後、受賞者を決める投票が行われた。第一回目の投票は審査員一人5票で、この投票で8人のファイナリストに絞られた。ファイナリストは模型とともにステージの前に並び、そこで再度、審査員との質疑応答を繰り広げた。作者の意図はもちろんのこと、その背後に広がる文化的な要素まで読み取ろうと審査員も真剣に出展学生の答えに耳を傾けていた。2回目の投票は審査員一人3票が投じられ、4人に絞られた(表1)。4人は引き続き壇上に残り、それぞれ順番に自身の作品について最後のアピールを行った。そして、そのアピールを踏まえ審査員一人1票の最終投票が行われ、その結果、インドネシア代表のNADYA WINAGA P. さんが4票を集め見事1位に選ばれた(表2)。NADYAさんの作品は、「IN THE MIDST OF(真っ只中に)」というタイトルで、「EMPTY BUT FULL(空だがいっぱい)」という仏教の概念を「VOID BUT SOLID(ボイドだが個体)」と建築に置き換えて読み解き、仏教寺院を設計。野草が生い茂る敷地に、半地下にして隠すように寺院を置き、屋根をグリーンルーフにして、巨大な建物を敷地に上手く溶け込ませた。寺院の前には小さな丘をつくり小道を通し、建物入口付近には高い壁による狭い道を設けることで、来訪者はそのシークエンスから「VOID BUT SOLID(ボイドだが個体)」という作品テーマを感じることができる。寺院内部に入ると正面奥に鎮座する仏像が見えるが、仏像のちょうど真上にある天井は穴が開いており、天気の良い日は陽の光が降り注ぎ、天気の悪い日は雨が仏像に打ち付ける。来訪者は暗い寺院の内部にいるが、天井の穴から自然が入り込み、外部のような空間にいる巨大な仏像を拝むことができる。審査員長の李会長は、今年の作品の講評の中で「この作品が今回のテーマである『自然と人間の共生』を最も的確に表現したものであり、アジアの哲学を建築としてうまく表現した」と述べた。他の審査員もそのような点を高く評価し、投票した。

NADYAさん以外の審査結果は表2の通り。授賞式では本大会の実行委員長であり、AUAの会長でもある李先生、またスポンサー企業である総合資格の岸隆司代表、同じくスポンサーであるASJの丸山雄平代表から賞状と副賞が贈られた。

授賞式の後は、観覧者も参加して懇親会が行われた。出展学生たちは大会3日間を通して打ち解けており、和やかな時間の中、互いの健闘を讃え合ったり、連絡先を交換し合ったりする姿が見られた。急速に発展する都市もあれば、日本のように成熟した都市もアジアには存在する。建築家が活躍するフィールドが国内から海外へと広がる中、建築新人たちが異なる国の仲間たちと競い合い、認め合う場は今後ますます重要になってくるであろう。本大会がアジアの建築の発展に大きく貢献していることを感じさせた。

KANG,CHUL HEE
(韓国 / President of Korean Institute of Architects)

SOUKANH,CHITHPANYA
(ラオス / Assc.Professor at National University of Laos)

WANG,CHUN HSIUNG
(台湾 / Dean of Chien University)

TRUONG,QUOC SU
(ベトナム / Professor at University of Architecture Ho Chi Minh City)

公開審査会プログラム

9:00- 9:30	署名式・記念撮影
9:30- 9:50	開会式
9:50-10:00	審査員紹介
10:00-12:00	プレゼンテーション
12:00-13:00	ランチ
13:00-14:15	プレゼンテーション
14:15-14:30	休憩
14:30-15:45	プレゼンテーション
15:45-16:50	投票
16:50-17:20	審査員総評
17:20-17:50	授賞式
18:00-20:40	懇親会

表1: 第二回審査

	Tomoha Kunihiro (Japan)	Li Xinyun (China)	Le Anh Tai (Vietnam)	Andrew Laksmana (Indonesia)	Nadya Winaga (Indonesia)	Misa Yonezawa (Japan)	Wu, Shi-Xian (Taiwan)	Khammanh Vongpaseuth (Laos)
LEE,YOUNGIL (李暎一、Japan)			○		○		○	
KOBORI,TETSUO (小堀哲夫、Japan)	○	○						○
ZHANG,TONG (China)		○			○			○
TIMOTICIN,KWANDA (Indonesia)		○		○	○			
SOUKANH,CHITHPANYA (Laos)		○					○	○
KANG,CHUL HEE (South Korea)					○		○	○
WANG,CHUN HSIUNG (Taiwan)					○		○	○
TRUONG,QUOC SU (Vietnam)	○		○					○
	2	4	2	1	5	0	4	6

表2: 第三回審査

	Li Xinyun (China)	Nadya Winaga (Indonesia)	Wu, Shi-Xian (Taiwan)	Khammanh Vongpaseuth (Laos)
LEE,YOUNGIL (李暎一、Japan)		○		
KOBORI,TETSUO (小堀哲夫、Japan)	○			
ZHANG,TONG (China)		○		
TIMOTICIN,KWANDA (Indonesia)		○		
SOUKANH,CHITHPANYA (Laos)			○	
KANG,CHUL HEE (South Korea)		○		
WANG,CHUN HSIUNG (Taiwan)			○	
TRUONG,QUOC SU (Vietnam)			○	
	1	4	3	0

見事、最優秀新人賞に輝いたNADYA WINAGA P.さんのプレゼン風景

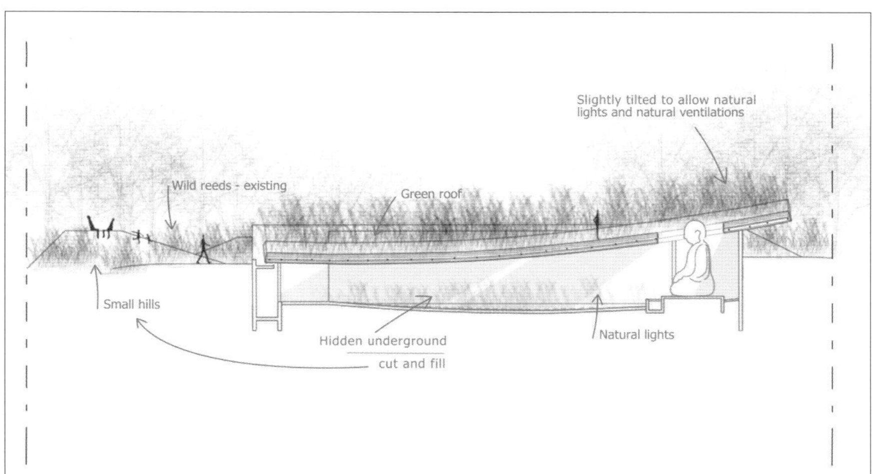

最優秀新人賞に輝いたNADYA WINAGA P.さんの提案

審査員や出展学生、スポンサー企業のスタッフなど、全ての大会関係者がサインをした

授賞式後の記念撮影。左からアーキテクツ・スタジオ・ジャパンの丸山雄平代表、3等のLi Xinyunさん（中国）、総合資格の岸隆司代表、1等のNADYA WINAGA P.さん（インドネシア）、李暎一会長、2等のWu, Shi-Xian（台湾）さん

審査会後の懇親会では出展学生だけでなく、大会関係者全員が楽しい一時を過ごした

出展学生、審査員、スポンサー企業による記念撮影

2013〜2018年度実行委員長、2018年度審査委員長、建築家

中村勇大先生を偲ぶ

建築新人戦を立ち上げ、2013年から2018年度には、実行委員長として学生たちとともに建築新人戦を引っ張ってこられた中村勇大先生が2019年に逝去されました。建築新人戦は2019年度から大きく体制が変わり、新しい一歩を踏み出しましたが、これまでの中村先生の建築新人戦に向けられた情熱と貢献に哀悼の意を表し、ささやかながら追悼のメッセージを掲載します。

1959年 京都市生まれ
1982年 近畿大学工学部建築学科卒業
1982年 建築学会支部長賞(卒業設計:Dear Children)
1989年 北村陸夫+ズーム計画工房
1990年 中村勇大アトリエ設立
1991,1994年 SD Review 入選(上鳥羽の家)(西陣の家)
1993年 京都芸術短期大学専任講師
2000年- 京都造形芸術大学助教授
2001年 日本建築家協会JIA新人賞(ST-1/斜めテラスの家)
2004年- 京都造形芸術大学教授
2004年 第二十回吉岡賞(此花の長床)
2011-2018年 建築新人戦実行委員長(第三回〜第十回)
2015年 日本建築学会賞・業績(「失われた街」模型復元プロジェクト)
2016年 日本建築学会教育賞・教育貢献(建築新人戦)
2017年 文部科学大臣表彰科学技術賞・理解増進部門(建築新人戦)
2019年 逝去

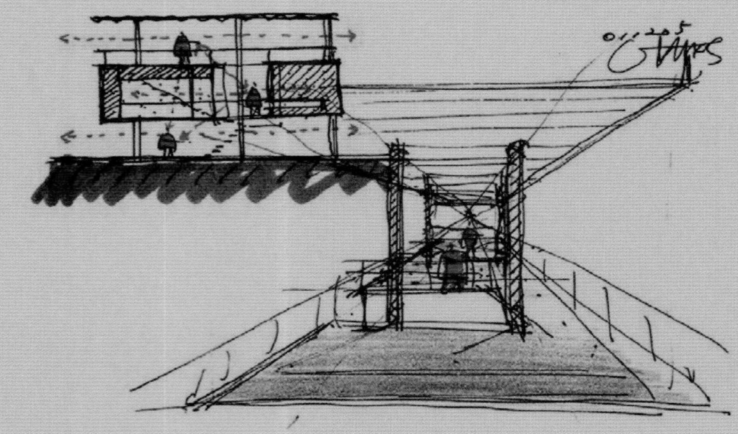

此花の長床:スケッチブックより

「中村勇大君を偲ぶ会」について

2019年9月20日に「中村勇大君を偲ぶ会」が行われた。「とてもよい会だった」という感想があちらこちらで聞かれる、心のこもった時間だった。中村先生は3月30日に亡くなられ、誰もが予期しないことに混乱しているようだった。照れ屋な中村先生らしいことで、自分のプライベートなことは家族以外の誰にも話さずに逝ってしまわれた。そのため、突然の別れに戸惑っている、という気持ちをみんなが持っているように思えた。しかし、みなさんが偲ぶ会で話をしているのを聞いていると、それぞれの挿話が興味深く、言い方が難しいけれど、改めて悲しみに浸ることのできる時間になったように思う。みなさんがお話される思い出から、中村先生の建築への真っ直ぐでロマンチックな姿勢を改めて垣間見た気がする。お世辞などではなく、自身が感動した建築に「いい」という言葉を率直に繰り返される姿など、実は褒め上手なエピソードを多く聞かせていただいた。

偲ぶ会の日は「建築新人戦2019」の2次審査・決勝の前夜であり、その立ち上げから現在までを牽引し、そのうち8年間の実行委員長を務めた中村先生にとっても大事な日である。会場には100名を超える人が集まり、今年のスタッフ学生が飾った白いかすみ草があふれた。

小池 志保子(中村勇大アトリエ元所員・大阪市立大学准教授)

(案内状より抜粋)

畏友、そして盟友の中村勇大君が逝ってしまって半年近くの時が流れました。

彼が最後の10年を捧げることとなった建築新人戦の、彼がいなくなってしまった11回目のまさにその時その場の一隅において、彼を偲ぶ会を開きたいと思います。

いつも学生実行委員たちとお揃いのTシャツを着て、会の始まりを告げる笛を吹き鳴らす彼の姿は、建築新人戦の風物詩であり、今年からもはやその姿が見られない。それが寂しくてなりません。常に学生たちとともにあり、後進の育成に心を砕き、身を捧げてきた彼を象徴する姿でした。誰かのために、何かのために、献身的に行動する。私たちが常に彼を尊敬してきた理由の一つです。ともに何かを作り上げることに限りない喜びを覚え、笑顔を絶やさない。私たちが彼の人柄を愛する一番の理由です。

ささやかな人生の中で、かけがえのない時を彼と共に過ごせたことを、私たちは心から嬉しく思います。そして誇らしく思います。彼は自らを侵した病魔のことを一言も口に出さず、黙って戦い、静かに去って行きました。私たちに残してくれたのは、笑顔のみ。そんな強さを持った人でした。

強く、やさしく、明るい、彼の在りし日の姿を振り返りながら、ともにひと時を過ごしたいと思います。強く明るい日々を、私たちの未来に分け与えてくれたことへの感謝を、やさしさの思い出とともに語り合いながら。

2019年8月

日本建築設計学会会長　竹山 聖

建築新人戦2016審査を見守る中村先生

中村勇大と建築新人戦

中村さんとの付き合いはおおよそ30年。1990年代SDレビューに同時入選してから親しくなり、毎年大晦日には2人で建築の可能性を語り、建築新人戦の将来を模索してきた。この紙面ではとても語りきれないたくさんの思い出があるが、建築新人戦を振り返る。「建築新人戦オフィシャルブック001」収録の竹山聖さんの「建築新人戦とは」では、私が竹山さんはじめ京都の建築設計教育を担う多くの人たちに呼びかけ始まったとあるが、その前段を紹介したい。2009年6月ごろ、設計プロジェクトを一緒に進めていた構造家であり滋賀県立大教授の陶器浩一さんから、建築学会が行うアーキニアリング京都展に際してなにかできないか、と相談があった。その時は大阪の事務所と神戸大学を拠点とする私には縁も薄い京都の地でのこと、そこで旧知の中村さんに相談をすると、京都大学の竹山聖さんを誘うしかないと提案があった。早速、中村さんから竹山さんに声をかけてもらい、鴨川沿いの居酒屋で竹山さんに将来の建築家を関西から生み出すためと説得し、短期決戦となるイベントの実行委員長を快諾していただき、とても強力な体制となった。そうして、京都工芸繊維大学の長坂大さんや関西の多くの方が加わり、10月10日第1回建築新人戦が一歩を踏み出した。中村さんは建築新人戦の生みの親でもある。その後の10年は積水ハウスの協力もあり、会場である梅田スカイビルを舞台として驚くほど順調に楽しく持続することができた。

実は7回くらいから教員実行委員の世代交代を模索してきたが、実行委員長もなかなか適任者がみつからず中村さんが8回も担ってくれた。毎回、京都から大阪に駆けつけて、夕刻から学生たちとの実行委員会を開くのは大変だったにちがいない。しかし、毎年、中村さんは愚痴の一言も漏らさずに学生たちと向き合い、時に真剣に叱咤激励し、時にボケをかましながら笑いと涙ありで建築新人戦を生みだし続けてきてくれた、多謝。2018年春から第10回実行委員会がスタートしたが、このころから中村さんの体調が優れないように見受けられた。定例会議では学生も心配する場面もあったが、9月の本番では元気にいつものTシャツ姿で実行委員長と審査委員長の大役を無事果たした。中村さん、お疲れさまでした。

中村さんとはこれまで、酒の席も含め100回以上は建築について語り合った。毎回、2人の結論は、自らを鼓舞することも含め建築界を憂慮する結論だった。30代は同年代への危惧から始まり50代は近未来の建築界への危機感、詳しく書き留める紙面はないが、最後は「あの人らは一体どないしはりましたんや(笑)」、とつぶやく中村さんの声を思い出す。我々の身の回りには問題山積ではあるが、中村さんの念いを受け継ぐ光嶋裕介さん率いる「建築新人戦」の場面において、今後も建築の可能性が生み出し続けられるにちがいない。

生粋の京都人だった中村さん、野球少年だった中村さん、毎年甲子園球場に誘ってくれた中村さん、焼き鳥が大好きだった中村さん、ポケモンGOにはまっていた中村さん、半ズボンが似合っていた中村さん、いつも日焼けしていた中村さん、NHK日曜美術館を楽しみにしていた中村さん、どこまでもどこまでも歩き続ける中村さん、はにかんだ笑顔がとても素敵な中村さん、そしてもう会えない中村さん、ありがとう、ありがとう、ありがとう。

遠藤 秀平(建築家・神戸大学教授)

大きすぎる靴

中村勇大先生には、いつでも深い愛情のある厳しさがあった。私が初めて建築新人戦の審査員を務めさせてもらった際に、学生実行委員の定例会に参加した時の印象がそうだった。ビシバシと忌憚なく学生たちを叱咤激励しながら、建築新人戦の本質的な意義を伝え、運営スタイルを10年間に渡って丁寧に磨きながら構築されたのである。私は、一昨年、中村先生と遠藤先生、竹山先生という建築新人戦を立ち上げたお三方に呼ばれて次期実行委員長の打診を受けた。私には大きすぎる靴だと思い、最初はお断りした。しかし、建築家の卵である学部3回生を中心に大学内の評価を超えて、全国から作品を募り、100選を展示し、公開審査することの意義について熱く語られていく内に、これは、私個人のことではなく、広く建築家教育にとって大切なことであるように切実に感じられたので、快諾することにした。その日の帰り、勇大さんに誘われて梅田の立ち飲み屋に行った。思えばハーフパンツから覗く足はずいぶんと細くなっていたが、「ここのは、うまいんや」と言いながらチーズクラッカーと黒ビールを豪快に飲まれていた。そして、改めて引き受けてくれたことを何度も繰り返し感謝され、その後は高校野球談義に花が咲く。この最初で最後となってしまった勇大さんとのサシ飲みの時の笑顔が今も脳裏を離れない。

勇大さんが実行委員長を務めた第10回建築新人戦のイヤーブック刊行パーティの前日の夜、その突然の訃報は飛び込んできた。身体中の力が抜け落ち、ただただ呆然とする。信じられない。私に託された建築新人戦のバトンは、とても大きく、とても重い。しかし、天国からあの飲み屋で語り合った時のような笑顔で「しっかり頼むで!」と背中を押されているようで、私は大きすぎる靴を履きながら、これからも素晴らしい建築新人戦の伝統をしっかりと未来へとつなげていきたい。勇大さん、見ていてください。

光嶋 裕介(建築新人戦実行委員長、建築家)

建築士法改正！

総合資格学院を取材してきました！

原和奏（はら・わかな）
建築新人戦2019実行委員代表
武庫川女子大学3年生

久保瑞季（くぼ・みずき）
建築新人戦2019実行委員総務部代表
武庫川女子大学3年生

2020年3月に建築士法が改正された。これまでは一定期間の実務経験を積んだ後、建築士試験を受験できたが、改正後は実務経験がなくても受験できるようになった（試験合格後の登録には実務経験が必要）。つまり、建築学科の学生は卒業をしたその年に1級建築士試験を受験できる。建築新人にとって、日頃の学習や今後のキャリアプランに影響する大きな変化であり、関心も高いだろう。

そこで建築新人を代表して2019年度の実行委員を務めた2人が、建築新人戦の共催企業である総合資格へ取材を行った。総合資格学院 梅田校で実際に講義を体験。その後、総合資格の関西本部長を務める福西氏に話を伺い、変革期に建築新人がどのように備えればよいのかを探ってきた。

本試験にチャレンジ

1級建築士試験とは…

1級建築士試験は1次の学科試験と2次の設計製図試験で構成される。4月に受験申込の願書が配布され、4月中旬から5月中旬までインターネットや郵送、あるいは会場で申込できる。そして例年、7月下旬（原則日曜日）に1次の学科試験が実施される（2020年は東京オリンピックのため7月中旬に繰り上げの予定）。1次の学科試験は、学科Ⅰの計画（20問）、学科Ⅱの環境・設備（20問）、学科Ⅲの法規（30問）、学科Ⅳの構造（30問）、学科Ⅴの施工（25問）の5科目（125問）から構成される。試験時間は2回休憩が入るものの6時間30分で、時間内に合計125問を解かないといけない。受験者は2015年～2019年のここ5年間、2万5,000人前後で推移している。合格者は5,000人弱で推移していたが、直近の2019年度は5,729人と大幅に増加した。もちろん2019年度は合格率も上がって例年の18%前後から22.8%になった。ただし、この易化傾向が続くとは限らないし、合格率が挙がったからと言っても5人に1人程度しか受からない難関試験。合格するためには全科目合計の合格基準点と科目毎に設定された科目基準点の両方をクリアしないといけない。試験の難易度に応じて補正がかかる年もあるが、合格基準点は90点（125点中）、科目基準点は各科目過半数をとらないといけないとされている。

一方、2次試験に当たる設計製図試験は、あらかじめ発表される課題に基づき、図面と記述を完成させる。課題は例年7月下旬に発表される。直近の2019年度の課題は「美術館の分館」であった。課題発表から試験日まで約3カ月間あるが、設計条件等の詳細は試験当日までわからないので、課題から想定されるさまざまなパターンに備える必要がある。図面は例年、平面図・配置図、断面図で、図面に加えて、自身のプランについて文章で説明する「計画の要点」などの記述がある。試験時間は6時間30分。この時間内に詳細な設計条件を読み取り、エスキスをして図面を作成、さらに「計画の要点」等の記述を完成させなくてはならない。

試験を受けてみて

学科試験の構造の科目にトライしてみましたが、正直とても難しく感じました。2人とも30点中13点しかとれず、これだと科目基準点に届いていません。大学の講義で習った用語や計算式、図が出題されている問題もありましたが、うろ覚えなこともあり、見たことはあるけれど解けない…、という感じでした。今回、実際の試験に触れてみて、大学で習った知識がどこに繋がっていくのか、ということがおぼろげながら見えてきました。日頃からもっと主体的に勉強しないといけない、と感じました。建築士を取得するためにはどのような学習をしていかなくてはならないか、どういった知識を身につけなくてはならないか把握でき良かったです。やはり、専門の試験対策の勉強が必要だと感じました。（原さん、久保さん）

表1:学科試験基準点の推移

年度	科目基準点 学科Ⅰ 計画 (20)	 学科Ⅱ 環境・設備 (20)	 学科Ⅲ 法規 (30)	 学科Ⅳ 構造 (30)	 学科Ⅴ 施工 (25)	合格基準点 (125)
2015年	11	10	16	16	13	92
2016年	11	11	16	16	13	90
2017年	11	11	16	16	13	87
2018年	11	11	16	16	13	91
2019年	11	11	16	16	13	97

※赤字は補正の入った数字

表2:製図試験採点結果区分の推移

	ランクⅠ	ランクⅡ	ランクⅢ	ランクⅣ
2019年（12月実施）	34.2%	5.3%	31.9%	28.6%
2019年（10月実施）	36.6%	3.0%	29.2%	31.3%
2018年	41.4%	16.3%	16.5%	25.9%
2017年	37.7%	21.2%	20.7%	9.7%
2016年	42.4%	27.1%	20.7%	9.7%
2015年	40.5%	25.2%	23.3%	11.0%

講義を体験!

総合資格学院の講習システム

総合資格学院の講習システムの大きな特徴の一つは、ビデオ講義ではなく、講師が直接教壇に立って教えるインタ・ライブ講義であること。創業当初から対面指導にこだわり、受講生一人ひとりの理解状況に合わせて指導を行っている。疑問点もその場で直接講師に質問できるため、理解度が高まるし、対面でやりとりするため高い緊張感とモチベーションを維持できる。この対面講義を支えるのが講師と教務スタッフ。彼らは高い指導レベルを標準化するため講師研修を何度も行う。研修では、各地域での工夫や成功事例を共有したり、合格率の良い講師を指導講師にして、指導レベルの底上げを図っている。

ライブ講義と並んで総合資格学院が重視しているのが合格サイクルと継続学習。合格サイクルとは予習(自宅学習)→講習→フォローアップ(疑問を講習後に即日解決)→復習(自宅学習)の流れ。そして、このサイクルを続けていくことが継続学習。短期記憶は時間とともに忘れてしまう。それを反復することで長期記憶に置き換わるという「エビングハウスの忘却曲線」に基づき、予習テストや演習テストをはじめとした教材、アウトプットトレーニングの時間や学習の進行を管理する合格ダイアリーなどさまざまなサポートが用意されている。

講義の一日の流れ

達成度確認テスト+解説
十分な問題数と解答時間で1週間の学習の成果を確認

インタ・ライブ講義

演習テスト+解説
講義直後、本試験レベルの演習テストに取り組み、知識の定着を促進し講義範囲の得点力を強化

演習テストまとめ解説
+
フォローアップ
+
演テ確認問題
演習テストが定着しているかの穴埋め式問題

アウトプット強化講座
※アウトプット強化講座付のコース選択された方のみ受講可能

復習テスト・トライアルテスト・定着度確認テスト 等

合格サイクル+継続学習

①予習(自宅学習)
「予習テスト」で効率的に予習。
講習の効果を最大化する。

②講習
受講生の目線に立った双方向講義。出題ポイントを厳選した高品質な内容!

③フォローアップ
講義内容についての疑問は講義後、即日解決!

④復習(自宅学習)
復習用の教材で効果的に復習。
短期記憶を長期記憶へ!

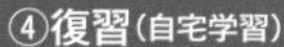

学習の流れ

講義を受けてみて

体験した講義がちょうど大学で習ったばかりの範囲を扱っていたので、思っていたよりも理解できました。ただし、講義スピードは速く、うかうかしていたら置いていかれそうで、緊張感を持って受けることができたと思います。また、講義のカルテが配布されていて、今日の講義内容やスケジュールを把握できますし、理解度を確認するチェックシートもあり、そのチェック状況を見て個別に対応してくださるとのことなので、まさに個々のサポートが徹底されていると感じました。

周囲の受講生の方は皆真剣で、周りのがんばりに自分のやる気をかき立てられる思いがしました。講師の方は、ジェスチャーや具体的な例を交えてお話しされるので頭に入りやすく、絶対に覚えておくべき内容、あるいは試験にあまり出てこない箇所など、要点を明確に示してくれて、すごく効率良く受験勉強が進められる気がしました。そして何より先生の熱量がすごい! 先生方は常に意欲をかき立ててくれるため、教室に通うことがモチベーションの維持につながると思いました。(原さん)

受講生は社会人の方が多いので、学生にとってはレベルの高い内容だと思っていましたが、実際に受けてみると講師の方が基礎から丁寧に教えてくれるし、時に笑える雑談を説明の間に挟んでくださるので、集中力も切れずに頭に残る授業だと感じました。教材はテキストや問題集をはじめ数種類用意されていてすごく重たい! ですが、イラストや図が多用されていて、わかりやすく感じました。また、誌面の欄外には用語解説などが掲載されていて、わからない用語が出てきたときもそれを見れば学習を進められると思います。分厚いテキストだけでなく、持ち運びに便利なコンパクトサイズの暗記用教材などもあり、教材を持って帰りたくなったくらいです。

私たちが受けたのは平日の水曜コースということもあってか、社会人の方が多かったと思います。皆真剣で、中高生の時の学習塾とは雰囲気が違い、ほどよく緊張感があり、合格という同じ目標に向かって切磋琢磨し合える環境なのだろうなと感じました。(久保さん)

合格祝賀会で展示された1級建築士の教材一式

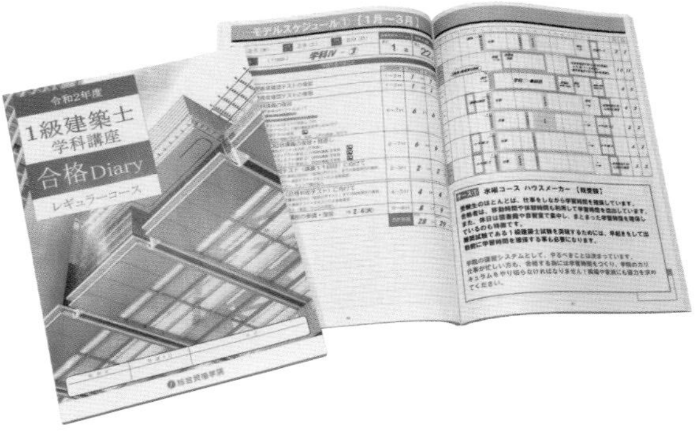

1級建築士の「合格ダイアリー」。受講生の学習管理に使われる

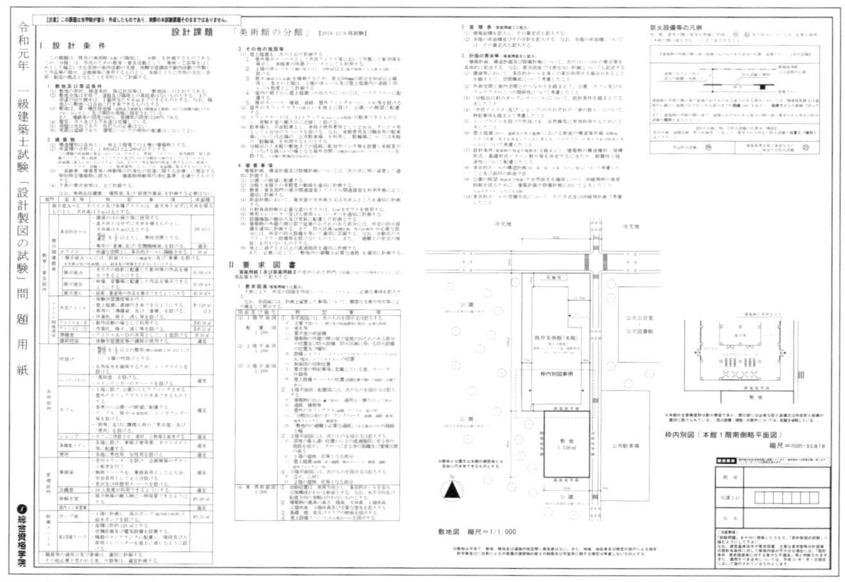
令和元年 一級建築士試験「設計製図の試験」問題用紙

設計課題「美術館の分館」

総合資格学院

2019年度の製図試験課題文

総合資格関西本部長 福西健一氏

福西本部長にインタビュー！

年々難しくなる建築士試験

福西本部長:昨年の試験を受けてみたそうですが、どうでしたか?

原さん:大学の小テストで、たまに先生が建築士試験の過去問を混ぜたりされるので、少しは知っていましたが、今回、真剣にチャレンジしてみて、もっと日頃から勉強しておけばよかったという反省と、危機感を覚えました。

久保さん:実際の試験に触れてみて、大学の授業で教わったことが、このように出題されるのだと分かりました。もっと早くから建築士試験を知っていれば、大学の授業の理解度も違ってきたなと感じました。今日、体験した講義でも小テストをたくさん行っているようでした。

福西本部長:インプットとアウトプットを繰り返すことが総合資格学院の講習システムの特徴の一つなのです。1日の講義の中でも、復習テストをしたり、当日の講義内容のテストを習う前や習った後と複数回行います。そうすることで自身が学習する内容がどのような形で出題されるか分かり、理解度が高まりますし、アウトプットを繰り返すことで知識が定着していくのです。時間とともに記憶は薄れていくので、当日だけでなく、1カ月のスパンで確認テストを行い、知識の定着を図ります。

原さん:学生が建築士試験を体験できる機会はないのでしょうか。

福西本部長:総合資格学院の模擬試験を受けてもらうモニターバイトは各支店でよく行っています。学科であれば学生の皆さんがあまり学習していない施工の科目、製図であれば1級建築士は難しすぎるので2級建築士用の住宅の課題にモニターとして受けてもらっています。

久保さん:1級と2級の製図試験はそれ程難しさが違うのでしょうか?

福西本部長:2級建築士の製図試験も難しいですが、規模や計画などの観点から言って、1級と2級は相当な差があります。さらに年々難易度は上がっているのです。1級も2級も設計条件が増える傾向があり、1級建築士においては課題文がこれまでの用紙だと収まり切れず、2018年度からA2サイズの用紙になりました。課題文を正確に読み取ることだけでも訓練が必要です。また、2019年度は「計画の要点」の記述においては、文章だけでなくイメージ図が必須となりました。

原さん:合格率も下がっているのでしょうか。

福西本部長:2019年度の1級の設計製図試験は合格率が大きく下がりました。台風19号の影響で試験が一部の地域で延期になりましたが、合格率は全国合わせて35.2%でした。例年40%前後なので、5ポイント以上マイナスです。課題が難しかったこともありますが、最も大きな要因は採点の厳格化と思われます。つまり、これまである程度甘く見られていた図面のミスも厳格にチェックされ、中には即不合格というように見なされるミスも出てきました。設計製図試験の採点結果は4段階にランク分けされ、その数字は試験元から公表されます(P.106表2)。ランクIが合格で、ランクII以下が不合格ですが、表を見てわかる通り、2019年度はランクIIが例年の15～20%台から大幅に減って、3%(10月試験実施)、5.3%(12月試験実施)になっています。その代わりランクIII、IVは増えています。ランクIII、IVの答案の具体例として、「延焼のおそれのある部分の位置(延焼ライン)と防火設備の設置」、「防火区画(特に吹き抜け部の1階部分の区画)」などの法令への不適合が挙げられました。2019年は火災に関わる大きな事件が多かったですが、防火設備の設置や防火区画の設定は、人の命に関わる部分です。生命を守る建物を設計する、建築士としての根本的な技術が問われていると思います。

久保さん:年配の人からは簡単だよ、と言われることもありますが、難しくなっているのですね。

福西本部長:実は20年前の設計製図の試験は、決まった敷地に条件にもとづいて必要な室を配置する"パズル"と揶揄されることもあったのです。確かに20年前は設計条件の量も少なく、一見すると今の2級建築士の課題文の方が難しく見えるくらいです。それが試験を実務に近づけようということで難しくなり、今は実際の建築において工事を始める前に設計図書をチェックする確認申請のレベルまで図面の精度が要求されると言われます。私も大学の先生や建築家の方、建設関係の企業の方とお話しする際に近年の製図の課題や参考解答例をお見せすることがありますが、皆さん驚かれますね。「こんなに難しくなったのか」と。

久保さん:解く方も大変ですが、問題をつくる方も大変ですね。

福西本部長:そうですね。製図試験の3カ月前の7月下旬頃に課題が発表されますが、当社ではその発表を受けて、本社の講習を開発する専門スタッフと講師が集まり、夜中まで制作会議を行い、いわゆる予想課題をつくっていきます。最新技術や近年の社会情勢などを踏まえ、試験にどのパターンが出てきても受講生が対応できるように何種類もの課題をつくるのです。受講生も人生をかけて必死なので、こちらも情熱を注いで真剣に試験に向き合っているのです。

建築士法改正

令和2年度から新しい建築士試験がスタート!

建築士の高齢化などを背景に、建築士法が改正される。受験資格や実務経験が見直され、特に若い人の受験機会の増加・早期化を図る内容となっている。

・実務経験がゼロでも受験可能に!

改正前は受験要件として扱われていた実務経験が、改正後は免許の登録要件となる。つまり、大学、専門学校等において指定科目を修めて卒業すれば、卒業の年に1級建築士を受験できる。合格すれば2年の実務経験で免許登録が可能。実務経験年数は試験前・後で通算できる。

・実務経験の対象実務が拡大!

近年、建築士は単に設計・工事監理を行うだけでなく、「建築物の総合的な専門家」として役割を果たすことが求められる。今回、対象実務の考え方に「建築物を調査・評価する」業務が追加されたとともに、対象実務が拡大された。

・学科試験合格の有効期限が3年から5年に伸長!

改正後は、学科試験合格後に引き続いて行われる4回の建築士試験のうち2回(学科試験合格年度の設計製図試験を欠席する場合は3回)において学科試験が免除される。

(例)指定科目を修めて大学を卒業し、1級建築士の免許を取得する場合

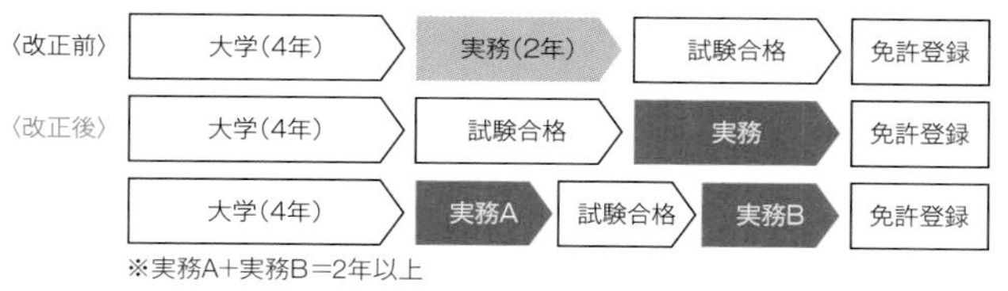

企業は技術者不足を解消したい

原さん:試験が年々、難しくなっている一方で、国は建築士の制度を変えて、若い受験者を増やそうとしていると聞きました。

福西本部長:実は1級建築士の人数を見ると、20代は2~3%しかいません。これまで受験には実務経験が必要なので、実務経験のない若い人が少ないのは当然です。一方で、建築士の高齢化は顕著で、50歳以上の方が65%程度を占めています。平均年齢は56歳程度です。こういった状況を鑑み、国は試験制度を改めたのです。これまでは入社してから早ければ3年め、4年めに受験できましたが、その時期になると皆ある程度仕事をおぼえていて、実務の中核を担う存在となっています。そうすると忙しくて、仕事と試験勉強の両立がたいへんです。改正において、実務経験が受験要件でなくなったので、若い方は大学を卒業すればその年に受験できるようになりました。これは学生の方にとってもメリットではないでしょうか。学業ももちろん忙しいですが、社会人になって仕事で忙しくなる前に、試験勉強は済ませ試験に受かっておいて、その後、実務の勉強に集中する、という考えもあります。国は学生の方の選択肢を広げ、受験しやすい環境を整えたと言えるでしょう。

久保さん:学生としては資格をとるために、それこそ総合資格さんに通うための期間が欲しいですね。

福西本部長:大学側も、あくまで大学は学業や研究を行うところで、資格の勉強をするところではない、というスタンスのところもあれば、今回の改正に対応して建築士試験の勉強を推奨するところもあります。今まで2級建築士試験の学内講座を行っていた大学が、今回の制度の変更で1級建築士試験の講座への切り替えを検討するという事例も出てきています。企業側もスタンスは分かれていますが、どちらかというと入社前に建築士の試験には受かっていて欲しい、あるいは試験勉強をしていて欲しいというところが多いでしょう。

原さん:企業は資格取得のサポートはされていないのでしょうか。

福西本部長:建築士の取得について積極的にサポートしている企業は多いです。その背景には先に話した建築士の高齢化があります。ある中堅ゼネコンでは、この先10年で、社内の1級建築士が120人減ると試算しています。皆さん定年退職を迎えていくわけです。企業は危機感を持っていて、資格取得に対して手厚いサポートをするところは多いです。例えばある大手ゼネコンでは、総合資格学院の模擬試験を社員に受けさせて、そこで点数の良かった人を選抜して、2泊3日の合宿研修を行います。西日本エリアではここ梅田校を使っていただき、3日間朝から晩まで試験勉強をさせていました。

久保さん:やはり、大手はすごいですね。

福西本部長:大手だけでなく、中小のゼネコンやハウスメーカーも当社と提携して、受講料を一部会社で負担したり、該当の社員の試験勉強の時間を確保したり、合格祝い金や資格手当を設けたりとさまざまなサポートを行っています。ただし、例えばアトリエ系の設計事務所などは忙しくてそこまで面倒は見切れない、あるいは資格は個人でとるというスタンスのところもあります。

久保さん:そうなると、やはり自分の進路を見据えて、自分のペースで試験に備えておくのが良いかと思います。

福西本部長:総合資格学院でも、学生の方向けのカリキュラムを用意したり、学校や企業に提案したりしています。皆さんの状況や進路に合わせて準備していくのが良いと思います。

取材を終えて

講義を体験してみて、大学での勉強と並行して建築士の勉強をするのは容易ではないと思いました。かといって社会人になってから勉強をスタートしたら、新しい環境に適応するのに時間がかかり、なかなか勉強時間をとるのは難しいと思います。そういう意味では今回の試験制度の変更は、いつ試験勉強に取り組むかの選択肢が増え、学生にとって良い変更だと思います。総合資格さんではその人の状況に合ったカリキュラムや環境が整っていて、試験に出るポイントを毎回教えていただき、最短ルートで合格できるのではないかと思いました。(原さん)

取材にお伺いするまで、総合資格さんに対しては、授業に出て淡々と勉強をこなしていく予備校のようなイメージを持っていました。しかし、今回お伺いしてイメージが一新しました。講義の理解度をチェックするシートであったり、毎日の勉強時間や予定を記録するダイアリーであったり、受講できなかった講座を視聴できる映像ブースなど、受講生が自主的に勉強をするような仕組みとサポート体制が整っていることに驚きました。やる気のある人にとっては、心行くまでがんばることのできる環境だと感じました。(久保さん)

「建築新人戦」の主催に当たって

建築士をはじめとする有資格者の育成を通して、建築・建設業界に貢献する——、
それを企業理念として、私たち総合資格学院は創業以来、建築関係を中心とした資格スクールを運営してきました。そして、この事業を通じ、安心・安全な社会づくりに寄与していくことが当社の使命であると考え、有資格者をはじめとした建築に関わる人々の育成に日々努めております。

その一環として、建築に関係する仕事を目指している学生の方々が、夢をあきらめることなく、建築の世界に進むことができるよう、さまざまな支援を全国で行っております。卒業設計展への協賛やその作品集の発行、就職セミナーなどは代表的な例です。

建築新人戦は、企画の初期段階から関わってまいりました。第一回大会は京都工芸繊維大学の伝統工芸資料館を会場とした小規模なものでしたが、会場で学生や関係者たちの大会にかける想いや期待を実感し、大会後実行委員の先生方と学生実行委員の組織強化、また広報面などについて話し合い、より一層サポートをさせていただくことになりました。そして、第2回大会からは梅田スカイビルに会場を移して、規模も内容も現状に近い形で開催いたしました。そして、2016年の第8回大会において建築新人戦が日本建築学会教育賞を受賞し、その年に当社も特別協賛企業という立場から共催という立場に変わり、スポンサー集めから大会の実務的な準備までより一層深く関わるようになりました。

建築新人戦の第11回大会は、これまで教員実行委員を務められてきた先生方から光嶋裕介実行委員長はじめ新しい先生方へバトンタッチし、当社も主催という立場になり、新たな船出となりました。そのような中で、大会の歴史や運営方法などについて最も熟知しているのは当社であるという責任を感じながら、新しい実行委員の方々と大会の成功に向けて取り組んでまいりました。この結果、例年以上に大会が盛況に幕を閉じたことを嬉しく思っております。

グローバル化が進む現代は人やモノ、そして情報が瞬時に世界を駆け巡ります。それによって社会が便利になった側面もある一方、2020年に入り、世界を震撼させているコロナウイルスのパンデミックなどグローバル化によるリスクも多分に潜んでいることが顕在化してきました。そのような新しく不透明な社会の中で、建築の在り方や建築家の職能を模索していく必要があると感じております。建築新人戦が、人類が直面する課題に寄与できる人材の教育の場となるよう、引き続き教員・学生実行委員の皆様と共に大会の充実を図っていきたいと思います。

総合資格学院 学院長　岸 隆司

建築新人戦 011

2020年3月31日初版発行

著者: 建築新人戦実行委員会

発行人: 岸 隆司
発行元: 株式会社 総合資格
〒163-0557　東京都新宿区西新宿1-26-2 新宿野村ビル22F
電話: 03-3340-6714(出版局)
URL: 総合資格学院　http://www.shikaku.co.jp
株式会社総合資格 コーポレートサイト　http://www.sogoshikaku.co.jp/
総合資格学院 出版サイト　http://www.shikaku-books.jp/

アートディレクション: 藤脇 慎吾
デザイン: フジワキデザイン [小川 陽平/澤井 亜美]
企画・編集: 総合資格 [末吉 一博/新垣 宜樹]
編集: 川勝 真一
編集協力: 建築新人戦実行委員会書籍班

撮影:
瀧本 加奈子　p1-9, p55-63, p74-75, p104下-105
笹倉 洋平　表紙、p10-11, p20-21,p26-27, p32-33, p39-40, p42, p44, p97右, p98-99
シュヴァーブ・トム　p96右上, p97左上

表紙: 長橋 佳穂「こころのすみか」模型

特記なき図版は設計者および執筆者提供

印刷・製本: 図書印刷

ISBN978-4-86417-347-6
Printed in Japan

本書は、「建築新人戦2019」記録集として制作されました。